KB126924

카롤링 경제

THE CAROLINGIAN ECONOMY
by Adriaan Verhulst

카롤링 경제

아드리안 페르휠스트 지음

강지영 옮김

THE CAROLINGIAN ECONOMY

회화나무

프랑수아 루이스 간쇼프에게
이 책을 바친다.

일러두기

1   이 책은 Adriaan Verhulst의 *The Carolingian Economy*(Cambridge University Press, 2002)를 우리말
     로 옮긴 것이다.

2   외국어의 우리말 표기는 국립국어원의 외래어 표기법을 따랐다.

3   본문에 나오는 주요 지명과 인물의 원어 표기는 원서에 따라 병기했다.

4   저자의 원주는 원서 그대로 번호를 달아 미주로 처리하고, 독자의 이해를 돕기 위해 옮긴이가
     삽입한 주는 본문에 • 로 표시했다.

차례

서론

이 책의 제목과 관련해서는 약간의 설명이 필요하다. '카롤링 경제'는 '카롤링제국의 경제'라고 이해해야 한다. 이 책은 카롤링제국을 카롤루스 대제 시대의 국경으로 제한하지 않는다. 따라서 '카롤링 시대의 경제'는 대단히 광범위할 수 있다. 영국·스칸디나비아·이슬람제국(스페인 일부 지역 포함)·비잔틴제국·동유럽 등 제국 바깥의 국가와 지역들은 카롤링제국과의 상업적 관계가 문제가 되는 한에서만 고찰할 것이다. 8세기 중반부터 9세기 말까지의 연대적 기간은 마땅히 정치적이었지만, 이 책의 10장에서 보게 될 것처럼 이는 공교롭게 경제적 시대의 시작과 끝과도 일치한다. 또한 '카롤링 경제'는 카롤링제국의 통치자들이 이끌었던 경제라고 이해되기도 한다. 이러한 해석을 전적으로 거부하는 것은 아니지만, 이에 대해서는 9장 「경제와 국가」에서 보다 자세하게 설명할 것이다. '경제'는 단일함을 나타내는 단수형으로 사용되고 있지만, 카롤링제국은 경제적으로 동질한 지역이 아니었다. 이는 인구, 화폐의 사용, 타운town˙의 존재, 교역의 정도 등과 관련해 상이한 특징을 지닌 몇몇 지역 '경제들'로 규정할 수 있다. 루아르강과 라인강 사이의 지역, 엘베강 유역의 제국 변방과 라인강 사이의 지역, 그리고 북부 이탈리아가 가장 두드러진 사례이다. 그럼에도 불구하고 카롤링 시대 이전과 이후의 경제적 상황이나 제국 바깥의 지역들과의 비교를 통해 카롤링 경제 전체의 특수성을 밝히는 연구는 타당하고 또 가능하다. 이것은 소비가 생산을 주도하는 '자급자족을 기반으로 하는 교환의 네트워크'―크리스 위컴Chirs Wkckham¹의 표현을 빌려 말하자면―였는가, 아니면 시장에서 판매되는 잉여생산물을 생산하는 경제였는가?

이러한 견해는 카롤링 경제가 타운이나 수공업, 상업이 존재하지 않던 폐쇄적인 농업 기반 경제였다는 앙리 피렌Henri Pirenne**의 주장과 유사하다. 그의 저서 『무함마드와 카롤루스 대제Mahomet et Charlemagne』²―1935년 사망한 후 그의 제자 페르난드 베르코트랑Fernand Vercauteren이 문헌 증거들을 보완해 1937년에 출판―에 가장 훌륭하게 표현되어 있는 피렌의 견해는, 본질적으

- 타운은 대개 도시보다 규모가 작고, 보다 광범위한 경제적 활동이 이루어졌던 도시와 달리 주로 지역의 필요에 따른 시장 및 교역의 중심지 역할을 수행했다. 또한 도시는 왕이나 교회로부터 자치와 주화 주조 등의 특권을 부여받았지만, 타운은 일반적으로 영주나 인근 도시의 권위에 종속되었다. 그러나 중세의 타운과 도시에 대한 정의는 표준화되어 있지 않고, 특정 지역·역사적 맥락·현지 관습에 따라 그 정의와 표현이 다르다는 점에 유의해야 한다. 이 책에도 도시와 관련해 다양한 용어들―town, city, urban, emporia, civitates, castella, portus, vicus 등―이 등장하는데, 이러한 점에서 현대 영어에서 명확하게 도시를 의미하는 city와 urban을 제외하고 나머지는 원어 발음 그대로 기재했다.

- 1862~1935. 벨기에의 저명한 역사학자. 중세 도시 생활의 사회경제적 발전을 주로 연구했다. 특히 그는 자신의 대표 저서 『무함마드와 카롤루스 대제』에서 로마제국은 게르만의 침략이 아니라 8세기 지중해를 장악한 이슬람으로 인해 붕괴하게 되었으며, 이후 교역이 쇠퇴하고 화폐 경제가 붕괴되면서 유럽의 봉건사회는 폐쇄적인 농업 체제로 전환되었다고 주장했다. 로마 문명과 중세 문명 사이의 전환에 대한 그의 이러한 재해석은 많은 비판과 논란을 불러일으켰다. 주요 저서로는 『벨기에의 역사Histoire de Belgique』와 『중세 도시Medieval Cities』 등이 있다.

로 알폰스 도프슈Alfons Dopsch***가 1911년에서 1913년에 카롤링 시대의 경제 혁명에 대해 쓴 두 권짜리 책『카롤링 시대의 경제 발전Die Wirtschaftsentwicklung der Karolingerzeit』의 두 번째 판본 (1921~1922)에서 도프슈가 제시한 아이디어를 반박하는 것이었 다. 이 책에서 도프슈는 카롤링 경제생활에서 근간이 되는 것은 장원Grundherrschaft이라고 언명한 이나마 슈테르네그Inama-Sternegg 와 카를 람브레히트Karl Lamprecht — 그가 낡은 19세기 학파라고 부른 — 의 개념에 반대했다. 농업 기반 경제라는 그들의 견해와 달리 도프슈는 타운·화폐·교역의 역할을 강조했다. 피렌에게서 이러한 관점을 기대할 수도 있겠지만, 그는 역설적으로 람브레히 트 — 1차 세계대전 이전까지 그의 모델이자 가장 친한 친구였 다 — 가 속한 구학파의 편을 들었다. 그러나 이 책에서는 피렌의 『무함마드와 카롤루스 대제』의 기원이 된 곳이 아니라,* 카롤링 시대의 경제 혁명에 관한 역사적 사료 — 피렌 이후의 — 를 검토 한다.

1930년대 말에서부터 1950년대까지 이 역사학의 첫 번째 단계는 주로 피렌의 저작, 특히 이슬람의 역할에 관한 그의 이론

••• 1868~1953. 오스트리아의 사회경제사가. 고고학적 증거를 기반으로 역사의 장기적 연속성과 점진적 변화를 강조했다. 그는 로마제국의 붕괴 이후 게르만족이 로마 문화 를 흡수·발전시키면서 유럽의 중세도 진화하게 되었다고 주장했다. 그의 견해는 여 러 학자들에 의해 비판을 받기도 했지만, 로마제국의 붕괴가 서유럽에 미친 영향에 관한 논쟁에서 중요한 관점을 제시했다는 평가를 받는다. 주요 저서로는 『유럽 문화 발전의 경제적·사회적 기초Wirtschaftliche und soziale Grundlagen der europäischen Kulturentwicklung von Cäsar bis auf Karl den Großen』와 『세계사에서의 자연경제와 화폐경제Naturalwirtschaft und Geldwirtschaft in der Weltgeschichte』 등이 있다.

을 공격하는 것이었다. 피렌에 따르면 711년 이래 지중해 서부의 절대적 주인이었던 그들은, 서부 기독교 세계를 그 당시 문명화된 세계의 중심지였던 곳에서 북쪽으로 몰아내고 카롤링제국에 대륙적 성격을 부여했다. 이리하여 지중해 연안에서 북쪽까지 주로 시리아 상인들에 의해 행해졌던 파피루스·향신료·오리엔탈 와인·올리브유와 같은 재화goods의 유통이 중단되었다. 여러 연구자들이 메로빙 시대와 카롤링 시대의 문헌에서 이러한 생산물들에 대한 자료를 재조사했고, 카롤링 시대의 문헌에서 이것들은 피렌이 생각했던 것처럼 그렇게 일찍이 혹은 완전히 사라지지 않았거나 또는 다른 원인이 있었다고 결론 내렸다.[5]

이러한 재화의 존재를 입증하는 문헌 증거를 논하는 것보다 핵심적인 것은 카롤링왕조가 금화를 포기하고 은화를 채택한 이유를 둘러싼 논쟁이었다. 피렌은 이 역시 이슬람인들의 지중해 서부 정복과 그로 인해 서부에서 발생한 경제적 퇴보와 관련이 있다고 생각했다. 1940년대 후반과 1950년대 초반에 모리스 롬바르드Maurice Lombard는 이슬람인들이 페르시아와 아프리카를 정복해 획득·유통시킨 막대한 양의 금에 관한 이론을 발전시켰다. 롬바르드에 따르면 그들은 이 금으로 서유럽에서 노예·목재·모피 및 기타 물품들을 구입하고 경제를 활성화시켰다.[6] 스투레 볼린Sture Bolin은 이러한 비정통적인 견해를 지지했지만, 이슬람과 스칸디나비아 사이의 교역 관계를 다양한 방법으로 추적해 스칸디나비아에서 발견된 이슬람 은화 비장hoards ─최종적으로 서유럽에 도달한─을 해명할 수 있었다.[7] 이러한 이론들은 확고

하지 않았다—그리어슨Philip Grierson은 서유럽에서 유통된 이슬람 금화의 양이 많지 않았음을 증명했다.[8] 더욱이 독일 북부 발트해 연안에 있는 뤼겐섬Rügen의 랄스비크Ralswiek에는 가장 최근의 것이 9세기 중반인 수천 개의 이슬람 은화 비장이 숨겨져 있었지만,[9] 비르카Birka(스웨덴 스톡홀름 인근)에서 발견된 이슬람 주화 대부분은 9세기 말에서 10세기 초로 거슬러 올라간다.[10] 피렌도 일부 예외—특히 노예 교역과 관련해—를 인정하지 않은 것은 아니지만, 그가 주장한 것처럼 이것이 카롤링 시대에 이슬람 세계와 서유럽 사이에 직접적인 교역이 존재하지 않았음을 의미하지는 않는다. 그러나 그리어슨과 다른 화폐 연구자들이 8세기 중반 카롤링의 화폐 개혁과 그보다 이른 7세기 말 이슬람 개혁 사이에 관련이 있다고 추정하고 있을지라도, 그들의 경제적 영향력을 과장해서는 안 된다.[11] K. F. 모리슨Karl Frederick Morrison의 견해에 따르면 이 경우에도 교역로나 교역 규모를 확실하게 알기에는 화폐에 대한 증거나 너무나 부족하다.[12] 그러나 피렌의 제자인 F.-L. 간쇼프François-Louis Ganshof는 문헌 증거에 기초해 『무함마드와 카롤루스 대제』가 출판되고 1년 후에 동양과 서양의 관계가 프로방스, 특히 마르세유 항구를 통해 8세기에도 최소한의 수준으로 유지되고 있었음을 입증했다.[13] H. L. 아델슨Howard L. Adelson은 이러한 상황의 원인이 비잔티움에 있다고 보았으며,[14] 다른 연구자들도 이탈리아 남부 티레니아해Tyrrenean의 항구들과 베네치아, 그리고 특히 아말피Amalfi—처음부터 지중해 동부의 이슬람인들과 비잔티움 사이의 군사적 관계에 종속되어 있었던—같이 주로 이론상 비잔틴에 예속되어 있던 이탈리아 항구를 통한 서양과 비잔티움, 그리고 동양의 관계를 입증하기 위해 노력했다.

피렌 이론의 핵심적인 내용인 이슬람인들의 부정적인 역할―이들로 인해 서유럽에서 상인·타운·교역의 부재가 초래되었고, 대규모 영지의 자급자족에 기초한 농업경제가 지배적이게 되었다―은 그의 비판자들에 의해 완전히 또는 부분적으로 부정되었으며, 피렌을 비판한 사람들의 두 번째 역사학 단계에서는 자급자족에 기초한 농업경제라는 요소만이 새로운 연구 대상이 되었다. 관심이 교역에서 농업으로 옮겨간 이유는 첫 번째 역사학 단계에서 교역에 집중했던 수많은 비판자들이 얻고자 하는 바를 충족하게 되었고, 피렌 자신은 장원이 카롤링 경제의 토대라고 생각했지만 『무함마드와 카롤루스 대제』에서 장원의 역할을 매우 간략하게만 설명했다는 역설적 상황 때문이었을 수 있다. 1950년대와 1960년대 초 두 번째 역사학 단계의 서곡은 샤를 에드몽 페랭Charles-Edmond Perrin의 독창적이지는 않지만 중요한 강연 외에, 두 명의 독일 학자 K. 베허인Klaus Verhein과 W. 메츠Wolfgang Metz가 수행한 카롤링의 왕실 영지 자료에 관한 기초연구, 보다 구체적으로는 특히 〈장원 관리령Capitulare de Villis〉[*]이라고 하는 카롤루스 대제의 칙령과 〈모범적 예Brevium exempla〉[**]라

---

[*] 800년경 왕령지 관리 지침과 기준을 상세하게 규정한 카롤루스 대제의 칙령.

[**] 〈왕령지와 교회 영지 명세장 작성의 모범적 예Brevicum exempla ad describendas res ecclesiasticas et fiscals〉. 810년경 왕령지 및 교회 영지의 재산을 조사하기 위해 카롤루스 대제가 반포한 칙령.

고 알려진 명세서inventory에 관한 몇 가지 기초 연구였다.[15] 이 단계에서 1965년 스폴레토Spoleto에서 중세 초기 농업에 관한 '학회'가 개최되었고, 나는 이곳에서 고전적 이분二分 영지—카롤링 시대에 전형적이었던—의 기원에 대해 새로운 논문을 발표했다. 8세기와 9세기 사이 이분 영지의 발전 모델은 센강과 라인강 사이에 있던 왕실 영지이다.[16]

내 견해는 널리 인정받았지만, 카롤링 시대를 중심으로 한 장원 연구의 진정한 시작은 크산텐Xanten(1980)과 헨트Ghent(1983), 그리고 괴팅겐Göttingen(1987)에서 개최되었던 세 개의 국제 학회였다.[17] 크산텐에서 나는 1965년부터 1980년까지 그 특정 주제와 관련해 발표된 109개의 연구를 다룬 반면, 1988년 요시키 모리모토는Yoshiki Morimoto는 1980년부터 1986년까지 발표된 100여 개의 새 연구를 모두 다루었다.[18] 한편 괴팅겐아카데미는 1977년 고고학자 헤르베르트 얀쿤Herbert Jankuhn의 주도로 선사시대와 중세 초기 농업의 물질적·고고학적 측면에 관한 일련의 학회를 개최했다.[19] 1980년대 비판적 연구의 '성행'—대부분 브레멘대학교의 디터 해게르만Dieter Hägermann과 독일 학자들이 주도한—덕분에 프륌Prüm 수도원, 바이센부르크Weißenburg 수도원, 몽티예랑데Montiérender 수도원, 생모르데포세St-Maur-des-Fossés 수도원, 그리고 마지막으로 중요한 생제르맹데프레Saint-Germain-des-Prés 수도원 등 보존되어 있던 거의 모든 칼로링 시대의 영지명세장polyptych[*]과 명세서—주석이 달린—를 자유롭게 이용할 수 있게 되었다.[20] 카롤링 시대의 다른 유명한 영지명세장과 명세서는 그 이전에 벨기에 학자들에 의해 출판되었다. 생베르탱St Bertin 수도원의 영지명세장은 F.-L. 간쇼프가, 랭스Reims와 로브Lobbes 지역의 것들은 장 피에르 드브로이Jean-Pierre Devroey가 출판했으며, 나는 헨트에 있는 생바보St Bavo 수도원의 카롤링 시대 명세서 일부를 출판했다.[21]

카롤링왕조의 장원 구조에 대한 연구가 '성행'—이탈리아까지 영향을 미친— 한 이후[22] 평가와 종합이 필요했다. 특히 로베르 포시에Robert Fossier는 1979년 스폴레토에서 개최된 '학회'에서 발표한 논란이 된 팸플릿에서 카롤링 경제를 매우 부정적으로 평가했다.[23] 거의 10년 후인 1988년 조르주 뒤비Georges Duby

- "이 수도원의 중세 라틴어식 이름은 '비젠부르크Wizenburg'였다. 오늘날 이 수도원과 이 수도원을 중심으로 구성된 도시는 프랑스령에 속하며, 프랑스식 이름은 '비상부르.Wissembourg'다. 그러나 프랑스식 이름인 '비상브루Wissembourg'란 말은 독일어식 이름인 '바이센부르크Weißenburg'에서 유래하고 이의 프랑스식 음역이다. 게다가 중세에 이 수도원이 소유한 대부분의 토지는 현재까지 오랜 기간 독일에 속해 온 라인란트팔츠를 비롯한 라인 강 중류 지역의 독일령에 분포되어 있었다. 그래서 이 책에서는 이와 같은 역사적 특성을 감안하여 이 수도원의 이름을 '바이센부르크Weißenburg'라고 부르겠다."(『고전장원제와 봉건적 부역노동제도의 형성-서유럽 대륙지역을 중심으로』, 이기영 지음, 사회평론, 2015, 54쪽)

•• "갈리아 북부지역에서 고정장원들로 조직되어 경영된 영지의 토지소유 상황을 기술한 카롤링시대의 '영지명세장polyptychum'은 10여개 쯤 전해지고 있다. 이들 명세장은 고전장원제에 대한 지식의 원천이 되는 귀중한 자료다. (…) 파리 시의 도심에 위치한 생제르맹데프레Saint-Germain-des-Prés 수도원의 영지명세장은 (…) 고전장원제에 관한 기술내용이 소상하고 (…) 영지명세장 가운데 유일하게 무려 총 1,700개가 넘는 농민 보유지마다 거의 빠짐없이 토지이용 형태별 면적과 의무내용이 명기되고 수천 명에 이르는 보유농민과 그 가족의 이름·신분·거주지가 명시되어 있다. (…) 이런 까닭에 이 영지명세장은 고전장원제의 구조와 여러 양상을 연구하는 데 필수불가결한 사료일 뿐만 아니라, 카롤링시대를 중심으로 한 중세 전기의 토지이용 방식과 농업기술, 촌락구조, 신분제도, 결혼과 가족 제도 등 경제적·사회적 제반 상황을 파악하고 중세 초기의 언어를 연구하는 데 매우 중요한 자료로 이용되고 있다."(『생제르맹데프레 수도원의 영지명세장』, 이기영 옮김, 한국문화사, 2014, vii~viii쪽)

회장의 주도하에 플라랑Flaran 수도원에서 포시에와의 논쟁이 조직되었다. 뒤비는 1973년 출간한 『전사와 농민Warriors and Peasants』에서도 유사한 비판을 했지만, 플라랑에서는 분명한 견해를 밝히지 않았다. 사실 중세 초기의 농업 성장을 중심 주제로 다룬 플라랑 회의의 주요 성과는, 8세기에서 10세기에 일어난 서양 경제의 '발전'에서 대장원이 수행한 역할을 규명한 피에르 투베르Pierre Toubert의 견해였다. 이는 여전히 카롤링 경제를 '최소주의minimalists'**** 관점에서 다룬 최고의 분석이자, 동시에 최근의 연구와 주요 출처를 토대로 한 철저한 논박이다.[24]

최소주의 관점에서 장원 생산 체제의 본질적인 특징 가운데 하나는 대규모 영지의 소작 가능성이 매우 낮다는 것이었다. 이러한 설명은 파리 분지에서처럼 반대되는 문헌적 증거가 명확한 경우를 제외하고, 대부분 지역의 인구 밀도가 낮았다는 인구통계학적 추정을 통해 뒷받침되었다. 산출률이 낮고, 다음 해의 종자와 군대를 위해, 그리고 왕이나 영주 궁정court의 보급을 위해 생산물의 상당 부분을 비축했기 때문에 시장에 남겨진 잉여 곡물은 많지 않았다. '자가소비'가 일반적이었고, 재원을 추가로 투입해 생산을 확대할 유인은 존재하지 않았다. 농업 기술은 원시적이었고, 농기구는 부족했으며 나무로 제작되었다. 이러한 류의 설명은 대부분 문헌이나 기타 증거를 통해 철저하게 입증되지 않은 채 행해졌다. 나는 플라랑 논쟁에서 보여준 투베르의 훌륭

••• 사료의 사실성과 객관성을 최소한으로만 해석·인정하는 태도.

한 성과를 바탕으로 이를 3장에서 반박할 것이다.

피렌이 다소 무시했던 주제인 카롤링 시대의 농업과 장원 구조에 대한 관심이 오래 지속된 이래, 1980년대(20년의 공백 후) 피렌 이후 역사학의 세 번째 단계에서 학계는 피렌이 선호했던 교역과 타운―그러나 지금은 피렌 생전에 거의 알려지지 않았고, 대부분 그가 간과했던 완전히 새로운 고고학적 관점을 가지고―으로 복귀했다. 제2차 세계대전 이후 중세고고학은 고전고고학에서 해방되었고, 이는 동시대 역사학자나 적어도 이러한 포부를 가진 고고학자들에 의해 연구되었다.[25] 그중에서도 리처드 호지스Richard Hodges는 카롤링 시대의 경제사와 사회사, 특히 피렌이 처음 제기했던 문제들을 가장 적극적으로 다루고 있다. 투베르와 오늘날 대부분의 전문가들처럼 호지스 역시 카롤루스 대제 시대를 경제 성장의 시기로 간주하고 있으며, 이 시기에 관한 여러 권의 책―논란이 된―을 저술했다.[26] 이 논쟁의 한 가지 중요한 측면은 카롤링 시대 타운의 기원, 특히 그 타운들이 9세기 중반 무렵 포르투스porutus의 뒤를 이어 소위 엠포리아emporia가 되었다는 그의 강한 믿음이다. 그의 견해에 따르면 이 두 유형 모두에 11세기와 12세기 도시 발전의 씨앗이 담겨 있다. 이러한 설명은 9세기에 등장한 새로운 포르투스보다 엠포리아와 관련해 더욱 미심쩍은 데가 있다. 엠포리아와 달리 대부분의 포르투스는 바이킹의 침략에도 크게 파괴되지 않고 살아남았으며, 11세기에 장거리 교역에 종사하는 중요한 타운으로―10세기부터―태어났다. 런던, 햄윅Hamwic(사우스샘턴), 리베Ribe 같은 카롤링제국 바깥의 엠포리아와 달리 카롤링제국 안의 엠포리아와 도레스타드Dorestad, 캉토빅Quentovic, 그리고 다른 작은 엠포리아들(메뎀브릭Medemblik, 비틀라Witla)은 중요한 후기 타운들의 중심이 되지 못했다. 이것이 리처드 호지스가 자신의 책 『카롤링 시대의 도시와 교역Towns and Trade in the Age of Charlemagne』에서 선보인 최근 견해와 관련해 우리가 논해야 할 유일한 지점이다.[27]

따라서 특히 호지스, 힐Hill, 반 에스Van Es 같은 고고학자들 쪽에서 생겨난 타운에 대한 최근의 새로운 관심은 확실히 『무함마드와 카롤루스 대제』에 대한 논쟁—아직 끝나지 않았고, 앞으로도 결코 끝나지 않을—을 다시 불러올 것이다.

내가 이 책에서 제시한 아이디어가 이 논쟁에 가치 있는 기여를 할 수 있기를 바란다.

THE CAROLINGIAN ECONOMY

I부
토지와 사람

1장

경관과
정착지

삼림지대

카롤링제국의 경관은 대부분이 주로 숲으로 이루어진 ─평균 40퍼센트 이상, 일부 지역의 경우에는 80퍼센트까지─자연 풍광이었다. 찰스 히구넷Charles Higounet이 작성한 중세 초기 유럽의 숲 지도는 지리적 분포를 연구하는 데 있어 최상의 안내서이다.' 그는 거의 150개에 이르는 숲의 위치를 확인하고 이를 식별할 수 있게 해주었다─이 중 일부는 보다 자세하게 살펴볼 수 있다. 숲의 대부분은 라인강 동쪽과 그 주변 지역, 그리고 프랑스와 벨기에에 인접해 있는 동부 지역에 위치해 있다. 이러한 상태는 중세 말기까지 지속되었고, 오늘날에도 여전히 그대로이다. 1500년경 독일의 3분의 1과 프랑스의 4분의 1은 삼림지대로 덮여 있었다. 이들 숲의 대부분은 왕이 사냥림─숲forestis, forestum의 본래 의미─으로 보호하는 왕실 소유의 토지였다. 이들 숲의 일부는 삼림으로 구성되어 있을 뿐만 아니라 미경작지·목초지·황무지·덤불지대·경작지도 포함되어 있었다. 742년 풀다Fulda 수도원이 중부 유럽의 튀링겐 숲 한가운데 지어졌지만, 수도사들이 들어오기 전부터 숲의 한복판에는 사람들이 살고 있었을 것이다. 캅투라captura라고 하는 벌목은 8세기 초부터 곳곳에서 진행되었고, 9세기 초까지 계속되었는데 이는 인접해 있는 색슨족을 상대로 한 카롤루스 대제의 군사 작전과도 관련이 있었을 것이다.[2] 튀링겐 서쪽과 더 남쪽으로는 라인강 오른편 기슭을 따라 이어져 있는 숲들은, 북쪽의 베스터발트Westerwald와 타우누스Taunus에서 남쪽의 오덴발트Odenwald까지 뻗어 있다. 후자의 숲은 풀다·아모바흐Amorbach·보름스, 특히 로르슈Lorsch의 수도원과 교회들에 양도되기 전까지 모두 왕실 소유의 땅이었다. 숲을 침범하는 일은 772년에 시작되었다. 오덴발트에는 경작지가 있는 영지가 두 곳에 불과했는데, 그중 가장 중요한 곳은 미헬슈타트Michelstadt였다. 카롤루스 대제의 전기 작가 아인하르트Einhard는 황제에게 하사받은 이 땅을 몇 년 후 819년에 100명의 부자유 농민unfree peasant과 함께 로르슈에 기부했다. 내부 식민화internal colonisation의 지리적 흔적—니츠Nitz는 9세기로 거슬러 올라간다—은 크리스 위컴Chris Wickham이 제시한 것처럼 10세기와 11세기에서 살펴보아야 하므로, 숲 벌목 혹은 개발에 관한 다른 증거는 충분하지 않다.[3] 새로 개간된 토지—비팡굼bifangum과 프로프리줌proprisum이라고 하는—는 765년에서 850년 사이 오덴발트의 가장자리에 위치해 있는 벤스하임Bensheim에서만 알려져 있다.

라인강 왼편에 있는 아이펠 고원의 거대한 숲은 본과 아헨까지 닿아 있었고, 그 서쪽으로는 오늘날 우리가 알고 있는 아르덴산맥—로마 시대와 중세 초기에는 같은 이름으로 불린 훨씬 더 큰 숲의 일부였다—이 있다. 스타블로-말메디Stavelot-Malmedy 수도원에서 멀지 않은 이 숲 한복판 인근에서 사냥림이라는 말

이 648년에 처음 등장한다. 얼마 후 같은 지역─아르덴 북동쪽
과 아헨에서 가까운 척박한 지역─에 여러 개의 사냥림이 자리
하게 된다. 카롤링왕조의 심장부인 이곳은 쾰른·트리어Trier·랭
스 사이에 로마의 도로가 있고, 사람들이 주거하는 광대한 왕령
지였다. 그 안에는 자그마치 25개의 장원curtes, fisci*이 있었다. 바
스토뉴 인근에 있던 프륌 수도원의 빌랑스Villance 빌리지village**
같은 새로운 정착촌들이 8세기부터 듀Theux와 스타블로-말메디
수도원의 왕령지 이용권을 위협했다.* 투르네Tournai 인근의 스헬
더강Schelde에서 뢰번Leuven 인근의 다일강Dyle에 이르기까지, 현
재 벨기에 서쪽 지역에는 과거 5세기와 6세기에 사냥림으로 보
호되지 않았던 실바 카르보나리아sylva Carbonaria***의 흔적이 남아
있다. 오늘날에도 여전히 브뤼셀 남동부에 있는 '소니아 숲forêt de
Soignes' 역시 그중 하나이다. 모래 토양이 적은 플랑드르 북부의
숲은 12세기에 코닝스 숲Koningsforeest****이라고 불렸는데, 이 이
름은 카롤링 시대 왕실의 지위를 나타내며, 숲을 파괴로부터 보
호했다는 보존의 의미가 담겨 있다. 헨트Gent 남쪽─코르트레이
크Kortrijk 아래 레이어강과 스헬트강 사이에 있는─의 광대한
스헬더 숲Sceldeholt은 9세기에 이미 헨트의 생페터St Peter 수도원

- 피스쿠스fiscus는 왕령지를, 쿠르티스curtis는 장원을 말한다.
- •• 빌리지란 여러 작은 마을과 농장이 흩어져 있는 형태로 구성되거나 집촌集村 형태로
  구성된 정착지로 주로 장원에 부속되어 있었다.
- ••• 벨기에 북쪽의 젠강Zenne과 데일르강Dijle에서 남쪽의 상브르강Sambre까지 뻗어 있는
  광대한 원시림.
- •••• 코닝스Konings는 왕실을 뜻한다.

소유였으므로 코닝스 숲과는 달랐다. 이 숲은 보호가 되지 않아 10세기에서 11세기에 걸쳐 숲의 북쪽 절반 모래 토양이 황무지로 전락했는데, 그 이유는 두 강의 유역에 사는 빌리지 주민들의 이용권 때문이었다.[5]

프랑스 북부 루아르강에는 데르Der(데르벤시스 숲saltus Derven-sis)같은 거대한 삼림지대가 북동쪽에 위치해 있었다. 이곳에 있는 몽티예랑데 수도원은 845년 무렵에 작성된 수도원의 영지명세장에서 자세하게 알 수 있듯, 소작농들tenants에게 개간을 맡겼다.[6] 파리 지역에는 도시 남쪽의 이블린 숲Yvelines과 동쪽의 브리Brie 같은 고원지대에 몇 개의 숲이 있었지만 지역 전체, 특히 계곡에 인구가 밀집해 있었다.[7] 약 825년에서 829년까지 파리 서쪽의 생제르맹데프레 수도원에는 페르쉬Perche 지역에 수목이 우거진 영지가 여러 곳 있었다.[8] 프랑스 서쪽 지역에 있는 숲들은 다소 파편화되어 있었고, 루아르 지역에는 솔로뉴Sologne와 가티네Gâtinais 고원에 울창하지 않은 자작나무 숲들이 자라났다. 루아르 남쪽 마시프상트랄Massif Central(오베르뉴)과 가론강Garonne 바로 북쪽 지역에만 울창한 숲이 우거져 있었는데, 부분적으로는 황폐해진 숲도 있었다. 이곳에서 자연 복원이 매우 어렵다는 특징을 지닌 취약한 지중해성 삼림지대가 시작된다.

포강Po 평원의 북쪽 가장자리·리구리아Ligurian·토스카나 아펜니노Tuscan Apennines·아브루초Abruzzes·칼라브리아Calabria의 소나무 숲과 같은 일부 지역을 제외하면, 이탈리아의 삼림지대는 울창하지 않았다. 크리스토퍼 위컴은 사비아Sabia에서 숲―구알두스gualdus, 독일어로 발트Wald ─뿐만 아니라 여타의 미경작 토지, 목초지, 그리고 자유인인 콜로누스colonie public·가 경작하는 경작지로 구성된 특정한 형태의 왕령지인 구알디gualdi를 스무 곳 이상 연구했다. 이들 콜로누스는 스폴레토Spoleto 공작 덕분에 자유인이 되었지만, 많은 구알디가 파르파Farfa 수도원에 양도되거나·· 판매된 후 이 수도원의 소작농으로 전락했다. 이 구알디들은 독일의 비팡Bifänge·캅투래capturae···와 유사하며, 그곳 주민들의 지위는 이슬람의 침략으로 자신들이 살던 곳을 떠난 후 랑그도크Languedoc와 카탈로니아로 재이주한 정착민들aprisionarii의 지위와 비슷했을 것이다.

구알디와 같은 독립체들entities은 카롤링 시대 유럽 대부분의 특징인 삼림지대와 경작지가 혼합된 경제의 본보기이다. 삼림지대는 어느 시기에나 널리 이용되었기 때문에 자연과 문화 사

- · "자유인 가운데서도 생활양식, 사회적 지위, 영주에 대한 종속 정도에 따라서 여러 수준의 자유인들이 있었고 여러 가지 명칭이 사용되었다. 그중 자유인 출신이면서도 농민보유지 보유자로서 영주 권력의 지배를 받았던 사람은 일반적으로 '콜로누스colonus'라고 불렸다. 그래서 콜로누스는 매우 비천하고 예속적인 사람으로 취급받았다. 그렇지만 공법상으로는 콜로누스 역시 프랑크 국왕의 자유로운 신민이었기 때문에, 국왕에게 특히 군역을 수행하거나 그렇지 않으면 군역면세세를 납부할 의무를 겼다. (…) 콜로누스는 노예가 아니었다."(『서양의 장원제─프랑스와 영국의 장원제에 대한 비교사적 고찰』, 이기영 옮김, 한길사, 2020, 81~82쪽) 그러나 "중세 초기에 콜로누스는 법적으로나 신분적으로 가끔 자유인으로 간주되는 경우가 없는 것은 아니지만, 대체로 열등한 예속적 신분으로 취급되어 이 영지명세장의 기록에 가끔 나타나는 '자유인liber'과는 구별되었다."(『생제르맹데프레 수도원의 영지명세장』, 5쪽)
- ·· 이탈리아 중부 스폴레토 공국의 공작 힐데프란트Hildeprand는 776년 파르파 수도원에 이 토지를 기증했다.
- ··· 새로 개간된 경작지.

이에 충돌은 존재하지 않았다. 또한 삼림지대의 이용과 경작을 위한 개간은 토지소유주가 이용하는 것과 농민peasant의 생존 전략 모두에서 똑같이 정상적인 부분을 구성했기 때문에 누구도 이에 반대하지 않았다.[9]

경작지와 빌리지

앞에서 설명한 바와 같이 카롤링 시대 유럽 숲들의 형태에 따르면, 숲들 사이에 있는 넓은 공간에 단순히 경작지가 지배적이었을 것으로 추정되는 지역들이 있었다고 보기는 어렵다. 하지만 8세기와 9세기에 그러한 지역들이 존재했고, 상세한 연구 대상이 되는 한 그러한 지역의 정착지와 경작지 구조를 분석하는 것은 타당하다. 단 일반화에는 조심해야 한다. 9세기 초 생제르맹데프레의 영지명세장에 의하면 파리 지역은 이를 연구할 수 있는 시금석이 될 수 있으며, 헨트에 있는 생페터 수도원의 8세기와 9세기 〈양도기록부Liber traditionum〉'를 활용하면 플랑드르의 헨트 지역 역시 그럴 수 있다. 이들은 북서 유럽에서 인구가 가장 밀집해 있던 지역 중 하나였으며, 시골 정착지의 분포는 무엇보다 중세 초기 게르만어를 사용하던 벨기에 지역의 사례를 통해 확인할 수 있다.[10]

• 　토지의 소유권 이전과 거래 내역, 분쟁 발생 시의 법적 절차 등을 기록한 장부.

5세기에서 9세기까지 줄곧 이러한 분포는 주로 새롭게 형성된 촌락hamlets과 외따로 떨어져 있는 농장—부속 건물이 있는—으로 구성된 대다수의 분산된 정착지를 특징으로 하고 있었다. 이를 보여주는 증거가 8세기에서 10세기에 작성된 문서들에 등장하는 ~inga haim · ~haim · ~sali · ~thorp로 끝나는 수많은 이름들이다. 그러나 그 뒤의 세기에는 빌리지나 촌락 또는 농장의 이름이라고 여길 수 없는 것들—대부분은 아닐지라도—이 많다. 12세기나 13세기의 문서에서 그것들을 발견하게 되는 경우는 드물며, 주로 경작지의 이름을 나타낼 뿐이다. 인용한 네 개의 유형 중 외딴 농장임을 가장 분명하게 보여주는 것은 ~sali로 끝나는 이름이다. 이러한 해석은 그것의 의미—가축이 가족과 같은 지붕 아래에서 지내는 주택—와 그것의 위치 및 기능—두 경우 모두 ~sali로 구성된 단어들에서 명백하게 알 수 있듯 주로 숲에 위치해 있고, 소와 양을 기르는 데 이용된다—에서 기인한다. 마지막으로 라틴어 문헌에는 이것이 망시오닐mansioniles이라고 기술되어 있는데, 이 용어는 장원에 예속되어 있는 상태를 가리키며 더 작고 나중에 생겨났다. 언어학적으로도 그것은 ~haim으로 끝나는 이름의 경우와 마찬가지로 ~inga haim으로 끝나는 이름들보다 후대에 등장했다. 라틴어 계통의 언어를 사용하는 지역들에서는 ~villare 정착지가 ~sali 농장과 유사하다—빌라레vil-lare가 빌라villa˙의 지소사라는 언어학적 근거와 빌라에 종속되어 있음을 시사하는 장원의 문서에 의하면—고 할 수 있다. ~sali로 끝나는 이름들에 관한 증거—그리고 어쩌면 이는 ~haim으로 끝나는 이름들에도 유효할 수 있다―는 7세기에서 10세기까지 시골 정착지가 점차 확산되었다는 추정을 뒷받침해준다. 이는 같은 시기에 촌락이 더 큰 농장 집단으로 성장하지 않았음을 의미하는 것은 아니다. 더 큰 농장으로 성장한 것은 11세기와 12세기의 현상이지만, '빌리지'라는 용어는 법적 함의 없이 일정한 시기 동안 아마도 여전히 적용되었을 것이다. 쉬빈트Schwind"는 중부 라인 지역의 로르슈 수도원이 소유한 토지 가운데 지리적 의미에서 기꺼이 빌리지라고 부를 수 있는 상당히 큰 집단―30개에서 35개의 농장으로 구성된―이 9세기에 적어도 두 곳 이상 존재했다는 사실을 입증했다. 쉬빈트가 명세서와 특허장charters을 통해 입증할 수 있었던 것처럼, 그것들은 실제로 농장들이 나란히 놓여 있는 집촌集村이었다. 따라서 경작지는 오늘날의 경우에도 여전히 그러한 것처럼 빌리지 밖에―아마도 개방경지 구조에서―위치해 있어야 했다. 수도원에 의한 장원의 구조화―증여로 얻게 된 토지의 과세 단위인 후페huba·망스mansus"로 편성된 체계에서 분명하게 나타나는―가 어느 정도까지 이러한 집단화를 촉진했는지는 분명하지 않다. 또한 이러한 구조로 인해 외딴 정착지를 포기하게 되었는지도 알 수 없다. 중세 초기의 경작지 구조와 개방경지의 형성이 아마도 그러한 문제들을 좀 더 명확

* "이 무렵 장원에 대해서는 빌라villa라는 말이 사용되었고 왕령지에서는 피스쿠스fiscus라는 말이 사용되었다. 후에는 쿠르티스curtis 또는 쿠리아curia라는 말[잉글랜드에서는 매너manor]이 사용되면서, 빌라라는 말은 촌락 또는 작은 촌락이라는 의미를 띠게 되었다."(『서유럽 농업사 500-1850년』, 이기영 옮김, 사회평론아카데미, 2023, 82쪽)

하게 해명해줄 수 있을 것이다.

중세 초기 문화적 경관의 이러한 측면을 고찰하기 이전에 먼저 파리 지역의 정착지들, 특히 카롤링 시대에 생제르맹데프레 장원들의 중심이었던 정착지들—파리의 남쪽과 남동쪽으로 멀지 않은 거리에 위치해 있던—을 살펴보아야 한다.[12] 앞서 설명한 플랑드르의 정착지들과 대조적으로 그것들은 모두 갈로-로마Gallo-Roman 시대에*** 처음 생겨났다. 정착지의 로마 선조들은 장원 구조의 출발점이 된 기본적인 정착 단위였으며, 정착지 대부분은 메로빙왕조의 소유였고, 이름은 갈로-로마식 이름이었다. 그것들은 로마 도로와 멀지 않은 수로를 따라 위치해 있었으며, 이르미노Irmino****의 영지명세장(825~829)이 작성되기 얼마 전에 완료된 벌목을 통해 계곡에서부터 주요 경작 구역이 위치해 있는 비옥한 토양의 고원까지 확장되었다. 이들 고원은 많은 지명에서 알 수 있듯 숲과 황무지로 덮여 있었다. 벌목은 아마도 수

•• "카롤링시대에 갈리아 북부지역에서 고전적 장원의 정상적이고 표준적인 농민보유지는 '망스mansus', '후페huba', '팍투스factus' 등 여러 가지 이름으로 불렸다. 그러나 일반적으로 쓰인 말은 그 가운데서도 '망스'였다. (…) 망스는 농민 측으로서는 생산과 소비의 터전이자 생활의 장이었으며, 영주 측으로서는 농민에게 노역을 비롯한 현물, 현금 등의 형태로 된 각종 부담을 부과할 수 있는 단위조직이었다. 장원농민은 망스라는 농민보유지에서 자신의 노동력 재생산을 위한 필요노동을 행하여 가족의 생계를 유지하고, 이를 바탕으로 해서 노역과 각종 공납의 형태로 영주에게 잉여노동을 제공했다."(『생제르맹데프레 수도원의 영지명세장』, 6~7쪽)

••• 갈리아가 로마의 지배를 받던 기원전 50년경부터 기원후 5세기까지의 시대.

•••• "이르미노Irmnino는 794~829년간에 생제르맹데프레 수도원의 수도원장직에 재임한 승려다. 그는 이 영지명세장 속에 자주 등장하는 것으로 볼 때, 이 명세장의 작성을 주도한 인물이라는 것이 일반적인 견해다."(『생제르맹데프레 수도원의 영지명세장』, 134쪽)

도원이 왕실 하사품으로 영지를 수여받은 후 수도원의 주도하에 이루어졌을 것이며, 일부 경우에는 왕이 정착지 중앙에 교회를 건립하기도 했다. 가장 오래된 것은 생마르탱St Martin과 생페터에게 봉헌된 교회이며, 이는 메로빙왕조에 의해 설립되었을 것이다. 반면 나중에 지어진 교회는 생제르맹St Germain이 후원자였으며, 수도원이 설립한 것이 확실했다.

같은 파리 지역에 있는 생드니St Denis 수도원의 몇몇 빌라에서 발굴을 통해 입증된 것처럼 교회는 정착지 중심에 있었다.[15] 빌레르섹Villers-le-Sec에 있는 세 곳의 건축물 단지―3망스로 해석되는―는 두 도로의 교차점에 있는 교회 인근의 작은 공터와 묘지 주변에 있었다. 망스는 80·70·30미터의 거리를 두고 길이나 작은 도로로 서로 분리되어 있었다. 아직 집중―이는 10세기에서 11세기에 일어난 발전의 결과일 것이다―되어 있지는 않았지만, 이것이 빌리지 구조의 원형이었다. 망스의 건물들은 12.5미터 길이의 주거용 집들―그 안에서 소를 길렀다―로 구성되어 있으며, 그중 일부는 땅을 파내고 지은 '수혈주거sunken huts'―40아르에서 18헥타르까지 부지는 매우 불균등했다―였다.

이러한 농장의 경작지들은 빌리지 바깥에 위치해 있을 가능성이 매우 높지만, 그에 대해서는 알려진 바가 거의 없다. 그러나 농민들의 경작지가 영주의 중앙 궁정의 경작지―영주직영지man-sus indominicatus*―와 섞여 있지 않은 것은 분명하다. 빌레르섹에 있는 생드니 영주직영지에서 보이는 양상은 그렇지 않지만, 이는 생제르맹데프레 수도원―아직 발굴되지 않은―의 수도원장 이르미노의 영지명세장(825~829)을 통해 잘 알려져 있는 바다.

파리 인근에 있는 생제르맹데프레 영주직영지의 경작지는 쿨투라cultura^{••}라고 하는 농지들로 구성되어 있었다.[•] 그곳에는 크고 작은 쿨투라들이 있었고, 각각의 빌라마다 4개에서 12개의 쿨투라가 있었다. 작은 쿨투라의 면적은 5~16헥타르였지만, 규모가 큰 쿨투라는 66헥타르에서 88헥타르에 달했다. 쿨투라는 영주직영지에서 서로 다른 독립체를 형성했으며, 주로 산울타리와 벽으로 둘러싸여 있어 농민들의 경작지와 구분되었다. 쿨투라의 일부가 휴경 상태에 있고 목초지로 사용될 때, 곡물이 심어진 부분을 보호하기 위해 쿨투라 안에 임시로 세우는 나무 울타리는 대개 소작농들의 부역을 통해 설치되었다. 일부 역사학자들이

- "장원은 대외적으로는 영주의 소유였지만, 내부적으로는 소유권과 이용권이 구체적으로 실현되는 측면에서는 영주직영지mansus dominicatus, mansus indominicatus, domanica curtis, terra indominicata와 농민보유지mansus, huba, huoba, sors, factus, 그리고 공유지로 구분되어 경영되었다. 영주직영지는 장원이라는 영주 소유의 대토지 가운데, 영주가 장원 농민들로부터 제공받는 노동력을 이용하여 그 자신이나 대리관리인의 직접적 경영에 의해 산출되는 생산물을 그 자신과 그의 식솔들이 이용·소비하기 위하여 농민들에게 분양하지 않고 유보되어 있는 토지이다. (⋯) 그러나 영주직영지는 토지만으로 구성되었던 것은 아니다. 영주직영지는 물적인 측면에서는, 농경지와 비농경지로 구성된 토지뿐만 아니라 저택, 부속건물 등의 건물 부분과 부대시설물, 그리고 가축이나 노동용구와 같은 동산을 포함한다."(『생제르맹데프레 수도원의 영지명세장』, 25쪽)

- "'쿨투라cultura'는 영주직영지를 구성하는 상당히 큰 덩어리의 곡물경작지를 뜻한다. '땅덩어리'와 유사한 개념이라고 할 수 있을 것이다. 이것은 나무가 우거지기는 해도 토양은 비옥한 미경작지를 영주직영지의 솔거노예들과 미경작지로 흘러들어온 자유인과 반자유인의 개간으로 생성되었을 것으로 추정되고 있다. 이들 개간자들은 영주직영지의 미개간지를 농민보유지로 분양받아 보유하고서는 확장된 영주직영지의 경작을 위한 부역노동을 비롯한 의무를 수행해야 했다. cultura는 센 강과 라인 강 사이 지역에서 사용된 말이고 독일의 중앙부에서는 'territoria'라는 용어가 쓰였다."(『생제르맹데프레 수도원의 영지명세장』, 26쪽)

그러하듯 그러한 시스템에서 쿨투라 전체를 펄롱furlongs*으로 해석하기보다는, 이후에 완전히 발전된 삼포제**의 원형으로 간주하는 것이 타당하다. 이 어려운 문제는 4장에서 설명할 것이다. 일단 지리적 관점에서 이들 쿨투라는 그 자체가 각각 '개방경지' 혹은 그보다 작은 '미소 개방경지'라는 것을 형성하고 있었다고 말하는 것으로 충분하다. 지역 전체가 개방적인 형태를 띠지 않았으므로 확실히 카롤링 시대의 농지제도를 이후 세기에 고유한 '개방경지제'라고 볼 수는 없다.

헨트에 있는 생페터 수도원의 양도기록부에 기록된 기증품들을 분석해보면 카롤링 시대의 농업 경관과는 매우 상이한 그림이 나타난다.[15] 9세기부터 이 수도원에서 기증받은 토지의 다수는 헨트에서 남쪽으로 약 10킬로미터 떨어진 레이어강 둑에 위치해 있는 생마르탱-라탱Sint-Martens-Latem의 빌리지 땅에 집중되어 있었다. 이들 토지는 네다섯 곳의 경작지에 흩어져 있는 보통에서 아주 작은 규모(2.5헥타르에서 5헥타르)의 농민보유지로 구성

•　개방경지에서 경작 가능한 토지의 한 구획. 고대 영어에서 고랑을 의미하는 'fuhr'와 길다는 의미의 'long'이 합쳐진 말로 '긴 고랑'을 의미한다. 펄롱은 무거운 쟁기를 끄는 소들이 방향을 돌리는 것이 어려웠기 때문에 생겨났다. 펄롱은 길고 작은 띠 모양의 경지인 스트립strip으로 분할되어 농민보유지로 분배되기도 했다.

••　"삼포제는 토지가 동곡冬穀을 늦가을에 파종하여 재배하는 추경지, 하곡夏穀을 봄에 파종하여 재배하는 춘경지 그리고 지력을 유지하기 위하여 1년간 휴한하는 휴경지로 삼분되어, 삼분된 각 토지가 매년 차례대로 추경지, 춘경지, 휴경지의 과정을 밟는 토지이용 방식이다. 주로 추경지에는 빵의 원료가 되는 밀이나 호밀 또는 스펠트밀과 같은 주곡이 동곡으로 재배되며, 춘경지에는 보리나 귀리 또는 콩과 같은 잡곡이 하곡으로 재배되었다. 따라서 매년 경지의 3분의 1만이 주곡 재배용으로 이용된 셈이다."(『서유럽 농업사 500-1850년』, 44쪽)

되어 있었으며, 경작지마다 접미사 ~accra가 붙은 이름—Hosta-raccara(var. Ostar) · Euinaccar · Hanria accara · Brainna accara · Hel-saccra—을 가지고 있었다. 이 중 마지막 경작지 이름만이 아직까지 존재하는 후대의 이름(Elaskker)으로 식별 가능하다. 엘라스케Elaskker 옆에는 더 나중에 생긴 다른 두 ~akker 이름의 경작지가 위치해 있었고, 이 셋은 모두 빌리지의 주요 경작지—중세 후기 문헌에서 빌리지 이름과 플라망어 단어 쿠터kouter가 합성된 이름인 라템쿠터Latemkouter라고 알려진—옆에 거의 붙어 있었다. 쿠터는 중세 후기부터 문헌에 등장하기는 하지만, 헨트 지역에서는 동일한 형태가 흔히 존재했다는 사실에 주목해야 한다. ~akker로 끝나는 이름은 쿠터라고 하는 큰 농지 옆에 있는 작은 농지를 의미하며, 쿠터에는 빌리지의 이름이 붙거나 일부 경우에는 촌락의 이름이 붙기도 한다. 여전히 존재하고 있는 이러한 ~kouter 이름은 중세 초기 문헌에서 찾아볼 수 없지만, accra와 합성된 이름들—accarom, accarum, accrum, agrum—은 중세 초기 문헌에 많이 보존되어 있다. 이 이름의 경작지들은 모두 9세기부터 헨트에서 그리 멀지 않은 곳(최대 25킬로미터)에 위치해 있었다. 앞에서 언급한 생마르탱-라탱에서와 마찬가지로 이 이름들도 위치를 파악하거나 후대의 경작지 이름으로 식별하기란 쉽지 않다. 그러나 앞에서 말한 ~accra로 끝나는 이름들과 달리 대부분은 앞에 친족 정착지의 이름이 붙는다. 예컨대 Ramaringa-hemia agrum · Culingahem accra · Eninga accra처럼 ~inga 또는 ~inga를 표현하는 더 큰 정착지의 이름인 ~inga heim이 붙어 있다. 결론적으로 그것들은 정착지의 주요 경작지 이름이라고 해석할 수 있다. 이러한 경작지 외에 이 정착지들에는 다른 이름의 경작지들도 있었다. ~accra로 끝나는 일부 경작지의 이름은 방향(Westeraccra, Sudaccra)이나 사람 이름(Euinaccar) 또는 여타의 이름(Stenaccra)과 합성된 것이었고, 일부는 새로 개간한 경작지의 기원을 가리키는 이름(Eninga에 있는 Heninga rodha, Culingahem에 있는 Rodha)과 일부는 개간하지 않은 경작지를 나타내는 이름(Ramaringahemia mariscum)과 합성된 것이었다.

이 정착지들과 경작지의 이름은 이후 세기에 거의 모두 사라졌기 때문에 후대의 자료들과 경관을 토대로 중세 초기의 증거를 해석하기란 매우 어렵다. 더 구체적으로 말하자면 9세기에서 13세기 사이의 발전에 대해 알려진 바가 별로 없고, 따라서 이러한 이름들 대부분이 사라진 이유를 설명하기란 불가능하다. 그럼에도 불구하고 놀라운 점은 중세 후기에, 특히 헨트 지역뿐만 아니라 일반적으로 동부 플라망 남쪽과 스헬더강과 레이어강 계곡의 빌리지들, 그리고 언어 경계에서 멀지 않은 지역들에 있던 빌리지 대다수와 빌리지 구역 안에 있는 작은 촌락에도 빌리지나 촌락의 이름 뒤에 접미사 ~kouter가 붙은 주요 경작지가 있었다는 사실이다. 이미 말했듯이 앞에 정착지 이름이 붙지 않고, 주요 쿠터의 가장자리에 위치해 있던 일부를 제외하면 ~akker 이름은 그 당시 사라졌다. 따라서 정착지 이름과 합성된 9세기의 ~accra 이름이 9세기와 13세기 사이에 ~kouter 이름으로 대체된 것으로 보이지만, 이를 설명하는 일은 카롤링 시대를 넘어선다는 것을 의미한다.

중세 초기 경작지 구조에 관한 문헌 자료에서 지금까지 얻은 증거에 따르면, 북서 유럽의 경작지 culturae · akkers · kouters 는 일반적으로 경작지의 큰 구획들로 구성되어 있으며, 더 작은 구획으로 세분화되는 경우는 거의 없었다. 이러한 견해는 서면으로 작성된 문서나 멀리 오베르뉴Auvergne 또는 바스-랑그도크 Bas-Languedoc 같은 지역의 고고학적 증거를 통해 뒷받침되고 있다.[16] 프랑스 남부 절반에서는 중세 초기의 구획들과 원사 시대 경작지 사이의 관련성이 관찰되어왔으며, 로마의 첸투리아티오centuriatio*와의 관련성은 더 자주 언급되어왔다.[17] 유럽 북서부의 이른바 "켈트식" 경작지[18]와 벨기에 북동부[19] 및 프랑스 중부 · 북부[20]의 첸투리아티오 같은 구조도 유사한 연관성이 암시되었지만, 이는 중세 초기 경작지 형태의 효시라고 할 수 없을뿐더러 연관성이 있다고 확정하기도 어렵다. 프랑스 북부와 벨기에 남부의 쿨투라를 구성하고 있는 구획들은 고전적으로 이분화된 영지의 이른바 '영주직영지réserve'**의 일부로 전체가 한 명의 소유자, 즉 장원의 영주에게 속해 있었다. 헨트 지역과 플랑드르 남동부의 9세기 경작지 가운데 정착지 이름 뒤에 접미사 ~accra가 붙어 있는 경작지의 경우에는 항상 이와 같았다고 할 수 없다.[21] 후

• 　로마 시대에 정사각형의 격자 형태로 규칙적으로 구획된 경작지.

•• 　"프랑스어의 'réserve'란 말은 원래는 영주가 농민들에게 분양하지 않고 남겨둔, 즉 유보된 토지라는 뜻이다."(『서양의 장원제』, 49쪽)

대—이미 ~accra 이름이 사라지고 ~kouter 이름으로 대체된—
에 헨트와 인근 지역에서 나타난 일부 사례에서 볼 수 있듯, 이는
전체가 장원 구조로 통합된 경우에만 그러했다. 정착지 이름 뒤
에 접미사 ~accra가 붙어 있는 더 넓은 경작지의 경우에는 농민
의 경작지가 영주의 경작지—정착지 이름에 친족 또는 가족을
나타내는 ~inga가 붙은—와 섞여 있었음이 틀림없다. 영주의 경
작지는 수 세기 뒤와 근대 초기의 지적도에서 불규칙한 형태의
커다란 구획으로 식별할 수 있는 반면, 농민들의 구역은 일반적
으로 작은 스트립strip이 모여 같은 방향으로 길게 늘어선 펄롱을
형성했다. 이러한 패턴과 특히 구획의 분할이나 펄롱을 스트립으
로 분할하는 것은 중세 초기의 동시대 문헌 증거에서는 거의 찾
아볼 수 없다. 그러나 수도원장 이르미노의 영지명세장(825~829)
은 정적부역지ancinga˙에 해당하는 구획의 크기, 즉 소작농에게
할당되고 1년 내내 영주를 위해 경작해야 하는 토지의 크기에 관
한 정보를 제공해준다. 이 구역들은 길이가 너비의 8~25배에 이
르는 길고 좁은 스트립들이었다.²² 구역의 길이나 너비(혹은 둘 다)
또는 구역의 경계나 인접해 있는 구역을 표시한 10세기와 11세

• "중세 라틴어에서 andecinga, ancinga, antzinga, andecena 등으로도 불린 (…) antsinga
는 원래 영주직영지 경작을 위한 농민보유지 보유자의 부역이 일정한 면적으로 할당
되어 수행되는 정적부역이나 그런 부역의 대상토지로서의 정적부역지를 뜻한다. 정
적부역은 주 단위나 월 단위 또는 연 단위로 일정 기간을 정하여 부과하는 정기부역
과는 대조를 이루는 부역방식이다. 정적부역지는 장원농민이 일정 면적의 영주직영
지를 배정받아 파종부터 수확까지 책임지고 경작하는 토지이다."(『생제르맹데프레 수도
원의 영지명세장』, 15쪽)

기의 일부 희귀 문헌들은 오베르뉴와 랑그도크에서 프랑스 역사학자들에 의해 연구되었다.[23] 그들의 결론에 따르면 10세기에서 11세까지 경작지의 구획은 더 작고 때로는 더 불규칙한 구획으로 전환되었다. 규칙적인 스트립은 새로 개간된 경작지에서만 11세기부터 중세 후기의 지배적인 경작지 구조로 등장한다.

타운

타운은 상대적으로 규모가 작고 카롤링 시대에 그리 많지도 않았지만, 도시화되지 않은 그 시대 문화적 경관의 한 요소이므로 살펴보아야 한다. 타운의 지리적 측면은 7장에서 간략하게 다루며, 여기에서는 라인강 동쪽 지역을 제외하고 가톨링제국에서 여전히 대다수를 차지했던 로마 기원의 타운들을 중점적으로 다룰 것이다. 엠포리아―카롤링 시대 교역 인프라의 일부―라고 불리는 새로운 타운들의 지리적 측면은 7장에 좀 더 상세하게 기술되어 있다.

로마의 타운들은 3세기 말 타운 주변과 외곽 지역에 새로운 돌담이 세워지고, 장인들의 주거지와 기타 부차적인 요소들이 돌담 밖에 남겨지게 되면서 축소되었다. 새로 지어진 성벽 안에서는 특정한 형태의 농촌화가 일어났다. 빈 공간이 점점 더 커지고 더 많아졌다. 노후화된 공공건물은 방어 구조물의 일부가 되었고, 때때로 평민들이 점유해 이를 작게 나누어 개인 주택으로 사용하기도 했다. 이런 과정은 7세기까지 계속되었는데, 이때 교회와 새로 건립된 수도원이 로마 건물의 폐허 위에, 그리고 그 돌들을 이용해 바로 그 자리 혹은 멀리 떨어진 외곽 지역에 지어졌다. 고대 로마의 성벽은 그 중요성을 상실한 채 폐허가 되었으며, 타운과 시골 사이의 경계는 모호해졌다. 종종 타운의 중심이 과거의 위치에서 멀어지게 된 것 역시 이러한 변화의 결과였다.[24]

8세기 말 메츠Metz·리옹·빈·르망Le Mans 등 많은 주교좌 도시들의 대성당을 중심으로 집중적인 건축 활동이 일어났다. 이는 메츠의 크로데강Chrodegang 주교가 754년 공동생활에 관해 작성한 새로운 규칙에 의해 촉발되고, 카롤루스 대제에 의해 왕국 전체로 확대되었다. 도시 경관의 농촌화는 확실히 중단되었지만, 새로운 성벽은 건설되지 않았다.[25]

투르네와 같은 일부 키비타스civitas*의 오래된 로마 성벽은 바이킹의 공격에 대비해 9세기 후반에 복원되었다. 생드니·아라스Arras의 생바스트St Vaast·헨트의 생바보 같은 수도원들은 종종 다른 많은 수도원들—로르슈·생리귀에르St Riquier·풀다—과 마찬가지로 새로운 카롤링 양식으로 재건되었으며, 같은 이유에서 성벽으로 둘러싸여 있었다.[26] 이들 인근에 있다가 나중에 요새 안으로 들어오게 된 수도원 도시들은 8세기 후반부터 투르Tours·생리귀에르(첸툴라Centula)·아라스·헨트 등에서 발전했다.[27] 수도원이 마음대로 운영할 수 있었기 때문에 타운은 자율적이지 않

• 　시민을 뜻하는 키비스civis의 지역공동체 또는 도시.

았지만, 적어도 지리적으로는 거리를 따라 집과 작업장, 그리고 상점들이 있는 도시적 성격을 띠었다. 헨트의 생바보 수도원 인근에 위치한 포르투스 같은 일부 수도원 도시에는 바깥세상에서 경제적 역할을 수행하고, 수도원을 위한 활동 외에도 자신의 이익을 위해 독자적인 교역을 했을 상인들이 살고 있었다.

2장

인구

카롤링 시대 유럽의 인구 현황과 발전은 이름·인물·가족 구조·심지어 장원의 속민·거주민·소작농의 나이 등 유용한 인구 통계학적 자료가 수록되어 있는 네 개의 영지명세장을 근거로 추정되었다. 이 네 개의 영지명세장은 이르미노 수도원장 시대의 생제르맹데프레 수도원(825~829)·생베르탱 수도원(844~859)·랭스의 대주교 힌크마르Hincmar 시대의 생르미St Remi 수도원(9세기 중반)·마르세유의 생빅토르St Victor 수도원(813~814)의 영지명세장―중요한 순서대로―이다.[1] 이 점과 관련해 이 영지명세장들의 가치는 많은 비판―특히 레옹-R. 메나지Léon-R. Ménager[2]가 가장 심하게 비판했다―을 받았지만, 편집의 특정 측면을 연구한 장 피에르 드브로이[3]가 피에르 투베르에게 이를 종합할 수 있는 길을 닦아줌으로써 커다란 합의에 도달할 수 있었다.[4]

영지명세장은 정적 문서이기 때문에 장원의 인구통계학적 측면을 대략적으로 보여주지만, 그중 일부는 동적 매커니즘의 요소이기도 하다. 예를 들어 성인 대 아동의 비율, 특히 성인 여성의 비율을 보면 미래의 인구 증가나 정체停滯를 추측할 수 있다. 이러한 자료를 사용할 시에는 모집단의 일부 범주가 과대 또는 과소대표되어 있을 수 있으므로―실제로 자주 그러하다―주의해야 한다. 일례로 뒤비는 벨르뇌브셍죠흐쥬Villeneuve-Saint-Georges

장원의 인구 변화 특징을 침체와 심지어 위기로 규정하는 잘못된 결론을 내렸다. 그런 다음 그는 다른 요인들을 결합해 이 결론을 일반화했다.[5] 드브로이는 이후 이르미노의 영지명세장에서 아동과 여성의 수가 과소대표되어 있음을 입증했다. 과거에는 남성 이주민, 여성의 영아 살해 등으로 설명되었던 남성의 과잉대표성은 이주민과 관련된 영지명세장 작성 방식의 특수성에서 기인한 것으로 드러났다.

이러한 어려움과 함정에도 불구하고 투베르가 공식화한 몇 가지 일반적인 결론이 널리 수용되었다. 가장 중요한 결론 중 하나는 부모와 자녀로 구성된 '단순'가족—가족의 수는 4.5명에서 5.5명—이 지배적이었다는 점이다. 결혼하지 않은 형제자매와 조부모가 한지붕 아래 사는 '가부장적' 대가족이라는 낡은 관념은 버려야 한다. 이른바 '과잉인구' 망스는 가부장적 가족이나 심지어 복합가족이 운영하는 망스가 아니었다. 베스메르니Bessmerny가 주장했듯 단순가족은 더 큰 경제적·가족적 집단에서 그 중요성이 더욱 컸다. 생제르맹데프레 장원의 보유지 중 30퍼센트에서 60퍼센트는 공동소작농들에 의해 운영되었다. 베스메르니에 따르면[6] 이들 중 20퍼센트에서 25퍼센트는 1차 소작농과 관련이 있으며, 공동소작농은 대부분 1차 소작농의 장자長子였다. 이 공동소작농들은 따로 살았고, 따라서 가정foci의 수가 망스의 수보다 훨씬 많았다. 이러한 경우 망스가 정확히 어떻게 운영되었는지는 명확하지 않다. 결국 분할되었을 것이지만, 그러한 분할은 위기의 징후가 아니라 망스 제도가 더 이상 인구통계학적 상황에 적합하지 않게 되었다는 사실을 표현한 것으로 볼 수 있다. 투베르는 이러한 분할을, 이용 가능한 노동력을 통해 소규모 토지의 소작 가능성을 극대화하고자 소규모 운영을 선호한, 위로부터 나온 역동적 정책의 결과라고 생각한다.

마르세유의 생빅토르 수도원 영지명세장에는 아동들의 나이가 기록되어 있어 적어도 프로방스 지역에 대해서는 9세기 초의 인구 진화를 논할 수 있게 되었다.[7] 아동들의 연령 그룹에서 나타나는 수치 차이―가장 나이 어린 그룹의 숫자가 그 위 그룹의 숫자보다 적다―는 803년에서 806년 사이에, 그리고 810년에서 814년 사이에 짧은 간격으로 주기적 위기가 존재했음을 시사한다. 아마도 803 · 805 · 807년에는 기근으로 인해, 810년에는 우역牛疫이라는 소 전염병이 인간에게 전파되어 그러한 위기가 발생했을 것이다. 젊은 층이 많다는 것은 과거의 위기에 대처할 방안이 될 수 있었을 것이다. 이러한 위기는 매우 국지적이었을 수 있지만, 어떤 경우 급격한 변동은 인구통계적 상황은 취약했지만―갑작스러운 위기에 민감한―, 그 격차를 빠르게 메울 수 있었음을 시사한다. 프로방스의 부부당 자녀 수는 2.9명에서 3.1명으로 미래 성장에 유리한 토대가 되었다. 자녀에 대한 성인의 비율에서 도출된 출산계수에 따르면, 8세기와 9세기에 특정 영지의 인구는 반세기에서 1세기 반 동안 두 배 증가했다고 추정할 수 있다. 여러 학자들이 100년 사이에 두 배로 증가했다는 것, 즉 1년에 1퍼센트씩 증가했다는 것을 사실로 인정하고 있으며, 이는 아마도 빠르면 7세기부터 시작되었을 것이다.

카롤링 시대에 인구 증가세—완만한 수준에서 상당한 수준까지 증가한 것으로 간주할 수 있는—가 지속되었는지, 아니면 위기로 인해 정체되었는지에 관해서는 합의된 답변이 거의 존재하지 않는다. 많은 학자들이 이와 관련해 언급하는 사건은 8세기 말과 9세기 초 카롤링제국의 중앙 지역(프랑스 북부의 절반)을 강타한 수차례의 기근이었다. 이 기근들은 너무나 심각해서 794년 카롤루스 대제는 빵과 곡물의 최고 가격을 설정하고, 새로운 도량·무게·화폐 단위를 도입했으며, 궁핍한 사람들을 구제하는 제도를 수립하고, 교회와 수도원에 기도를 올릴 것을 요구하는 등 과감하고 전반적인 조치를 취하지 않을 수 없었다.[8] 그러나 대개 이러한 기근은 성장으로 인해 발생한 사건—급격하게 증가한 인구와 경직된 경제 구조 사이의 불균형을 드러낸—으로 해석된다. 특히 일드프랑스Ile de France와 이탈리아 북부 일부 지역의 대규모 영지—소위 과잉인구 망스가 있는—가 이와 관련이 있는 것으로 지적된다.[9] 그러나 이러한 연속적인 기근이 14세기와 15세기의 경우처럼 누적적인 영향을 미쳤다는 사실은 확증된 바 없다. 젊은 층 인구 특유의 역동적 특징의 결과, 기근 이후 빠른 속도로 회복되었을 수 있다. 위기에 대한 민감성, 특히 곡물 위기에 대한 민감성과 그 이후의 빠르고 역동적인 대응은 분명 다소 혼란스럽고 불균형한 성장의 원인이 되었을 것이다. 중세 초기의 이러한 인구 진화 특징은 부분적으로 인구 변동을 연대순으로 규명하거나 구분할 수 없다는 사실에서 기인한다. 카롤링 세계 전체에서 인구가 증가했음은 일반적으로 인정되고 있는 사실이지만, 이에 대한 증거는 모두 간접 증거이다.

예를 들어 매장지에 대한 고고학적 조사는 메로빙 시대에 한해서만 가능한데, 이는 교회 근처의 공동묘지에 시신을 매장하게 된 것이 7세기에서 9세기에 기독교화가 진행되면서부터이기 때문이다. 독일 쾰른 인근의 6·7세기 매장지와 비교하면 라인란트 지역의 인구는 100년 동안 60퍼센트 증가했음을 알 수 있다. 이는 특별히 높은 수치가 아니다. 그러나 알레만니아Alemannia의 경우에는 6세기에 인구가 세 배에서 여섯 배 증가했는데, 이는 아마도 이주와 같은 외부 요인 때문이었을 것이다.[10] 샤랑트Charente(프랑스 남서부)와 마코네Mâconnais(부르고뉴 남부) 지역의 일부 마을 매장지는 6세기 초반에서 7세기 중반 사이에 인구가 두 배 증가한 결과 확장된 것으로 해석되었다.

벌목은 인구 증가를 보여주는 가장 일반적인 지표로 사용되고 있지만, 그 증거가 매우 국지적이므로 일반화하는 데는 무리가 있을 수 있다. 뢴Rhön과 아이펠Eifel 등 독일의 다양한 지역에서 실시된 꽃가루 분석 결과는 7세기 이후 곡물 꽃가루가 확실히 증가했음을 보여준다. 이는 경작지가 확장되었음을 의미하며, 7세기 문헌—단 하나뿐인 희귀 문헌—을 통해 간접적으로 입증되었다. 토지 개간에 관한 가장 초기의 문헌 기록은 8세기 후반 튀링겐의 풀다 주변 지역에 관한 기록이다. 여기에는 특히 프로프리줌·비팡·캅투래—새로 개간한 토지에 영지와 농장이 조성된—라고 하는 잘 구획된 처녀지가 기술되어 있다.[11] 이러한 처녀지는 8세기에 12곳, 9세기의 첫 30년에서 40년에는 36곳이 있었다. 벌목은 대부분 수도원이 아니라 추가적인 확장을 위해 비팡을 수도원에 기부한 평신도들에 의해 수행되었다. 9세기 로르슈와 풀다 수도원의 기록에 따르면 독일, 특히 독일 남서부와 오덴발트의 가장자리에서 비팡 또는 캅투래 형태의 개간이 다수 진행되었다. 이 역시 최초에는 평신도들─상인이라고 할 수 있는─에 의해 수행되었다. 이러한 사례들은 주로 독일에서 발견되지만, 삼림 분포에 대한 개략적 설명에서 보았듯이 서유럽에도 광범위하게 퍼져 있던 현상이므로 지역적으로 우연히 발생한 것이라고는 할 수 없다.

하지만 새로운 개간에 관한 문서 기록이 존재하지 않는 이유는 아마도 서유럽 일부 지역에 대규모 경작지가 있었기 때문일 것이다. 더욱이 그것들 중 일부는 9세기 초에 이미 인구 밀도가 상당히 높았다. 이와 관련해 종종 그 사례로 언급되는 곳이 파리 지역의 일드프랑스이다. 왜냐하면 생제르맹데프레 수도원의 유명한 영지명세장─829년 직전에 이르미노 수도원장이 작성한─에서 유용한 인구통계학적 자료를 찾아볼 수 있기 때문이다.[12] 이 문서를 근거로 인구 밀도를 계산한 결과, 파리 남부 지역에 있는 다수의 수도원 영지에는 평방킬로미터당 39명의 인구가 거주했으며, 프랑스 북서부 생토메르St Omer 인근에 위치한 생베르탱 수도원의 일부 영지에는 평방킬로미터당 약 34명의 주민이 거주한 것으로 간접 확인되었다.[13] 프리슬란트Friesland(베스터고 Westergo)에서 인구 밀도가 가장 높았던 지역은 약 900년경에 이와 유사한 수치에 도달했다.[14] 그러나 이렇게 특수한 지역들─인구통계학적으로, 그리고 관련 문서에 따르면―을 제외하면, 대부분 지역―주로 개간된 곳이었음에도―의 인구 밀도는 평방킬로미터당 4~5명에서 9~12명 사이로 이보다 훨씬 낮았다. 이와 관련해 일반적으로 합의된 한 가지 사항은 경작지의 인구 밀도와 규모는 토지의 상대적 비옥도와 생산성, 그리고 토지의 이용 형태와 사용 연령에 따라 지역과 장소마다 크게 다를 수 있다는 것이다. 갈리아 남부 지역, 프랑스 북부의 일드프랑스 지역, 라인강·모젤강 지역, 벨기에의 스헬트강과 덴데르강Dender 사이의 지역 등에 비해 프랑스 남서부와 서부(마엔Maine) 또는 벨기에 북부 절반의 지역들은 인구 밀도가 낮았다.

THE CAROLINGIAN ECONOMY

Ⅱ부
생산

3장

농업
생산

서론-일반적 조건

카롤링 시대의 농업은 어느 정도까지 자유로운 독립농—아마도 이전 메로빙 시대에는 더 많았을 것이다—에 의해 수행되었다. 대규모 영지에 비해 자유 독립농에 대해서는 거의 알려진 바가 없기 때문에 이 장에서는 대토지 소유를 중점적으로 고찰할 것이다. 카롤링 국가, 특히 군사 조직은 원칙적으로 주로 농민과 같은 대규모 자유인 계급에 기반을 두고 있었다.¹ 특히 8세기와 9세기 교회의 토지 재산은 주로 농민 농장을 운영하는 자유인들의 기부를 통해 형성되었고, 때로는 예속된 솔거노예mancipia*의 도움을 받기도 했다. 이러한 농장들의 규모에 대해서는 알려진 것이 거의 없으며, 다양했을 것으로 추정된다. 농민은 자신이 속한 공동체에 딸려 있는 숲과 목초지, 기타 미개간지를 이용할 권리가 있었다. 이러한 공동체의 위치와 구성은 여전히 문제로 남아 있다. 왜냐하면 구조화된 대규모 영지의 인구 중심지와의 관계가

● "이 말은 외거外居하지 못하고 토지도 보유하지 못한 채 여전히 주인의 가내에 거주하는 비자립적 노예를 뜻한다. 고대 노예제가 해체되고 봉건사회의 농노제가 형성되고 있던 중세 초기―특히 카롤링시대―에는 노예는 외거노예와 솔거노예로 명확히 구분되었다."(『생제르맹데프레 수도원의 영지명세장』, 428쪽)

불명확하기 때문이다. 독립농의 농장은 왕실이나 교회의 장원 인근 또는 심지어 그 한가운데에 위치해 있었다.²

그러나 특히 카롤링 시대에 가장 보편적인 농업 형태는 예속농—완전한 비자유인 또는 토지 소유의 자유가 없는 농민—이 장원(라틴어로 빌라 또는 왕실 소유인 경우 피스쿠스) 안에서 수행하는 그러한 형태의 농업이었다. 왕실 장원의 대부분은 주로 엔강Aisne·오이세강Oise·뫼즈강Meuse·모젤강Moselle·라인강·마인강Main 주변과 더 동쪽으로는 프랑켄·튀링겐·바이에른에 있었다.³ 많은 장원이 왕이 순회 시 거주하는 성—팔라티움palatium이라고 하는—으로 기능했다. 가장 큰 피스쿠스는 종종 망시오닐이라고 하는 작은 장원들이 포함된 몇 개의 광대한 빌라로 구성되었다. 가장 유명한 피스쿠스는 아나프Annappes—벨기에 국경에서 가까운 프랑스 릴Lille 타운 인근에 위치한 중심 장원caput fisci—의 빌라와 망시오닐이다. 아나프의 크기는 2063헥타르였으며, 여기에는 200헥타르에서 300헥타르의 망시오닐 세 곳과 각각 1867·약 1400·1855헥타르의 빌라가 있었다.⁴ 〈모범적 예〉라고 알려진 서기 800년경의 문서에서 아나프에 대한 설명과 명세서는 중심 장원의 건물에 대한 설명과 명세서로 시작한다.⁵

우리는 아나프의 왕실 영지에서 돌로 지어진 훌륭한 왕실 저택을 발견했다. 그곳에는 세 개의 방이 있었다. 저택 전체는 회랑들로 둘러싸여 있었는데, 여성을 위한 방이 열한 개 있었다. 그 아래에는 지하실이 하나 있었다. 현관은 두 곳에 있었다. 뜰 안에는 비슷한 수의 방과 기타 편의시설을 갖춘, 나무로 잘 지어진 열일곱 채의 집이 있었다. 마구간과 부엌, 빵 굽는 곳이 각각 한 곳씩 있었고, 두 곳의 헛간과 세 곳의 건초보관소가 있었다. 마당은 생울타리와 돌로 된 통로로 둘러 싸여 있었는데, 통로에는 여러 개로 나눌 수 있는 회랑이 있었다. 이곳에도 생울타리로 둘러싸인 안뜰이 잘 정돈되어 있었고, 다양한 종류의 나무들이 심어져 있었다.

9세기에 토지 재산이 똑같이 중요했던 주교좌 교회와 수도원은 대부분 장원으로 구성된 막대한 재산을 왕과 귀족, 평민에게 기증받아 건설되었다. 825년에서 829년에 수도원장 이르미노가 작성한 생제르맹데프레 수도원의 영지명세장에는 스물다섯 곳─최소한이었다─의 빌라가 기록되어 있다. 이곳은 토지와 숲을 포함해 약 30,000헥타르에 달했다. 이보다 규모가 작은 수도원에는 각각 수백 헥타르의 경작지가 있는 빌라가 열 곳에서 스무 곳이 있었다. 귀족의 토지 재산은 '제국 귀족'(독일어로 Reichsaristokratie)이라고 알려진 왕과 관련된 일부 대가족의 재산을 제외하면 일반적으로 덜 중요했다. 귀족의 영지는 상속과 기증 등을 통해 분할되었으며, 많은 평신도들의 재산은 포르티오네스portiones라고 하는 분할지로 구성되었다. 교회는 이러한 분할지를 기증받으면 때때로 이를 한데 모아 장원으로 재조직했다.[6]

고전적 이분 장원의 기원

8세기 중반부터 루아르강과 라인강 사이, 라인강·엘베강·알프스 사이, 이탈리아 북부와 중부 지방에서 프랑크왕국의 대토지 소유 구조와 이용 양식은 커다란 변화를 겪었다. 지역과 여타의 요소들에 따라 서로 다른 시기에, 그리고 다양한 방식으로 소위 이분 구조가 왕·교회·귀족의 대규모 영지에 도입되었다.[1] 가장 발전된 형태의 이분 체제는 빌라라고 하는 토지 소유 단위를 함께 구성하고, 운영이라는 측면에서 밀접한 관련이 있는 두 요소 사이의 균형을 유지했다. 영주직영지demesne(프랑스어 réserve, 독일어 salland)는 영지의 영주를 위해 주로 농민들이 직접 경작했으며, 농민들은 분할된 다른 영지의 일부—이른바 보유지 또는 소작지—를 가지고 있었다. 소작농은 영주와 영주직영지에 부역과 공납, 소작료를 지불하고 소작지를 경작할 수 있었다. 고전적 형태라고 불리는 이 추상적 모델의 이상적인 형태는 거의 어디에서도 등장한 적이 없었다. 이 모델은 정적이지 않았고 끊임없이 진화했다. 일반적으로 이분 체제는 프랑크왕국의 중심 지역, 특히 파리와 아헨 사이의 가상의 선을 따라 센강·뫼즈강·라인강 사이의 지역에서 기원했을 것으로 여겨진다.

이는 프랑스 서부의 마옌이나 뫼즈강과 라인강의 삼각주 같은 지역의 가장자리뿐만 아니라, 벨기에 남동부의 아르덴Ardennes이나 프랑스 북동부의 아르곤 숲Argonne과 같이 중앙 지역의 거의 개발되지 않은 울창한 삼림지대에서도 이분 체제가 9세기 중

반까지 여전히 성장 중에 있었고, 주로 완전히 발전하지 못했다
는 사실을 근거로 한다. 예컨대 멀리 떨어져 있는 튀링겐 지역에
서는 확실히 더욱 그러했다. 이와 대조적으로 9세기 초 주로 파
리 지역에서는 이분 체제가 '쇠퇴'의 징후를 보일 정도로까지 집
중적으로 진전되었다. 고전장원제가 발전한 유일한 지중해 지역
은 774년 이후의 이탈리아였고, 사실상 북부, 특히 롬바르디아
지역에서만 완전히 발전했다.

   이러한 연대적·지리적 구성에 근거해, 그리고 고전장원제가
주로 왕실 영지에서 발견되었다는 사실을 감안하면, 왕실에서 기
증한 교회 영지와 왕족 혈통인 고위 귀족의 영지에는 아마도 프
랑크의 왕과 그의 측근들의 주도하에 이분 체제가 존재했거나,
적어도 도입되었을 것이다. 생제르맹데프레·생베르탱·생갈St
Gall 수도원에 증여된 토지 연구에서 입증되었듯, 이분 체제가 완
전히 형성되기 전에 일부 요소는 이미 존재하고 있었을 수 있다.
역으로 이는 8세기 후반에 이르러서야 카롤링 세력권 안에 들어
온 루아르와 피레네산맥 사이의 지역에는 어째서 카롤링 시대에
이분 체제가 거의 존재하지 않았는지 그 이유를 설명해줄 것이
다.[8]

고전장원으로의 발전

발전 초기의 운영 양식은 메로빙 시대에 서유럽의 거의 모든 지

역에 존재한 것이 분명한 그러한 양식이었다.[9] 이는 노예들slaves*
—보유지가 없고, 영지의 중심지 또는 그 부근에 살았던—이 직
접 경작하는 약 40헥타르에서 150헥타르의 경작지로 된 농업 조
직 또는 영지로 구성되어 있었다. 이를 '영주직영지 중심'의 영지
(독일어 Gutsbetrieb)라고 한다. 소수의 보유지가 이 영지 안에서 운
영되는 경우에는 그 수가 제한적이었으며, 부역이 아닌 공납과
소작료만 지불할 의무가 부과되었다. 이러한 영주직영지는 대개
개발되지 않은 지역에 위치해 있어 종종 개척자 역할을 했다. 그
러한 경우에는 가축 사육, 특히 돼지의 사육이 매우 중요했다. 이
러한 유형의 사례는 9세기 초 독일 중부의 풀다 수도원 영지와
프랑스 북동부 아르곤 숲에 있는 몽티예랑데 수도원의 소유지
일부, 그리고 이탈리아 피에몬테Piemonte와 아펜니노Appennines 중
부 산악 지역뿐만 아니라 포강 어귀 파르파Farfa에 있는 수도원의
일부 영지에서도 찾아볼 수 있다.[10]

흔히 쿠르티스라고 불리는 이 이탈리아의 대농장에는 소수
의 보유지들이 포함되어 있었으며, 그 수는 확대되었을 수 있다.
이는 8세기 초 이탈리아의 일부 지역에서 관찰된 것처럼 해방된
노예 또는 예속 노예에게 영주직영지의 일부를 할당하거나, 혹은
아직 개간되지 않은 영주직영지의 일부를 새로운 보유지로 할당
함으로써 가능할 수 있었다. 이탈리아에서는 9세기 후반까지 이

•   이 책에서 노예는 영주의 집 밖에 기거하며 자신의 토지를 보유한 외거노예를 말한다.
     이 책 3장 '노예망스' 각주 참조.

러한 과정이 수행된 것으로 알려져 있다. 보비오Bobbio 수도원의 862년과 883년의 영지명세장에 따르면 이 기간 동안 보유지의 수는 74개에서 123개로 늘어났다. 이후에 쿠르티스가 아니라 주로 빌라라고 불렸던 단지는 이러한 방식으로 이분 장원으로 발전했다. 영주직영지에서는 여전히 노예가 이용되었기 때문에 새로운 보유지의 통합이 항상 영주직영지에 도움이 되었던 건 아니었다. 이러한 유형의 조직이 발전하는 데는 소작농의 법적 지위, 보유지의 기원, 영주의 필요, 영주의 권위와 저항하는 신하들 사이의 힘의 균형 등 많은 요인이 작용했다.

고대에서 기원한 것이 아닌 부역에 대한 최초의 언급은 6세기 후반에 등장한다. 이는 프랑크왕국의 중심에서 멀리 떨어진 바이에른 같은 지역에서도 8세기 초에 완전히 발달했다. 유명한 문헌인 〈바바리아 법령집Lex Baiuwariorum〉**에는 콜로누스나 교회 영지의 노예들이 어떤 부역을 하고, 어떤 세금을 내야 하는지가 규정되어 있다.[11]

많은 논란이 된 문제는 독립적 농민이 자신의 농장과 함께 대규모 영지에 통합된 정도와 그에 따른 대표성 문제와 관련이 있다.[12] 모리모토는 프랑스 북서부에 위치한 생베르탱 수도원의 약 9세기 일부 장원의 보유지―작은 장원들로 보이는―를 과거 독립 농민이 소유했던 농장의 잔재로 간주했다. 이러한 해석은 논쟁의 여지가 있으며, 레너드Renard는 이러한 소규모 장원들을

●●　 6세기에서 8세기까지 바바리아족의 법령을 모아놓은 책.

베네피키움beneficium* 또는 프레카리아precaria**로 해석했다. 이것은 독립 농민이 수도원에 기증한 농장이 그에게—수도원 소유의 토지가 추가되어—반환되었음을 의미한다.***

보유지의 통합이나 생성이 항상 이분 영지로 이어진 것은 아니었다. 예를 들어 보유지가 다른 영주의 토지 사이에 혹은 그 옆에 있는 여러 빌리지에 흩어져 있을 때, 많은 노예들의 도움으

---

* "중세 봉건사회에서 beneficium이란 말은 다양한 뜻으로 사용되었다. 그 가운데 이 영지명세장에서 사용된 뜻들로 들 수 있는 것은 (…) 아무런 부담도 부과되지 않고 용익권만 부여된 농민보유지의 양도나 그런 토지의 향유란 뜻이다. 그리고 다른 하나는 (…) 봉건적 주종관계에서 봉신에게 수여된 봉토라는 뜻이다. 또 아마도 프레카리아 (…) 계약에 의해 지대지불 조건부로 수여된 보유지란 뜻으로도 사용되고 있다. 뿐만 아니라 호의의 표시나 봉사의 대가로 부여되는 은전恩典이라는 뜻으로 쓰이기도 하다."(『생제르맹데프레 수도원의 영지명세장』, 20쪽)

** "프레카리아precaria란 때로 '프레카리움precarium'으로 불리는 것으로, 어떤 사람이 토지소유자에게 얼마간의 사용료를 지불하거나 어떤 봉사를 제공한다는 대가로 그의 일생 동안이나 일정하게 제한된 기간 동안 토지에 대한 용익권用益權 양도를 간청하여 향유하는 조건부의 한시적 토지보유 제도나 그런 토지보유 계약을 말한다. 프레카리아의 한 형태는 교회기관의 소유토지를 기사와 같은 봉건사회의 세속 상류계급이 한시적으로 보유하는 것이었다. 다른 한 형태는 교속敎俗의 세력가들이 농민들에게서 토지를 탈취하여 대토지를 축적하는 과정에서 농민들이 일시적으로 보유하는 것이었다. 이런 후자의 형태가 중세 초기에 가장 흔했다. 우리는 메로빙시대와 카롤링시대의 법률서식집formula을 비롯한 중세 초기의 문헌기록 속에서 일반 농민이 자신의 토지를 온통 기증하는 경우를 많이 볼 수 있다. 이 때 기증자는 토지 수증자에게 자신의 일생 동안 또는 자신의 부인이나 아들의 일생 동안이나마 기증토지를 경작·이용할 수 있게 해달라고 '간청'한다. 기증자는 수증자의 승낙을 얻으면 매년 토지사용료로 일정액의 화폐나 밀랍 따위와 같은 현물을 지불한다. 기증토지를 보유하던 사람이 사망하면, 그 토지는 수증기관에 반환되어야 했다. 반환된 후에는 수증자가 그 토지에 대한 완전한 소유권을 갖는다. 따라서 그 후 토지를 보유하려면 반드시 수증자의 동의가 있어야 했다. 결국 이런 프레카리아 방식의 토지보유는 기본적으로 농민이 권세가에게 자기 소유의 토지를 빼앗기고 예속민으로 전락하는 과정에서 과도적으로 존재한 토지보유 형태라고 할 수 있다."(『생제르맹데프레 수도원의 영지명세장』, 190쪽)

*** 이렇게 토지가 추가되어 기증자에게 반환된 프레카리아를 프레카리아 레모네라토리아precaria remuneratoria—보상이 있는 프레카리아—라고 한다.

로 운영되는 영주직영지의 궁정은 보유지와 추가로 관계를 맺지 않은 채 그저 소작료만 징수하는 곳이 되었다. 이러한 유형의 사례는 코르바이Corvey 수도원과 풀다 수도원의 소유지 일부에서, 그리고 전체가 베네피키움으로 수여받은 토지이고, 베네피키움 보유자에게는 화폐로 소작료만 지불하는 보유지sortes로 이루어진 9세기말 루카Lucca 교회의 특정 소유지에서 찾아볼 수 있다.[15] 확실히 왕실의 주도만으로는—카롤링 시대의 교회들이 장려하고 열중했다고 하더라도—노예들이 직접 경작하는 대규모 농장이나, 다소 독립적이었던 소규모 경작지를 하나의 대규모 영지로 통합하기에 충분하지 않았다. 이 제도가 어느 정도 완전하게 도입되고, 또 어느 정도 효율적으로 활용되기 위해서는 여전히 다른 요소들이 작용해야 했다. 영주직영지의 경작지는 대개 나무가 우거져 있지만 황토로 뒤덮여 있는 비옥한 토양의 개간을 통해 확장되었는데, 센강과 라인강 사이, 그리고 중부 독일의 테리토리움territorium ****에서는 주로 쿨투라 형태—균질하고 조밀한 광대한 농업 단지—로 확장되었다.[16] 이러한 개간은 농노들serfs—자기 소유의 농장 없이 영주직영지에서 살았던—뿐만 아니라 새로 이주한 자유인과 반자유인*****의 노동을 통해 이루어졌다. 출신과 지위가 다양했던 이들은 개간의 대가로 영주직영지의 일부—개간되지 않은 작은 부분—를 경작할 수 있는 허가를 받았

•••• 프랑크왕국의 관할 범위에 있던 독일 지역. 그러나 이 책의 4장에서는 경작 방식과 관련된 영주직영지의 형태를 지칭하는 용어 중 하나로 언급되고 있다.

고, 이를 보유지로 유지할 수 있었다. 그들은 소작료를 내야 할 의무가 있었으며, 공납을 바치고, 확장된 영주직영지를 위해 영주에게 경작부역을 제공해야 했다─영주는 이런 방식으로 노동력을 추가로 동원할 수 있었다. 분명히 이 모든 것은 광대한 영지에서만 가능했는데, 그것들은 대부분 왕·주교·수도원·귀족의 소유였다. 고전적인 이분 운영 체계가 확립되는 데 도움이 된 또 다른 요소는 토지소유권의 집중과 토지소유주들의 권력의 중심지, 즉 왕궁·주교좌 도시·수도원 가까이에 있는 소유지들의 위치였다.

영지명세장과 명세서, 그리고 목적

이러한 고전적 장원 구조의 모델─대체로 추상적이고 이상적인─과 그것의 기원 및 확장의 역사는 현존하는 장원 관리 문서와 명세서polyptyca, descriptiones, brevia를 통해 보다 구체적으로 파악할 수 있다. 이들 문서는 거의 예외 없이 9세기로 거슬러 올라가며, 일반적으로 주로 후대의 사본으로 남아 있는 교회 기록물

●●●●● "(…) 이들은 고대 말과 중세 초기에 자유인과 노예의 중간적 지위를 차지하는 신분이었다. 여기서 비록 반자유인이라고 부르지만, 이 신분은 노예는 아니면서도 주인에게 상당 정도 예속된 부자유인의 일종이었다. (…) 그러나 그 다수는 노예가 완전한 자유인으로 해방되지 못하고 주인에 대해 어느 정도 종속성을 띠고 해방된 이른바 '해방노예libertus, denarialis, certularius'들이었다."(『생제르맹데프레 수도원의 영지명세장』, 13쪽)

의 일부이다. 829년 직전에 수도원장 이르미노의 지시에 따라 작성된, 가장 완전하고 유명한 파리 생제르맹데프레 수도원의 영지 명세장만이 본래의 형태로 보존되어 있다. 다른 유명한 영지명세장에는 연대순으로 마르세유의 생빅토르(813~814), 바이센부르크(818 이전~819), 몽티예랑데(845 이전), 생베르탱(844~859), 생르미(848 이후), 보비오(862와 883), 로브(868~869), 생모르데포세(869~878), 프륌(893) 수도원의 영지명세장 등이 있다.[15] 이들 대부분은 주로 수도원장인 영주가 영주직영지를 구성하고 있는 토지·건물·인원·기반시설 등을 기록한 것이지만, 특히 부역·공납·이용료와 관련된 소작농의 의무를 기록한 내용은 영주가 소유하고 있는 재산의 특성을 가늠할 수 있게 해준다. 수도원장 이르미노가 작성한 생제르맹데프로 수도원의 영지명세장 가운데 '15 빌라노바 명세서Breve XV de Villanova'에는 다음과 같은 내용이 기술되어 있다.[16]

1. 빌라 노바에는 저택과 여타 많은 부속건물들을 갖춘 영주직영지가 있다. (여기에는) 800md(의 곡식)가 파종될 수 있는 172bun의 곡물경작지가 있다. 여기에는 1000md(의 포도주)가 채취될 수 있는 91arp의 포도밭과 166수레의 건초가 채취될 수 있는 166arp*의 초지가 있다. 여기에는 사용료(수입)로 450md의 곡식이 생기는 3대의 물레방아가 있다. 다른 한 대는 임차료가 징수되지 않는다. 여기에는 500마리의 돼지가 살찔 수 있는 4마일 둘레의 임야가 있다.

2. 여기에는 정성들여 만든 모든 설비와 저택과 여타 많은 부속건물들을 갖춘 교회가 있다. 여기에는 3개의 망스가 배속되어 있다. (1명의) 사제와 그의 대행인들은 합계 27bun 1ant의 곡물경작지와 17arp의 포도밭 및 25arp의 초지를 보유한다. 이 교회로부터는 예물로 1필의 말이 생긴다. 그리고 이 토지(보유자)는 영주직영지(의 동곡파종)를 위해 9ptc** 1ant, 하곡파종을 위해서 2ptc를 갈이질하며, 초지에 4ptc를 울타리 친다.

3. 생제르맹(수도원)의 속민들로서 콜로누스인 악타르두스와 콜로누스이고 이름이 엘리길디스인 그의 아내는 이름들이 아게테우스, 테우도, 시메온, 아달시다, 데오다타, 엘렉타르두스인 6명의 자식을 두고 있다. 그들은 5bun 2ant의 곡물경작지와 4arp의 포도밭 및 4$\frac{1}{2}$arp의 초지로 구성된 1개의 자유인망스를 보유한다. 그는 군사용으로 4솔리두스의 돈을 지불하고, 둘째 해에 군수용의 가축공납 면제세로 2솔리두스를 (지불하며), 그리고 셋째 해에 군수용 마초공납 면제세로 새끼양이 딸린 1두의 암양을 (바친다). 그는 돼지방목세로 2md의 포도주를 (바치고), 나무채취료로 4데나리우

- 1모디우스modius, md는 52리터 내지 63리터이며, 1분더르bunarium, bun는 1헥타르, 1아르팡arpent, arp은 약 0.42헥타르이다.
- •• 페르티카pertica, ptc는 "원래 측량용 장대를 가리키는 것이었으나, 때로 면적을 나타내는 단위로도 사용되었다. 길이를 측정하는 단위로서의 pertica는 당시 10~20피트pes 즉 3미터에서 6미터 정도 사이였다. 게라르에 따르면 면적의 단위로서의 1평방ptc는 2.57아르이고, 항소프에 따르면 3.46아르이다."(『생제르맹데프레 수도원의 영지명세장』, 12쪽)

스***를 (바치고), 1피트 용적의 받침목을 (바치며), 50개의 지붕널을 (바친다). 그는 동곡파종을 위해서 4ptc, 하곡파종을 위해서 2ptc를 갈이질한다. 그는 지시받는 만큼 코르베와 손일****을 (수행한다). 그는 3마리의 닭과 15개의 계란을 (바친다). 그는 초지에 4ptc의 울타리를 친다.

84. 생제르맹(수도원)의 속민들로서 아클레베르투스와 노예이고 이름이 프로틀린디스인 그의 아내는 이름들이 아클레부르그인 1명의 자식을 두고 있다. 생제르맹(수도원)의 노예인 테우트프리두스는 어머니와 동거하고 있다. 그들 두 명은 4bun의 곡물경작지와 1arp의 포도밭 및 4arp의 초지로 구성된 1개의 노예망스*****를

* ● ● ● "'솔리두스solidus'와 '데나리우스denarius'는 로마시대부터 카롤링시대에 이르기까지 사용된 각각 금화와 은화를 지칭하는 용어들이다. (…) 과거 프랑스의 수sou라는 화폐단위의 이름은 솔리두스에서 유래하며, 노르만족의 영국 정복으로부터 1971년 이전까지 영국에서 사용된 실링shilling도 솔리두스의 영어식 이름이다. 데나리우스로부터 과거 프랑스의 드니에denier라는 화폐단위의 이름이 유래하며, 영국의 페니는 데나리우스의 영어식 이름(영국에서 페니는 d[=denarius]라는 약자로 표시)이다." (『생제르맹데프레 수도원의 영지명세장』, 17~18쪽)

● ● ● ● "장원농민이 영주직영지에서 쟁기나 수레 없이 손으로 수행하는 부역노동을 뜻한다. 이를테면, 울타리 치기, 제초, 곡식 베기, 타작, 건물의 수리, 음식 만들기, 짐의 적재와 하역 등과 같은 작업들을 지칭한다." (『생제르맹데프레 수도원의 영지명세장』, 9쪽)

● ● ● ● ● "노예망스는 영주가 노예를 자신의 집에서 부양하지 않고 이른바 '외거시키는 것chaster', 즉 제반 공납과 부역의 의무를 수행하는 조건으로 작은 토지를 독자적으로 보유케 하는 것이 편리함을 발견한 데서 생겨난 노예 보유의 망스를 의미한다." (『서양의 장원제』, 82쪽)

보유한다. 그는 (위와) 같이 (의무를) 이행한다.* [같은 의무는 C.76에 기술되어 있는 것들이며, C.76에서 C.90은 대부분 노예망스의 소작농에 관한 내용이다.] 그는 포도밭에서 4arp를 작업한다. 그는 돼지방목세로 3md의 포도주, 1sest의 겨자, 50다발의 버들가지, 3마리의 닭, 15개의 계란을 바친다. 그는 지시받은 곳에서 손일을 (수행한다). 그리고 그 여자노예는 영주의 양모로 (1장의) 모직물을 제조하며, 지시받은 만큼의 밀가루 반죽doughs(파스타)을 만든다.**

기본적으로 봉토와 프레카리아 형태—영주에게는 직접적인 이익이 되지 않는 수입—로 보유하고 있는 토지 재산에 대한 조사 결과 역시 이러한 문서들에 기록되어 있었지만 거의 남아 있지 않다. 이 문서들은 서로 유사했지만 영지명세장에 대한 이해는 공통적이지 않았다. 이 외에도 주로 교회 영주가 소유한 토지 재산의 구성을 보여주는 다른 문서들도 존재한다. 어떤 것들은 간단한 목록이고, 어떤 것들은 순전히 영주직영지에 관한 명세서—면적·설비·비축품 등과 같은—이며, 오로지 전체 보유지 숫자와 간혹 그곳에서 생산되는 생산물이 제시되어 있기도

---

* 이 명세서의 번역문은 한국에서 출판된 『생제르맹데프레 수도원의 영지명세장』(351~352쪽과 373쪽)에서 그대로 옮겨온 것이다. 그러나 한국에서 출판된 영지명세장의 「15 빌라노바 (장원) 명세서」 84번에는 대괄호 뒤의 문장이 따로 번역되어 있지 않고, 76번(371쪽)에만 번역되어 있다. 이는 한국에서 이 영지명세장을 번역한 이기영 교수(동아대학교 사학과 명예교수)는 라틴어 원본을 직접 번역한 반면, 이 책의 저자는 영어 번역본(이 장의 주 16 참조)을 참조했기 때문인 것으로 보인다.
** 한국어 번역본에는 "지시받은 만큼의 암평아리들을 (기른다)"고 되어 있다.

하다. 787년경 퐁트넬Fontenelle 수도원(생방드리유St Wandrille 수도원이라고도 한다)(루앙 교구)의 토지 재산에 관한 조사가 그 대표적인 예다.[17]

이것은 재위 20년째 되는 해에 무적의 황제 카롤루스 대제의 명령에 따라 제메티쿰Gemmeticum***의 란드리쿰Landricum 수도원장과 리하르트Richard 백작이 [위틀라이쿠스Witlaicus] 수도원장이 사망한 해에 조사한 이 수도원 소유의 토지 총수이다.

첫 번째 것(재산)은 사제들의 개인적 사용과 수당을 위한 것이다. 집계된 총망스의 수는 1569개이며, 완전 망스mansi integri 1313개, 반쪽 망스 238개, 손일부역 망스mansi manoperarii 18개이다. 158개의 미경작 망스mansi absi와 39대의 물레방아가 있다. 봉토에는 총 2395개의 망스가 있으며, 완전 망스 2120개, 반쪽 망스 40개, 손일부역 망스 235개, 미경작 망스 156개이다. 봉토의 소작농들에게는 28대의 물레방아가 있다. [위틀라이쿠스가] 왕의 가신이나 다른 사람들에게 용익권을 준 장원을 제외하면 농민이 보유한 토지(완전 망스, 반쪽 망스, 손일부역 망스)는 총 4264개이다.

이러한 명세서 가운데 가장 유명한 것은 프랑스 북부 릴 인근에 있던 여러 왕실 직영지의 명세장이다―그중 아나프는 9세기 초부터 중심 장원이었으며, 그에 관해서는 일부 앞서 설명한

••• 라틴어로 루앙 교구를 말한다.

바 있다.[18] 이 문서가 왕실 영지에 관한 카롤루스 대제의 유명한 칙령—〈장원 관리령〉이라고 알려져 있는—을 필사한 동일 필사본에 포함되어 있고, 문서의 일부 서식이 비슷하다는 것은 이 명세서가 유사한 조사를 위한 모델로 의도되었음을 시사한다.[19] 그래서 이 명세장의 편집자는 이 문서에 '모범적 예'라는 이름을 붙였지만, 실제로 그러한 기능을 가지고 있었는지는 확실하지 않다. 그러한 추정을 뒷받침하기에는 편집의 동기가 다양하고, 본문을 구성하는 요소들이 너무나 방대하다. 그러나 이것이 왕이 교회에게 그러한 문서 작성을 강력하게 촉구하지 않았음을 의미하는 것은 아니다. 〈장원 관리령〉의 일부 조례는 그 반대였음을 보여준다.

보기 드문 사례인 보비오의 경우—862년과 863년의 기록이 있는—처럼 수십 년 후에 작성된 유사한 문서가 보존되어 있지 않은 한, 이러한 관리 문서들에서 발전상을 알아보기란 쉽지 않다.[20] 실제로 이러한 문서들의 주된 목적은 영지의 운영과 구조를 표준화·최적화할 수 있도록 영지 주민의 의무를 파악하는 것—아마도 주민들과 협의하고 합의한 뒤—이었다. 그러나 이러한 표준화는 영지마다 각기 진행되었거나 지리적 차원에서 집단적으로 진행되었다. 이는 어떤 공통된 기본 구조—영주가 이러한 관리 문서를 정교하게 작성해 도입하고자 했던—에도 불구하고 여전히 다양한 구조가 관찰될 수 있음을 의미한다. 이러한 다양한 구조는 주로 지역적으로 확인된다.

이에 관한 사례는 수도원장 이르미노의 영지명세장에 등록되어 있는 생제르맹데프레 수도원의 소유지 중에서 찾아볼 수 있다. 파리 남서부 페르쉬 지역에 위치해 있는 수도원들은 파리 인근 일드프랑스의 수도원들과 매우 다른 특징을 지니고 있었다. 가장 전형적인 것 가운데 하나가 코르봉Corbon(영지명세장 XII)이다.[21] 이 수도원 영지는 파리 인근의 많은 장원들과 달리 왕실에서 하사받은 작은 장원이 아니라, 개인에게서 기부받은 대부분 3~4분더르 이하의 작은 망스들—빌리지(빌라) 안에 위치해 있는—과 촌락—일부는 이분 구조였고, 따라서 영주직영지가 있었다—을 기원으로 한다. 이 영지는 영주직영지 중심이 아니었으며, 표준 면적이 3~5헥타르인 농민 농장이 많이 있었다. 코르봉 영지의 또 다른 이례적인 요소는 숲을 개간해 얻은 미디어타템ad medietatem이라는 토지였다. 이것은 생산량의 절반을 소작료로 지불하는 보유지 형태로 몇 세기 후에 더 큰 규모로 운영될 것이었다. 인근의 부아시모지Boissy-Maugis(오른네 주에 있는 모르타뉴오페르슈Mortagne-au-Perche) 장원에서는 작은 규모의 유사한 빌라-촌락이 이미 이르미노의 영지명세장 시대에 사제들ministri 아래 더 큰 단위로 재집단화되었다.[22]

그러나 영주의 주도권은 광활한 황토고원·산·불모지·숲 또는 늪지가 있는지, 없는지와 같은 지리적 차이 때문에만 제한된 것은 아니었다. 이것은 특히 인구 대다수의 법적 지위—자유인·노예 신분에서 해방된 자유인·반자유인 콜로누스 또는 노예—가 어떠한지와 관련이 있는 한, 기존의 경제·사회 구조의 결과이기도 했다. 생제르맹데프레 수도원의 팔레조Palaiseau 장원과 같이 파리와 매우 가까운 거리에 있는 장원이 고전적 이분 영지의 모델로 자주 언급되기는 하지만, 프랑스 서부에 있는 두 곳의 영지―생제르맹데프레 수도원의―에서 본 바와 같이, 그 다양성으로 인해 하나의 특정 영지를 고전적 이분 영지의 이상적 사례로 설명하는 것은 합리적이지 않다. 이것이 영지에 관한 설명을 직접적으로 영주를 위해 운영하는 영주직영지와 보유지의 일반적 특징으로 제한하는 이유이다.

영주직영지

영주직영지는 경작지뿐만 아니라 다양한 종류의 미경작지로 구성되어 있었다. 경작지는 수백 헥타르, 삼림지대는 수천 헥타르에 달하기도 했다. 예컨대 팔레조의 영주직영지에는 396헥타르의 경작지가 있었는데, 이는 생제르맹데프레 수도원의 영주직영지―경작지 크기는 대개 200~300헥타르였다―가운데 가장 큰 경작지 중 하나였다. 생베르탱 수도원의 영주직영지에는 200~250헥타르의 다소 큰 경작지가 있었다. 이는 몽티예랑데 수도원의 영지―파리에서 동쪽으로 약 150킬로미터 떨어져 있고, 9세기에도 주로 삼림 벌채를 통해 고전적 영지로 확장되고 있던―에 있는 것보다 여전히 평균적으로 2~3배 더 큰 규모였다.[23] 파리에 있는 생제르맹데프레 수도원 영지의 경작지는 대부분 카롤링 시대 이전부터 사용돼오던 것이었지만, 7세기와 8세기에도 개간을 통해 많은 경작지가 생겨났다. 생제르맹데프레의 영지들에서 수행된 개간은 이르미노의 영지명세장 시대(825~829)에 대부분 마무리되었다. 그러나 경작지가 적고 산림지대가 광대했던 일부 대규모 영주직영지에서는 9세기까지 개간이 이루어졌다. 특히 9세기 중반 무렵 몽티예랑데 수도원의 여러 장원이 그러했다. 네 곳의 장원에는 1000마리의 돼지를 방목할 수 있는 삼림지대가 있었다. 면적은 돼지 한 마리당 거의 1~3헥타르로 다양했지만,* 장원마다 거의 1000헥타르에 달했다. 몽티예랑데의 돼지 수는 생제르맹데프레보다 세 배나 많은 약 9000마리였다. 숲이 우거진 몽티예랑데의 영주직영지에는 새로운 보유지가 만들어졌고, 이 보유지는 생산물의 11분의 1을 바쳤다. 이것은 망스와는 완전히 다른 제도였다. 라인강 동쪽에 위치해 있는 어떤 영지(왕령지였던)의 영주직영지 경작지 면적은 바이에른과 작센에 있는 덜 고전적인 영지의 것(평균 면적 40~50헥타르)보다 그 면적이 다섯 배나 컸다. 아우크스부르크 주교의 슈타펠제Staffelsee 영주직영지의 경작지는 250~300헥타르였는데, 이는 다소 예외적인 경우이다.[24]

지리적 조건에 따라 영주직영지의 경작지는 주로 아주 큰 쿨투라에 집중되어 있거나—이런 경우 후자는 드물었다—, 소작농 개인의 경작지와 전혀 섞이지 않고 다수의 작은 쿨투라 또

• "중세 유럽사회에서 돼지는 일반적으로 숲에 방목되어 사육되었다. 돼지는 도토리 등의 열매와 풀을 먹고 자라다가, 겨울 초입에 도살되었다. 돼지는 가장 중요한 살코기 공급원이었기 때문에, 임야의 크기는 흔히 방목돼지의 수로 측량되어 표시되었다."(『생제르맹데프레 수도원의 영지명세장』, 27쪽)

는 테리토리아에 분산되어 있기도 했다(벨기에 아르덴에 있는 프륌 수도원의 빌랑스 영지처럼).[25] 소위 게멩게라그Gemengelage˙라고 불리는 이러한 상황은 주로 고전 영지의 변경 지역—프랑스 서부, 작센, 라인헤센—에서 발견되었다.

경제적 관점에서 중요한 것은 영주직영지의 총면적과 보유지 총면적 사이의 비율이다. 이를 통해 영주직영지를 경작하는 데 필요한 노동자의 수를 알 수 있다. 영주직영지의 경작지 면적이 클수록 더 많은 노동력이 필요했다. 800년에서 820년 사이의 생제르맹데프레·로르슈의 영지들[26]과 슈타펠제 영지[27], 그리고 890년의 프리머샤임Friemersheim 영지[28]—과거 왕령지였던—에서처럼 일정하게 발전한 고전적 영지에서 영주직영지와 보유지 사이의 비율은 약 1 대 1.25 또는 약 1 대 3이었다. 생베트탱의 일부 장원에서는 영주직영지와 보유지의 비율이 1 대 1.5, 1 대 1.75, 1 대 2로 다소 낮았다. 일부 영지의 경우에는 영주직영지 안의 경작지가 상당히 컸기 때문에—바이센부르크 수도원에 속한 왕실 기원의 일부 영주직영지처럼—때때로 영주직영지와 보유지 사이의 비율이 1 대 1로 증가하기도 했다.[29] 소작농들의 부역은 다소 고됐지만 상대적으로 규모가 큰 그러한 영주직영지를 운영하는 데는 더 이상 충분하지 않았다. 그러므로 이러한 고전 영지에서조차 보유지가 없는 솔거노예가 상당히 많이 이용되었음이 분명하다. 이는 슈타펠제와 같은 일부 사례를 통해 입증 가

• 　토지소유자의 개별 경작지가 경작지 전체에 분산되어 있는 형태를 말한다.

능하다. 슈타펠제에서는 19개의 노예망스에 사는 노예들이 일주일에 3일의 정기부역 이외에도 정적부역(riga 또는 ancinga) 제도에 따라 영주직영지 경작지의 17퍼센트를 경작했지만, 보유지 없이 영주직영지를 경작하는 72명의 솔거노예provendarii가 더 있었다. 845년 직전에도 여전히 확장되고 있던 몽티예랑데 영지 대부분도 일반적인 의미에서 보면 이와 마찬가지였다—특히 프레카리아 형태로 보유한 작은 영지의 영주직영지에는 평균 13명의 노예가 있었다.

독일의 여러 지역—작센과 바이에른 같은—에 있는 귀족 소유의 소규모 영지 단위에 관한 자료를 보면 영지가 작을수록 영주직영지를 경작하는 데 더 많은 솔거노예가 이용되었음을 알 수 있다.[30] 따라서 소작농의 부역을 통해 영주직영지를 운영하는 것은 주로 왕이 소유하고 있거나 왕이 기증한 대규모 영지에서 발전한 체제로 보인다. 이것의 전형적인 사례가 풀다 수도원이다. 이곳에서는 영주직영지의 크기가 150헥타르가 넘는 영지만이 이분 체제에 따라 조직되었고, 영주직영지의 운영은 소작농의 부역에 크게 의존했다.[31]

보유지, 특히 망스

보유지에는 영주에게 현물과 화폐로 소작료를 지불하고, 영주직영지에서 부역을 하는 대가로 특정한 권리가 부여되었다. 프랑스 북부 생베르탱 수도원의 영지에서처럼 소작료와 부역이 보유지 본래의 지위―자유 또는 부자유―가 아니라, 소작농 개인의 법적 지위에 따라 정해진 것은 9세기에 이르러서였다.[32] 이는 소작농 개인, 보다 구체적으로는 자유인·해방된 자유인·반자유인 또는 노예라는 법적 지위가 보유지에 부역의 의무―특히 부역의 형태와 크기와 관련해―를 부과하는 기능을 수행했음을 의미한다.

망스―보유지를 의미하는 새로운 용어―라는 용어가 처음 등장한 것은 7세기 후반 파리 지역에서였다. 망스에는 농가와 농장 건물mansio뿐만 아니라 경작지와 때로는 목초지도 있었다. 망스의 도입은 부역을 기반으로 한 고전적 이분 장원제도의 발전과 관련이 있을 수 있다. 프랑크 왕들은 실제로 이분 장원제도가 발전하는 데 있어 그랬던 것처럼 망스라는 용어가 도입되는 데도 중요한 역할을 했을 것이다. 이는 망스라는 용어의 사용이 파리 지역에서부터, 장원제도가 고전적 형태로 발전한 모든 지역으로 확산된 것을 통해 알 수 있다. 대부분의 지역에서는 콜로니아coloni(c)a·카사타casata·팍투스factus·후페와 같은 오래된 용어들이 망스로 대체되었지만, 루아르 남쪽에는 콜로니아와 팍투스라는 용어가―반드시 더 큰 영주직영지의 일부인 것은 아니라는 보유지 본래의 단순한 의미로―계속해서 존재했다.[33] 게르만어를 사용하는 지역에서는 카사타와 후페가 종종 망스와 같은 의미로 사용되었지만,[34] 풀다 수도원의 특별한 발전 과정을 보면 꼭 그런 것만은 아니었다. 830년 무렵 망스는 작은 농장의 중심이

되는 건물을 의미했지만, 후페는 그 농장에 속한 모든 토지에 이용되었다. 그러한 만시mansi―작은 집이라는 뜻―는 영주직영지에서 지속적으로 노동할 노예들의 정착지로 만들어졌다.[35]

망스는 본질적으로―그리고 특히 영지명세장에서―현물·화폐 소작료와 부역을 부과하는 단위를 의미하게 되었다. 8세기 말부터 프랑크 왕은 망스를 재정과 이와 관련된 문제들―예컨대 봉신vassals의 군사적 의무 등―을 결정하는 데 사용하기 시작했다.[36] 9세기 중반 이후 망스(오늘날에는 mansum, 복수형 mansa라고도 한다)는 과거에 부오나리아buonaria나 이우제라iugera 또는 이우날레스iurnales로 표현되었던 영주직영지의 경작지 면적을 나타내는 데 사용되었으며, 지역 전체의 토지 또는 그 일부의 가치를 대략적으로 추산하는 데 사용되었다. 이는 또한 왕이 다양한 세금을 부과하는 기준으로도 사용되었다. 이러한 이유로 현대의 일부 연구자들은 망스를 순전히 재정 단위로 간주하며, 그 기원을 메로빙 시대 곳곳에서 유지되었던 로마 시대의 조세제도에서 찾고 있지만 이는 사실이 아니다.[37] 망스는 보통 한 명의 소작농이 점유하고, 그 법적 크기는 12분더르(16.5헥타르)로 추정되지만, 문제는 망스가 면적이나 이에 따라 부과되는 소작료와 의무라는 측면에서 고정된 단위가 아니었다는 것이다. 9세기 중반 무렵의 포페링에Poperinge 영지―이에페르Ypres 인근에 있는 생베르탱 수도원 소속의―와 같이 망스 조직이 뒤늦게 생긴 것으로 보이는 영지들에서 망스의 면적은 다소 컸다. 그러한 영지들은 크기가 24·20·15 또는 13보니예bonniers*인 망스들로 구성되어 있었으며, 이는 영지가 수도원에 의해 조직적으로 생긴 것임을 가리킨다.[38] 경작지와 장원 안의 경작지 조직이 훨씬 오래 전에 생긴 생제르맹데프레 수도원의 파리 인근 팔레조 빌라는 망스의 크기가 매우 작았다. 이것이 한 가족 이상이 거주하는 소위 과잉인구 망스와 관련이 있는지는 확실하지 않다. 팔레조에서는 전체 망스의 절반이 그런 경우였다.

망스의 의무, 특히 노동부역

현물·화폐 소작료 또는 노동부역은 표준적인 형태는 고사하고 그 구체적 형태를 구별하기가 한층 어렵다.[39] 한 특정 영지 안에 있는 같은 종류의 모든 망스―법적으로 규정되어 있거나 그렇지 않을 수도 있다―는 동일한 의무에 종속되어 있었는데, 이는 영지명세장의 관련 장에 이러한 의무가 한 번만 기재되어 있는 것을 통해 알 수 있다. 이러한 획일성은 예컨대 아우크스부르크 주교가 소유한 슈타펠제 장원의 노예망스에서 주로 발견된다.[40] 이는 일반적으로 새로 만들어진 망스가 노예망스였고, 자유 또는 반자유 콜로누스보다 노예에게 획일적으로 의무를 부과하는 것이 더 쉬웠기 때문인 것으로 해석할 수 있다. 자유 또는 반자유 콜로누스의 보유지는 과거 독립적인 농장이었다가 나중에 영지

• 　1보니예는 0.87~1.38헥타르이다.

에 통합되었을 수 있으며, 그런 경우에는 자유인 또는 콜로누스와 계약을 맺었을 것이다. 노예망스 또는 노예 개인에게 반자유인lidi이나 콜로누스, 자유인ingenui보다 훨씬 더 무거운 부역이 부과되었다는 사실은 이러한 법적 지위의 차이에서 기인한 것이었다. 프랑크왕국의 라인강 동쪽 지역에 있는 이분 영지 대부분에서 노예망스는 다른 노동부역 이외에도 최소한 일주일에 2~3일의 경작노동을 해야 했다. 게다가 지시를 받을 때마다 언제든지 부역을 해야 하는 경우가 많았다.[41]

1년에 며칠이나 몇 주, 15일 낮이나 '밤'('XV dies', 'XV noctes')으로 고정된 부역은 소작농의 자유인 지위와 밀접한 관련이 있었다. 또한 1년 내내 영주를 위해 영주직영지의 일부를 경작해야 하는 이른바 '정적부역''은 예컨대 아우크스부르크 주교의 슈타펠제 장원에서와 같이 비자유인 소작농(노예망스)에게 부과되기도 했지만, 이는 자유인 소작농에게 부과되는 전형적인 부역이었다.[42]

베스트팔렌의 프리머샤임 대장원—루르강Ruhr 유역의 베르덴Werden 수도원 소속—의 모든 농민 농장은 정적부역과 함께 매년 2주(밤에) 동안 세 번의 정기부역을 수행해야 했다. 그러나 같은 지역에 있는 프륌 수도원의 영지에서는 노동부역이 일주일에 이틀에 달했다. 이 차이는 언뜻 보기에 영지의 소유자가 다르기 때문인 것처럼 보이지만, 오히려 장원의 구조와 소유자가 그 지역에서 보유하고 있는 토지의 밀도와 관련이 있는 것으로 해석될 수 있다.[43] 어떠한 경우든 이러한 차이는 쿠헨부흐Kuchenbuch

의 지역적 분류―그가 프뤼 수도원 장원들의 소작농 의무에서 발견할 수 있다고 생각하는―를 반박하는 강력한 논거가 된다.[44] 그럼에도 불구하고 생제르맹데프레 수도원의 파리 인근 영지와 프랑스 서부 지역의 영지를 비교해 보면 이러한 지역적 차이가 명확하게 드러나기도 한다.

괴츠Hans-Werner Goetz[45]는 장원의 내부 구조가 농민의 부역 부담에 영향을 미쳤으며, 매우 느슨한 방식이기는 하지만 지역마다 상이한 지역적 관습이 존재했고, 소유의 기원이 중요하다고 결론 내렸다. 실제로 새로운 영주는 일반적으로 본래의 구조를 즉시 바꾸지 않았으며, 일부 요소는 대개 그대로 유지되었다. 그

• "고전장원제 아래서 곡물경작지, 포도밭, 초지 등으로 구성된 영주직영지에 대한 농민의 기본적인 부역노동 수행 방식에는 여기서 보는 바와 같이 일정 크기의 토지면적을 할당받아 수행하는 정적부역定積賦役 방식과 곧 뒤에서 보게 되는 바와 같이 부역을 수행할 일정한 기간을 정하여 부과하는 정기부역定期賦役 방식이 있었다. 정기부역은 다시 연年 단위나 월月 단위, 주週 단위, 일日 단위 등으로 부역이 부과되는 연부역, 월부역, 주부역, 일부역으로 세분될 수 있지만, 매주 3일 정도의 부역이 부과되는 주부역 방식의 채용이 가장 많은 편이다. 본래, 고전장원제가 형성되던 초기 단계인 8세기 전반前半에 보이는 봉건적 부역노동 제도의 원초적 형태에서 영주직영지 경영을 위한 주부역 형태의 정기부역은 노예 신분 출신의 토지보유자의 부역노동 방식이었던 데 비해, 정적부역은 자유인 신분 출신의 토지보유 농민에게 부과되는 부역노동 수행 방식이었다. (…) 그러나 9세기 초 고전장원제가 성립된 후 생제르맹데프레 수도원 영지를 비롯하여 고전장원제로 조직된 9세기의 영지들에서 자유인 출신의 보유지인 자유인망스뿐만 아니라 노예 출신의 보유지인 노예망스에 이르기까지 농민보유지의 종류를 불문하고 지배적인 부역노동 방식은 영주직영지의 일정 면적을 할당받아 경작부역을 수행하는 정적부역 방식이었다. 그렇지만 고전장원들에서 정적부역이 지배적이었다고 해서 농민보유지 보유자들의 부역노동이 순수한 형태의 정적부역 방식으로만 부과된 것은 아니고 정적부역과 더불어 주부역을 비롯한 정기부역이 동시에 부과되는 혼합적 형태의 부역방식이 적지 않았다. 이와 같은 혼합적 부역방식은 대체로 원초적 부역방식보다 경작부역의 부담을 크게 증가시킨다. 특히 정적부역과 주부역이 동시에 부과되는 자유인망스의 경우에는 부역노동 부담이 대폭 증가한다."(『생제르맹데프레 수도원의 영지명세장』, 7~8쪽)

러나 9세기의 일반적 경향은 노동부역을 보다 엄밀하고 제한적으로 부과하는 것이었다. 하지만 이것이 814~825년과 848년의 생르미 수도원 영지에서 관찰할 수 있는 것처럼 반드시 그 부담이 경감되었음을 의미하는 것은 아니다.[46]

라인강 동쪽과 이탈리아 지역뿐만 아니라 몽티예랑데 수도원 주변의 아르곤 숲과 같은 왕국 서쪽의 일부 지역에서는 자유인 소작농과 반자유인 소작농에게 부과되는 부역이 얼마간의 수송부역[*]과 1년에 2주(밤) 동안의 경작부역, 그리고 영주직영지의 할당된 구획을 경작하는 것으로 제한되었다. 이는 사용 가능한 노예가 많았기 때문에 가능했다. 반면 9세기에 왕국의 서쪽 지역에서는 노예의 수가 상당히 감소했는데, 이는 아마도 노예를 보유지에 정착시키는 과정에서 일어난 일일 것이다. 이러한 과정에서 같은 영지 안에 있던 노예와 자유인·반자유인 소작농 사이의 사회적 지위는 그 차이가 모호해졌다. 예컨대 이 지역에서는 자유인망스와 노예망스의 차이가 거의 사라졌다. 그리하여 왕국 서

---

[*] "장원농민의 수송부역 부담은 매우 무거웠다. (⋯) 특히 여러 지역에 걸쳐 널리 산재한 장원들에서 생산된 농산물과 영주가 필요로 하는 포도주와 같은 그 밖의 여러 가지 특산물을 매년 0.5톤 이상씩 수십 km의 거리를 여러 날 동안 운반해야 했다. 수송거리는 곳에 따라 심지어 근 100km나 수백 km에 이르렀고, 수송기간은 보름이나 한 달이 소요되기도 했다. (⋯) 같은 장원농민이라도 세속귀족의 영지나 왕실의 왕령지에서보다 수도원이나 주교좌와 같은 교회기관의 영지들에서 장원농민의 수송부역 부담이 훨씬 컸다. 세속 영지에서는 영주가 가솔을 대동하고 장원들을 순회하면서 직접 소비생활을 영위할 수 있었지만, 교회기관의 영지에서는 수도사들의 수도생활상, 또는 주교좌의 고정된 위치로 인해, 그리고 수도원이나 주교좌에 종사하는 성직자와 보조인원이 워낙 많았던 까닭에 그렇게 하기가 어려웠기 때문이다."(『생제르맹데프레 수도원의 영지명세장』, 10쪽)

쪽 지역에서는 대규모 영주직영지의 운영을 위해 자유인·반자유인 소작농에게도 다른 지역의 노예와 실질적으로 동일한 부역이 부과되었다. 이는 왕과 교회의 권위가 주민에게 강력한 영향력을 행사할 수 있었음을 전제로 하지만, 다른 한편에서는 앞서 말한 인구압력*이 강했기 때문일 수 있다. 특히 생르미 수도원과 생베르탱 수도원의 영지에서 볼 수 있는 것처럼 영주가 소작농의 노동부역 의무를 바꾸었을 가능성이 있다. 생베르탱 영지에서는 자유인과 비자유인의 차이가 각각 2일의 부역과 3일의 부역이라는 차이로 유지되었지만, 이는 일원화를 의미했다. 생르미의 영지에서는 토지가 확장되고 노동부역의 중요성이 증대되면서 영주관manorial centre에 소속된 비자유인의 노동이 감소했다.

영지명세장에는 양측의 상대적 힘에 따라 좌우되는, 공격적인 영주와 방어적인 농민 사이의 이러한 양극적 관계가 반영되어 있다. 영주의 권력은 농민들의 소극적 동의나 인정, 때로는 그들의 참여 없이는 유지될 수 없었다. 왕이나 여타의 권위자들이 이러한 문제에 개입하기도 했다. 프랑스 서부 르망 지역의 교회와 왕실 영지에 소속된 농민들의 탄원을 받은 후 카롤루스 대제는 800년에 칙령capitulary을 반포해 부역을 다음과 같이 규정했다.⁴⁷

4분의 1쪽 팍투스를 보유하고 있는 모든 자는 자신의 역축으로

• 한 지역의 가용 자원 양에 비해 상대적으로 인구가 많은 현상을 가리킨다.

하루 종일 영주의 경작지를 갈아야 하며, 영주는 같은 주에 그에게 손일을 요구해서는 안 된다. 역축이 부족해 갈이질을 하루 안에 할 수 없는 자는 이틀 안에 그 일을 마쳐야 한다. 네 마리의 역축을 가지고 있지만 이것들이 너무 노쇠해 경작지를 갈 수 없는 자는 다른 역축을 데려와 영주의 경작지를 갈아야 하며, 그주의 하루 동안은 손일부역을 해야 한다. 이 중 아무것도 할 수 없고, 짐을 운반할 역축도 없는 자는 영주를 위해 사흘(일주일에) 동안 새벽부터 해가 질 때까지 손일을 해야 하며, 영주는 그에게 이 이상의 부역을 요구해서는 안 된다. 부역은 여러 방식으로 수행한다. 어떤 자는 일주일 내내, 어떤 자는 일주일의 절반 동안, 어떤 자는 이틀 동안 일해야 한다. 속민dependant은 이러한 부역을 중단해서는 안 되며, 영주는 그들에게 더 많은 부역을 요구해서는 안 된다.

858년에 랭스의 대주교 힝크마르Hincmar는 키에르지Quierzy 공의회에 참석한 주교들에게 영주와 농민의 관계에 대해 장문의 편지를 보냈다. 그는 이 편지에서 영지 대리인은 농민을 억압해서는 안 되며, 이전보다 더 많은 것을 요구해서는 안 된다고 강조했다.[48]

많은 노동부역과는 대조적으로 영지 안에 있는 보유지, 망스가 내야 하는 현물·화폐 소작료에는 일관성이 없었다. 또한 자유인망스에만 부과되는 군역세hostilitium˙—자유인이 군역 대신 내야 하는—를 제외하면 소작료와 망스의 크기, 그리고 특히 망스의 지위 사이에는 아무런 상관관계가 없다. 9세기말 이전에는 여타의 화폐 지불이 중요하지 않았다. 9세기 말부터 화폐를 내고 일부 현물 공납—예를 들어 돼지·목재·아마포 등—을 면제받는 빈도가 증가했다. 그러나 대부분의 공납이나 현물 소작료는 여전히 소량의 닭과 계란으로 지불되었다. 공산품—지리적으로 나무나 철이 풍부한 지역의 경우 이러한 원료들로 만들어진 물건들—은 망스에 부역이 전혀 또는 거의 부과되지 않는 경우에만 비교적 흔했다. 빌르모Villemeux와 부아시Boissy같이 장원 조직이 덜 발달한 생제르맹데프레 수도원의 일부 영지—주로 파리 서쪽과 남서쪽에 위치해 있는—에서는 장원에 통합되지는 않았지만 수도원에 예속된 장인이 나무나 쇠로 만든 물건을 수도원으로 운반해야 했다.[49] 영주직영지에서 생산되는 곡물의 양이 충분했기 때문에 곡물지대는 흔하지 않았다. 영주직영지를 직접 운영하지 않는 라인강 하류, 뫼즈강, 작센주에서만 예외적으로 프륌 수도원에 보유지 소작료를 곡물로 냈다. 많은 것들이 현물지대에서 화폐지대로 대체되거나 화폐지대로 완전히 바뀌었다.[50]

●   "군역세는 처음에 자유인망스에만 부과되었으나, 점차 반자유인망스에도 부과되었고 때로는 노예망스에게까지 부과되었다. 원래 군역세는 전시에만 부과되고 부담의 크기도 상황에 따라 가변적이었던 것이 점차 농민보유지 보유자들에게 정기적으로 부과되고 고정된 액수로 징수되는 부담으로 고착되었다. 군역세는 이처럼 원래 국가에 대한 조세의 일종이었으나, 이미 9세기의 고전장원들에서 영주에 대한 장원농민의 부담금으로 변질되고 영주의 중요한 수입원 가운데 하나가 되었다. 그래서 군역세는 영주직영지에 충분히 갖추어져 있던 황소보다는 현금이나 양¥의 형태로 납부되는 경우가 많았다. 양이 군역세 지불수단으로 상당히 많이 사용된 것은 그 털과 가죽이 쉽게 현금화될 수 있었기 때문이다."(『생제르맹데프레 수도원의 영지명세장』, 23쪽)

082

비고전적 장원 형태

고전적 장원 조직은 명백히 시간적·공간적으로 한정된 현상이었다. 망스로 분류된 보유지와 영주직영지 간의 부역을 토대로 한 관계는 봉토·기증·판매·상속 등에 의한 왕과 귀족 소유의 영지 분할, 인구 증가, 화폐와 교역의 확장 등 다양한 요인의 영향을 받으며 서서히 변화해갔다. 이는 후대에 작성된 여러 영지명세장이나 로브, 프륌, 생르미, 생모르데포세 수도원의 영지명세장에서 더 나중에 작성된 부분을 보면 명확하게 드러난다. 그러므로 고전적 모델과는 다른 장원의 형태와 구조가 연대와 지역에 따라 어떠했는지 — 고전적 장원이 분포되어 있는 지역 내에서 발생했건, 혹은 그러한 지역의 가장자리에서 발생했건 — 를 확인하는 것은 가능하다.

다른 맥락에서 이기는 하지만 고전적 이분 모델에서 벗어난 프랑스 서부 지역의 영지는 앞서 몇몇 사례를 통해 살펴보았으므로, 아래에서는 프랑스의 다른 지역에서 나타난 비고전적 형태의 장원들을 살펴볼 것이다.

파리 동쪽, 오브강Aube과 마른강Marne 사이, 샹파뉴에 위치해 있던 몽티예랑데 수도원의 영지들은 845년 직전부터 영지명세장에 등록되었다.[5] 이곳의 영주직영지는 보통의 농민 농장(망스)보다 크지 않았다. 영주직영지의 경작지 면적은 25~40보니예 또는 50보니예로, 이는 생제르맹데프레의 고전적 장원 경작지의 4분의 1 크기였다. 경작지는 주로 땅을 보유하지 못한 비자유인 솔거노예—장원당 평균 13명—에 의해 경작되었다.[52] 영주직영지에 있는 숲에서는 500~1000마리의 돼지를 방목할 수 있었는데, 이는 생제르맹데프레의 영지보다 세 배나 많은 수였다. 여러 장원들에는 새로 개간한 토지가 있었지만, 이는 망스로 분할되지 않았고 수확물의 11번째 단을 소작료로 받았다. 많은 미경작지가 이러한 방식으로 임대되었다. 몽티예랑데에서 남동쪽으로 4킬로미터 거리에 있던 티요Thilleux(영지명세장 V)는 영주직영지가 매우 작았고—경작지는 8~9헥타르였다—, 예속된 자유인 농민 농장(자유인망스)이 네 개밖에 없었기 때문에 '개척농장pioneer farm'이라고 부를 수 있는 유형에 속한다. 몽티예랑데의 다른 농민 농장과 마찬가지로 몇 안 되는 소작농에게는 가벼운 부역과 1년에 세 번 3일 동안의 갈이질과 여타의 경작노동aratura, corvada, beneficia, 단거리 수송과 손일carropera et manopera, 영주직영지 이곳저곳—대부분 제한되지 않은—에서 15일의 지정되지 않은 노동, 수도원에서 15일의 노동, 1년에 한 번의 수송부역ambascatio—명시되어 있지는 않지만 일반적으로 89킬로미터 거리에 있는 랑그르Langres나 샬롱쉬르마른Châlons-sur-Marne의 시장까지—이 부과되었다. 수송부역은 10페니를 내고 면제받을 수 있었다. 망스당 수레 1~5대의 땔감lignare과 평균 100개의 지붕널scindulae을 바쳐야 했다. 3마리 또는 5마리의 암탉과 14개 내지 30개의 계란을 바쳐야 했고, 군역을 대신해서는 1~3실링이라는 비교적 높은 금액을 내야 했다.

몽티예랑데 수도원의 영지명세장에서 특이한 점은 수도원

이 프레카리아 형태로 보유하고 있는 12개 장원에 대한 기록—문서 마지막에 있다—이다. 이러한 지위 때문에 그 장원들은 기증을 통해 수도원의 세습재산이 되기 전 자유인의 토지 소유 상황을 여러 방식으로 보여준다. 이 장원들은 토지 개간에 매우 적극적이었고, 영주직영지의 경작지가 수십 헥타르에 불과했으며, 노예망스는 거의 없었지만 보유지가 없는 비자유인이 많았기 때문에 이들 또한 '개척농장'이라고 할 수 있다.

30개가 넘는 몽티예랑데 장원 중에서 작은 영주직영지 중심의 '개척농장들'이 보다 고전적인 이분 구조의 장원으로 발전하면서 주로 영주직영지의 경작지가 확장되고, 예속 망스dependent mansi와 새로 개간된 작은 예속 호스피키움dependent hospicium•이 증가했다.

따라서 몽티예랑데의 영지들은 삼림지대에 의해 결정된 최초의 지역적 형태 내부에서, 곡물을 생산하는 최종적 형태의 고전적 이분 영지로 이행해가는 단계가 어떻게 하나의 영지명세장에 등장할 수 있는지를 보여주는 사례이다.

• "아콜라accola나 호스피키움은 어의상語義上으로 기존 농지의 외곽에서 새롭게 창출된 소규모의 농민보유지라고 할 수 있다. 특히 호스피키움은 외부인이 흘러 들어와 정착하면서 형성된 작은 농민보유지라는 뜻을 내포하고 있다. 이런 형성과정 때문에 이들 토지는 자유인이 보유하는 것이 보통이다. 그렇지만 노예도 외거화하면서 개간 등을 통해 보유하는 경우가 종종 있었다. 이런 농민보유지는 대부분 개간지로부터 창출되었기 때문에 망스mansus라는 표준적·일반적 농민보유지보다 비교적 뒤늦게 형성되었다는 것이 특징이다."(『고전장원제와 봉건적 부역노동제도의 형성』, 22쪽)

프랑스 북부, 생베르탱과 망스의 규칙적 형태

프랑스 북서부 생토메르 인근에 있는 생베르탱 수도원의 영지명세장(844~859년)은 다른 그림을 보여준다. 플랑드르어를 사용하는 플라망 지역의 프랑스-벨기에 국경 너머와 파드칼레Pas-de-Calais와 노흐Nord의 데파르망départements 안에 집중되어 있던 영지들은 이미 곡물을 생산하는 지역에 위치해 있었고, 숲이 산재해 있었다. 이들 영지 대부분은 이분 장원이었고, 그중 다수는 파리 지역의 고전적 장원과는 다른 특징을 가지고 있었다. 망스는 자유인ingenuiles 또는 비자유인servies이라는 통상적 자격과 상관없이 그 크기가 모두 같았다. 예를 들어 12개 장원 중 7개 장원에 있는 망스의 크기는 12보이예—카롤루스 대제와 경건왕 루이Louis the Pious* 시대에 '공식적인' 완전 망스mansus integer의 표준 크기—였다. 이러한 규칙성은 최근에 생겨났거나 또는 재조직되었음을 의미한다.[53] 그러나 많은 토지가 망스로 조직되지 않았다. 거의 전적으로 망스에만 거주하는 자유인은 아직 망스로 분할되지 않은 토지에 정착하지 않았다. 놀라운 점은 소작농이 아닌 사람의 수가 많았다는 것이다. 그들은 루미나리luminarii · 에레스카리herescarii · 루나리lunarii · 호미네스 데 두아부스 다이homines de duabus die 등 다양한 이름으로 불렸다. 그들의 지위와 거주

• 778~840. 카롤루스 대제의 아들. 카롤루스 대제에 의해 813년에 카롤링제국의 공동 황제로 즉위했다.

지는 명확하지 않다.[54] 앞의 두 부류는 개인적으로 수도원에 예속되어 있었고, 아마도 수도원이 소유한 토지에 살았을 것이다. 나머지 부류도 어떤 식으로든 수도원의 권위에 종속되어 있기는 했지만―현재로서는 그 이유를 설명할 수 없다―, 이들 역시 수도원 소유의 토지에 거주했는지는 확실하지 않다. 그러나 생베르탱의 영지 구조와 관련해 가장 많이 언급되는 것은 대장원 안에 보유지의 지위를 갖는 소규모 이분 장원들이 존재했다는 사실이다. 일부 역사학자들은 이를 특정 시점에 수도원의 소유가 되었지만, 본래의 구조와 이용 방식을 그대로 유지하고 있는 기존의 소규모 장원들이라고 생각한다.[55] 다른 학자들은 이 소규모 장원들을 수도원이 새로 만든 것―그 뒤로 베네피키움의 지위를 갖게 된―과 마름major**의 역할을 하는 일부 관리인과 주로 기사caballarii에게 수여된 토지라고 여긴다.[56] 이 장원들은 내부 구조에서 특히 균일한 크기의 망스가 결합되어 있는 장원이라는 동일한 규칙성을 나타낸다. 일부 소규모 장원은 실제로 이분 장원이었으며, 2.5 또는 3.5망스의 비교적 작은 영주직영지에서 일하는 2~3개 또는 4개의 망스가 있었지만, 영주직영지의 크기는 보

•• **major는 영주를 대신해서 장원농민들의 부역노동을 감독하고 공납물을 징수하는 등 장원을 관리·감독하는 장원관리인이었다. (…) 장원에는 창고지기, 방앗간 관리인, 산지기 등 여러 종류의 관리인이 있었다. 이런 관리들 중에서도 major는 장원에 대한 전반적인 경영과 관리 업무를 담당하는 우두머리 관리인이었다고 할 수 있다. 따라서 major는 해방 전 우리나라 농촌사회에서 지주를 대신해서 소작인들을 관리하던 마름과 같은 존재라고 할 수 있을 것이다. 그래서 major를 마름으로 번역한다.**(『생제르맹데프레 수도원의 영지명세장』, 28쪽)

통 10.5망스였고, 평균 노예망스의 수는 18개였다. 다른 장원들은 노예망스가 전혀 없고, 경작 가능한 3.5망스의 영주직영지—비자유인 솔거노예가 수도원이나 소규모 장원의 소작농을 위해 일하는—가 있는 '영주직영지 중심'의 장원이었다.

프랑스 남부와 스페인 북부 - 자유지

이제 8세기 말 카롤링왕조의 지배를 받게 된 프랑스 지역과 인접해 있는 스페인 지역을 살펴보도록 한다. 이 지역은 함께 고찰해서는 안 된다. 시대는 다소 늦지만 사료의 양이 방대한 카탈루냐·루시용Roussillon[57]과 오베르뉴·샤랑트·푸아투Poitou·리무쟁Limousin·프로방스를 구별해야 한다.[58] 이들 프랑스 남부 지역에는 한두 개의 영지명세장을 제외하고 장원 구조와 관련해 이용할 수 있는 문서가 거의 없는데, 이는 우연이 아니다. 대토지 소유 구조와 운영은 영지명세장이 탁월한 운영 수단이었던 고전적 장원 조직의 구조와 실제로 매우 달랐다. 카탈루냐와 루시용 이외의 지역에서 나타나는 주요 특징은 첫째, 오베르뉴에서와 같이 보유지 형태의 또는 일반적으로 자유지alloldia*에 소규모 농장 단위가 지배적이었다는 것이며 둘째, 보유지가 제공하는 부역 없이 소수

• "봉건적 토지소유 관계에 들어 있지 않은 토지, 즉 봉건적 상태의 농민에 의해서 경작되는 영주 소유의 토지가 아닌 토지를 말한다."(『서유럽 농업사 500-1850년』, 66쪽)

의 노예가 직접 경작하는 작은 크기의 영주직영지와 그것의 중요성이다—영주직영지는 밀접한 관계가 없는 지대징수소였을 뿐이었다.

루아르강과 피레네산맥 사이에 있는 수많은 소규모 자유지들은 로마 시대 말기에 생겨났거나, 9세기와 10세기에 카탈루냐와 루시용에서 큰 성공을 거둔 아프리시오aprisio** 제도에 따라 개간을 통해 만들어졌을 것이다. 9세기 초 생피에르레비Saint-Pierre-le-Vif 수도원의 영지명세장—오베르뉴 남서쪽 마시프쌍트랄Massif Central에 있는 모리아크Mauriac에 관한—에서 분명하게 알 수 있듯, 일부 보유지는 이전에 노예였던 사람들에게 대규모로 할당된 토지였다.[59] 대부분의 보유지는 이보다 훨씬 오래 전, 아마도 로마 후기 콜로누스들의 소유지에서 기원했을 것이다.

이 보유지들의 주된 의무는 수확물의 10분의 1에 해당하는 세금을 현물로 내는 것이었다. 672년에서 676년 투르의 생마르탱 수도원의 가장 오래된 세금 목록에는 곡물세agrarium라는 항목이 있었으며,[60] 이는 7세기 〈서고트 법전Formulae Wisigothorum〉에도 명시되어 있다. 이것은 훗날 오베르뉴의 모리아크에서와 같이 정액세로 바뀌었으며, 10세기 초에도 여전히 타스카tasca라는 이름으로 언급되었다. 이 외에도 콜로누스보유지colonicae는 목초지pascuarium, pasquier를 사용할 권리에 대한 대가를 지불해야 했

**　카롤루스 대제가 이베리아 원정 후 780년경 스페인 북부 지역에서 실시한 제도이다. 당시 이 지역은 인구가 적고 황무지가 많았기 때문에 카롤루스 대제는 황무지를 개간하는 조건으로 그 토지를 보유할 수 있도록 허용하는 아프리시오 제도를 시작했다.

다. 이를 위해 계란과 닭, 그리고 키운 소의 10분의 1을 봉헌물eu-logiae로 바치고, 복종의 표시로 화폐 세금tributum을 냈다. 콜로누스보유지의 크기는 평균 16헥타르였고, 한 명의 참사회원canon·이 생활하는 데 필요한 것들을 제공할 수 있었다―이는 루아르강 북부 지역의 망스들과 비슷했던 것으로 보인다. 그러나 루아르강 남쪽 지역에서는 9세기에 이르러서야 망스라는 용어가 사용되기 시작했다. 가장 먼저 등장한 지역은 오베르뉴였는데, 그 의미가 약간 달랐고 인접해 있는 건물과 부속토지, 그리고 과수원의 운영이 가장 중요한 요소였다. 망스에는 경작부역이 거의 또는 전혀 부과되지 않았다. 다른 지역에서는 리무쟁에서와 같이 망스라는 용어가 직접적으로 영주를 위해 운영되는 영주의 망스chef-manse라는 의미로만 사용되었다.

   루시용뿐만 아니라 카탈루냐 저지대 역시 9세기와 10세기에 토지의 80~90퍼센트는 소농의 자유지였다. 그러나 이러한 자유지 대부분은 10세기와 11세기에 대토지소유주에게 판매된 후 보유지로 전환되었다. 바르셀로나 북동부(헤로나Gerona와 암프리아스Ampurias 주변)와 루시용에서는 큰 숲과 황무를 개간해 얻은 자유지가 9세기부터 수도원이 새로 건설한 거대한 영지의 일부―수확량의 일부를 내는 대가로―가 되었다. 이와 같이 프랑크 왕국의 최남단 지역은 자신들만의 독자적인 방식으로 발전했다.

브르타뉴

9세기 브르타뉴의 토지 소유 형태는 크든 작든 오로지 자유지뿐이었다. 수도원의 대토지 소유가 중요해지면서 작은 자유지는 수도원—특히 르동Redon처럼—에 기증되어 통합되었고, 프레카리아 형태로 보유되었다. 큰 자유지는 대부분 봉토로 바뀌었다. 이곳에서도 루시용에서와 마찬가지로 소농 소유의 토지를 특징으로 하던 사회가, 대규모 영지를 주요 특징으로 하는 사회로 전환되는 급격한 변화가 있었던 것으로 보인다.[61]

뫼즈강과 라인강 사이 - 프륌

뫼즈강과 라인강 사이에 위치해 있던 장원의 형태는 프륌 수도원의 영지명세장(893)을 통해 가장 잘 이해할 수 있다. 이는 프륌 수도원의 소유지가 지역 전체에 흩어져 있었기 때문이다.[62] 대부분의 장원은 고전적 이분 형태였고, 프륌과 모젤강 사이의 아이펠과 라인강 중류에 있었다. 다른 구조는 수도원에서 어느 정도 떨어져 있고, 중심 영지의 가장자리—예컨대 뫼즈강 유역의 리에주Liège 인근과 아른험Arnhem 근처의 라인강 하류—에 있던 다소 고립된 망스에서 발생했다. 이곳의 장원은 일종의 지대징수형이었고, 다른 장원과 달리 노동부역 제도가 없거나 거의 발달하지 않았다. 망스는 곡물과 돼지, 그리고 화폐로도 지대를 내야 했으며, 일부 경우에는 면제되었던 현물지대가 화폐지대로 대체되기도 했다. 9세기 말 화폐지대의 중요성이 커진 것은 고립된 영지에서뿐만 아니라 프륌의 다른 영지—예컨대 아르덴에 있는—에서도 나타난 비고전적 특징 가운데 하나이다. 다른 장원들, 특히 시장이 없는 곳에 위치해 있던 장원들에는 화폐지대가 전혀 없었다. 곡물지대는 시장이 아니라 소비를 위해 수도원과 수도원의 행정 중심지로 운반되었다. 수도원이 있던 자리에는 잉여생산물이 판매되었다는 흔적이 없다. 프륌 수도원은 진보적 운영과 보수적 운영이라는 모순된 양상을 입증할 수 있는 증거가 된다. 모젤강을 이용한 포도주 교역—잘 알려진 수송부역을 통해[63]—과 메츠 인근에 있던 프륌 제염소saline에서의 소금 교역은 예외적인 경우이다. 이는 다른 장에서 살펴볼 것이다.

라인강 동쪽

라인강 동쪽과 서쪽의 영지 사이에는 구조와 운영이라는 측면에서 눈에 띄는 차이가 존재하지 않지만, 기본적인 구조—보유지가 노동부역을 제공하는 이분 형태이거나 보유지의 부역이 없는 지대징수소 형태—가 일반적으로 동일했다 하더라도 카롤링제국의 동쪽 지역은 그 자체로 다양했다.[64] 어떤 형태든 영주직영지는 그다지 크지 않았으며—때로는 수십 헥타르—, 실제로 영주직영지가 매우 작은 경우에는 보유지 없이 영주직영지에 딸려 있던 비자유인 솔거노예나 노예에 의해 경작되었다. 이러한 노예들이 보유지에 정착하는 경우, 그 보유지는 노예망스가 되었으며 대개 주당 3일의 노동부역을 해야 했다. 과거 왕실 소유의 토지였던 일부 대장원에서는 영주직영지의 일정 구획을 1년 내내 경작해야 하는 부역(정적부역)이 추가되었다. 라인강 동쪽의 자유인과 반자유인 소작농은 비자유인보다 그 수가 적었다. 작센에서는 소작농 대부분이 반자유인 리디lidi였는데, 콜로누스가 어느 정도 자유인으로 간주되었던 바이에른에는 존재하지 않는 부류였다. 콜로니카colonicae라고 하는 콜로누스의 보유지는 대부분 노예와 솔거노예가 점유했다. 표준적인 보유지―작센에서는 반자유인망스, 바이에른에서는 자유인망스나 후페―에는 정적부역이외에 1년에 2주라는 비교적 가벼운 노동부역noctes이 추가로 부과되었다. 다른 곳과 달리 1년에 2주가 아니라 4주의 부역이 부과된 자유인망스는 라인헤센Rheinhessen(프랑크푸르트 지역)에 있는 왕실 소유의 왕령지에서만 발견되었으며, 여기에는 자유인망스가 노예망스보다 많았고, 대부분의 노예망스는 왕령지 바깥에 있었다.

수많은 망스와 지리적으로 집중되어 있는 대규모 영주직영지―크기가 전체 보유지의 크기에 맞먹는―가 있는 고전적 이분 영지는 라인강 동쪽에서 예외적인 형태였다. 이러한 영지는 대부분 왕실 소유였으며, 교회 소유인 경우에는 왕령지가 그 기원이었다. 예를 들어 베드덴 수도원의 소유가 된 뒤스부르크 인근 프리머샤임의 과거 왕령지에는 400헥타르의 경작지가 있는 영주직영지가 있었다. 아우크스부르크 주교가 소유한 바이에른의 슈타펠제 장원은 거의 300헥타르에 달했고, 카롤루스 대제가 777년 그 일부를 풀다 수도원에 기증하기 전까지 튀링겐의 함멜부르크Hammelburg 장원에는 경작지가 300헥타르가 넘는 영주직영지와 660개의 예속농 농장이 있었다. 이러한 장원들은 개간·통합·집중을 통해 영주직영지를 확장하면서 보다 고전적인 이분 구조로의 진화를 선도해나갔고, 9세기에 라인강 동쪽의 많은 장원들―그때까지 7세기와 8세기의 라인강 서쪽 대부분의 장원과 상황이 똑같았던―에 영향을 미쳤다. 이러한 진화는 영주직영지의 확장을 의미했으므로, 라인강 동쪽과 서쪽의 비자유인 소작농들의 노동부역이 증가하지 않고는 일어날 수 없었다. 노동부역은 농민들의 특별한 저항 없이 증가했는데, 이는 아마도 인구압력 때문이었을 것이다. 인구압력은 과거 노예들이 보유지에 정착함으로써 야기된 인구 증가의 결과였다.

이탈리아

앞서 설명한 라인강 동쪽과 거의 동일한 방식으로 고전적 이분 장원으로 진화해간 이탈리아의 장원 유형은 피에르 투베르[65]에 의해 밝혀졌다. 이는 영주직영지의 구조와 이용, 그리고 영주직영지와 보유지의 관계라는 두 가지 기준을 근거로 한다. 이탈리아 중부와 포 계곡에서 나타나는 특징인 제1형은 구조화된 영주직영지가 없고, 대개 목축 활동을 하지 않는 소위 개척농장이었다. 보유지에는 노동부역이 부과되지 않았지만 개간에는 참여했다. 제2형에는 물레방아와 기타 시설을 갖춘 구조화된 영주직영지가 있었다. 곡물 생산은 부차적이었고, 주로 올리브와 포도주를 중점적으로 생산했다. 노동부역은 거의 없었다. 이러한 유형의 대표적인 사례가 이탈리아 북부의 리몬타Limonta 장원이다. 제3형은 곡물 생산을 중심으로 하는 고전적 이분 장원이며, 대개 소유자의 거주지에서 멀지 않은 곳에 위치해 있었다. 이는 북서유럽과 유사하게 토양이 비옥한 광대한 곡물 경작지 ─쿨투라라고 하는─를 특징으로 한다. 쿨투라는 소작농의 노동부역으로 경작되었다.

제1형과 제2형은 대부분 영주직영지와 보유지 사이에 밀집한 관계가 없었고, 노동부역은 드물고 불규칙적이었다. 영주직영지의 경작은 비자유인 노예와 영주직영지에 딸린 솔거노예preb-endarii의 노동에 의존했으며, 이들은 영주직영지에서 분할된 보유지에 꾸준히 정착했다. 그러한 농민 농장casa colonica으로 인해, 특히 가혹한 노동부역을 통해 개간된 토지에 새로운 보유지가 만들어진 제1형의 장원에서는 콜로누스와 노예의 구분이 빠른 속도로 사라졌다. 이러한 과정은 적어도 820년에서 840년까지 계속되었는데, 이때가 이러한 정착 기간의 마지막이었다.

이탈리아의 농민 농장은 유럽 북서부의 망스보다 훨씬 유연한 정착 수단이었다. 그 이유 중 하나는 소작농의 가족관계에 아무런 영향도 미치지 않았기 때문이다. 카사콜로니카casa colonica는 협소한 가족에 아주 적합했으며, 따라서 분할을 겪지 않았다. 이 탈리아, 특히 사빈Sabine 지역과 포 계곡의 느슨한 정착지는 정착지가 집중되어 있는 파리 지역의 경직된 과잉인구 망스와 확연하게 대비된다.

쇠퇴 또는 성장의 징후와 잉여생산물의 목적

그동안 팔레조와 같은 파리 인근 생제르맹데프레 수도원의 소규모 영지들의 망스 크기―자유인망스의 크기가 2~3보니예에 불과한―와 망스의 과잉인구는 '쇠퇴'의 징후로 언급되어왔다. 그러나 프륌 수도원의 빌랑스 영지―벨기에 아르덴 지역에 있던―는 '쇠퇴'라는 표현에 유의해야 함을 보여준다.[66] 빌랑스의 망스 35개 중 22개는 망스당 네 명의 소작농이 과잉점유하고 있었는데, 이는 개간을 통해 9세기에 생긴 '고전적' 영지와 관련이 있으므로 쉽사리 쇠퇴라고 해석해서는 안 된다. 이와 유사하게 850년경 몽티예랑데 수도원의 영지에서 대량으로 발생한 미경작 망스vacant mansi mansi absi*―전체 자유인망스의 약 20퍼센트[67]―와 9세기 중반과 10세기 초 이탈리아 전체 소르테스(보유

---

* "미경작망스mansi absus란 고정된 보유자가 없거나 불규칙하게 보유되어 정상적으로 경작되지 않는 망스를 의미한다. 경우에 따라서는 타지他地의 거주자에 의해 경작되는 망스나 최근에 개간된 토지를 뜻하기도 한다."(『생제르맹데프레 수도원의 영지명세장』, 58쪽)

지)의 6분의 1에 해당하는 수많은 미경작 소르테스sortes absentes
—도시와 가까운 경우 이 비율은 50퍼센트로 높았다[68]—는 '버
려진' 망스나 소르테스가 아니라 일시적으로 공식적인 소작농이
없었고, 다른 토지보유자에게 부여되었던 보유지였다. '비어 있
는' 보유지라는 개념은 장원 구조 내에서의 이동성이 대단히 컸
으며, 영지의 관리가 이에 매우 유연하게 대응할 수 있었음을 보
여주는 증거이다.

반쪽 망스 역시 항상 망스가 분할된 결과라고 해석해서는
안 되며, 따라서 쇠퇴의 징후가 아니라 850년경 생베르탱 수도원
의 일부 영지에서처럼 대체로 개발 중인 망스라고 이해해야 한다.
반면 대머리왕 샤를Charles the Bald[**]이 피트르 칙령Edict of Pitres(864)
에서 망스의 필수적인 요소들이 다른 사람들에게 양도되면서 망
스가 점점 더 작아졌다고 개탄했을 때,[***] 여기에는 국가의 원활
한 운영을 위협하는 쇠퇴에 대한 우려가 담겨 있었다.[69] 9세기 중
반부터 보비오 수도원의 일부 영지에서 관찰되는 영주직영지의
감소는 보유지의 수를 늘리고, 이러한 방식으로 확보한 부역을
통해 줄어든 영주직영지를 동시에 보다 집중적으로 경작하기 위
한 의식적 정책이었다. 이러한 현상은 효율성을 최적화하려는 시
도로 해석될 수도 있지만, 9세기 말과 10세기에 이러한 정책이
일반적으로 도입된 프륌 수도원과 바이센부르크 수도원의 영지

[**]   823~877. 경건왕 루이의 아들이다. 840년부터 서프랑크왕국의 왕이었고, 875년에 신
       성로마제국 황제로 즉위했다.

는 실제로 고전적 영지제도가 쇠퇴한 것으로 여겨진다.

장원제도는 그 당시에 명백히 절정기를 지나고 있었고, 장원 제도의 쇠퇴가 왕권의 약화와 동시에 일어났다는 사실은 의미심장하다. 앞서 말한 바와 같이 장원제도의 발전은 모든 면에서 카롤링왕조 통치자들의 권력 강화 및 확장과 관련이 있었고, '카롤링왕조 농업 정책'의 일환이었을 수 있다. 소규모 농장 단위의 장려, 노예제도의 완화, 노예 수의 감소—이는 부역의 도입과 증가를 통해 보충되었다—는 농업 정책의 목적이 아니라 결과였을 것이다. 나는 이 정책의 근본적인 목표가 효율성을 최적화해 생산량을 증대시키는 것이었다고 생각한다. 이러한 생산량 증대는 교회와 궁정, 군대에 더 많은 물품을 보급할 목적으로 농업에서뿐만 아니라 수공업에서도 일어났다. 그러나 농업에서도 이러한 생산량 증대가 필요했을까?

이러한 공납이 어떻게 조직되었는지는 수도원과 수도원의 영지에 대해서만 잘 알려져 있다. 궁정과 군대를 위한 공납은 몇 안 되는 칙령—그중에서도 가장 유명한 〈장원 관리령〉—에서 약간의 정보만 얻을 수 있을 뿐이다. 왕령지에서는 생산물의 3분의 1을 궁정으로 보내야 했으며, 3분의 1은 자체에서 소비했고, 3분의 1은 추가적인 지시를 기다리며 보관하거나 판매했다. 군

••• 당시 일부 지역의 왕령지나 교회 영지에서는 콜로누스들이 영주의 허락 없이 성직자나 같은 콜로누스에게 망스를 판매하고, 시골 농장을 보유하면서 소작료를 징수할 수 있는 망스의 수가 줄어들어 장원이 파괴되는 일이 발생했다고 한다. 이에 대머리왕 샤를은 칙령을 반포해 이를 금지하고 판매되었던 망스와 소작료를 복원할 것을 명령했다.

대와 관련해서는 교회 영지의 영지명세장에 군역세ad hostem, hos-
tilitium, carnaticum―종종 현금으로 대체된―가 자유인 소작농의
부담금으로 일정하게 기재되어 있다. 이 외에 수도원과 주교좌
교회는 세르비티움 레지스servitium regis****를 수행해야 했다. 교회
에서 조직하고 파견한 부대는 카롤링 군대의 중요한 일부였으
며,[70] 종종 수도원은 왕과 그의 가솔들에게 잠자리 등을 제공해야
했다. 따라서 수도원에 거주하는 사람들에게 필요한 것보다 많은
공납품을 수도원으로 운반해야 했다. 이는 공납품을 생산하는 장
원의 소작농들에게 부과된 수송부역을 통해 조직되었으며, 공납
품은 중간의 지역 중심지로 옮겨진 뒤 수레와 선박 또는 뗏목을
이용해 수도원으로 수송되었다. 이러한 체계는 생제르맹데프
레·프륌·생르미 수도원의 영지명세장에 상세하게 기록되어 있
다.[71] 822년 소위 코르비의 아달하르투스Adalhard de Corbie 헌장Stat-
utes―수도원장이 수도원에 필요한 공납품, 주로 곡물을 계산하
는―을 보면, 곡물을 생산하는 장원에서 코르비까지의 거리를
고려해 멀리 떨어져 있는 일부 장원의 잉여 곡물은 수도원으로
운반하는 대신 현지에서 판매하기로 결정했음을 알 수 있다.[72] 반
면 생제르맹데프레 수도원은 수도원의 장원에서 생산된 모든 포
도주와 소유지가 없는 지역에서 구입한 포도주 전부를 파리로
가져왔다. 이러한 방식으로 상품화된 5000헥토리터의 잉여 포도

•••• 왕을 위해 수행하는 봉사라는 뜻으로, 카롤링 시대에 주교좌 교회와 대수도원들은 왕
에게 현물·현금 공납뿐 아니라 군사적 지원 등 다양한 형태의 세르비티움 레지스를
제공해야 했다.

주가 아마도 생드니 장터에서 팔렸을 것이다. 증거는 덜 명확하지만 프뤼 수도원의 장원에서 생산된 모젤 지방의 포도주 역시 마찬가지였을 것이다. 프뤼강 하류와 모젤강 상류에서 보름스·쾰른·메츠·베르됭Verdun으로 포도주를 운반하는 일은 수도원 소작농들의 수송부역을 통해 수행된 것으로 보인다. 대개 장원이나 또는 상업적 특성을 지녔다고 하기 어려운 이러한 활동은 장원이 생산한 잉여생산물의 목적과 관련해 일반적인 문제를 제기한다. 대수도원들은 잉여생산물을 계획적으로 생산하고 판매하기 위해 생산을 조직했는가? 그들이 생산하지 않거나 생산하지 못하는 물품―유일하게 '상업negocium'이 용인된―을 구입하기 위해 화폐가 필요했는가? 이러한 의문들은 카롤링 시대 경제의 목적과 결과를 보다 일반적으로 평가한 뒤 답을 구할 수 있을 것이다.

4장

농업
기술

알프스 · 북해 · 루아르강 · 라인강 사이의 많은 지역에서는 중세 이전과 중세 초기 수 세기 동안 원시적 형태의 휴경제도―같은 작물을 몇 년 동안 연속 재배한 후 토양의 비옥도를 복원하기 위해 토지를 휴경 상태로 두는―가 단일 곡물을 재배하고, 휴경 기간이 3년으로 짧아진 보다 규칙적인 형태의 휴경제도로 대체되었다. 9세기에 이 제도는 같은 수확 년도에 한 가지가 아닌 두 가지 종류의 곡물, 즉 겨울에 파종하는 곡물과 봄에 파종하는 곡물을 나란히 규칙적으로 번갈아 재배하는 제도로 거듭 발전했다. 전년도에 하곡을 생산했던 밭은 3년마다 1년씩 휴경을 하고, 파종하기 전 6월과 10월에 두 번의 갈이질을 한 후 겨울 곡물을 파종하고 다음 해 봄에는 여름 곡물을 파종했다. 이러한 제도를, 세 개의 밭을 춘경지 · 추경지 · 휴경지로 나누어 경작하는 지형적 삼포제와는 구별되는 삼포윤작제라고 한다. 새로운 제도는 두 가지 서로 다른 종류의 상호 보완적인 곡물의 재배를 가능하게 했다. 한 가지―스펠트밀, 호밀, 밀―는 빵을 만드는 재료로 인간이 소비하기 위한 것이었고, 다른 한 가지―주로 보리와 귀리―는 동물 사료로 이용되었다. 모든 곡물이 다른 시기(가을과 봄)에 파종 · 수확되기 때문에 여기에는 밭일을 보다 균일하게 분배하고 흉작의 위험을 줄일 수 있다는 이점이 있었다. 겨울 곡물이 흉작인 밭에는 봄에 여름 곡물을 심는 것도 가능했다. 게다가 휴경지 비율이 최소 절반에서 3분의 1로 줄어들어 경작 가능한 토지를 더욱 집중적으로 이용할 수 있게 되었고, 생산량도 증가했다.

삼포윤작제의 기원은 특히 독일 학자들 사이에서 많은 논란의 대상이 되어왔으며, 이들은 삼포윤작제와 삼포제를 관련지음으로써 문제를 불필요하게 복잡하게 만들었다. 그런 학자 가운데한 명인 힐데브란트Hildebrandt는 봄 곡물이 지배적이었던 보다원시적인 형태의 삼포윤작제가 중세 초기에 존재했고, 겨울 곡물이 확대되면서 보다 균형 잡힌 삼포윤작제가 등장하게 되었다고생각한다.[1] 그의 견해는 알자스에 위치한 바이센부르크 수도원의가롤링 시대 영지명세장을 근거로 하고 있지만,[2] 모리모토는 같은 문서를 이용해 이를 반박했다.[3] 모리모토는 영지명세장의 가장 오래된 기록(860년 무렵)을 근거로 상이한 곡물 재배 간의 윤작이 덜 균형적이었음은 인정했지만, 삼포윤작제는 더 많은 봄 재배 곡물이 도입되면서 보다 규칙적인 형태로 발전하게 되었다고결론 내렸다. 그는 처음에 기본 작물은 겨울 곡물이었으며, 9세기에 봄 곡물이 확대되면서 보다 균형 잡힌 삼포윤작제가 가능해졌다고 생각한다. 모리모토의 견해는 생르미 수도원의 영지명세장[4]을 통해 한층 명확해졌는데, 이 영지명세장에 따르면 수도원의 영주직영지뿐만 아니라 소작농의 밭에서도 거의 전적으로겨울 작물이 재배되었다. 로브 수도원의 영지명세장과 같이 9세기의 다른 영지명세장에서도 두 연대적 단계(868~869년과 889년)사이에 삼포윤작제가 각각 진행되고 있었던 것으로 나타났으며,

몽티예랑데 수도원에서는 소작농의 보유지보다 영주직영지에서 삼포윤작제가 더 발전한 것으로 나타났다.[5] 이는 새로운 제도가 영주직영지로 제한되었었는지, 아니면 보유지를 포함해 보다 집단적으로 조직되었었는지에 관한 의문을 불러일으킨다. 또한 삼포윤작제가 영주직영지에서 시작되었는지, 아니면 소작농의 보유지에서 시작되었는지라는 의문이 제기될 수도 있다. 현재로서는 대답할 수 없는 문제이지만, 소작농이 영주를 위해 정기적으로 경작해야 하는 영주직영지의 일정 구획, 이른바 '코르베 구획lot-corvée'(영지명세장에서는 ancinga)'이 이 문제에 대한 답을 찾는 데 중요한 역할을 할 것이다. 생르미 수도원과 생제르맹데프레 수도원의 영지명세장에서 모리모토는 '코르베 구획' 제도를 통해 경작되는 영주직영지 일부에서 삼포윤작제가 더 발전해 있었다는 증거를 발견했다.[6] 그는 또한 영주직영지의 한 부분에 코르베 구획이 지형적으로 집중되어 있고, 이것이 완전히 발전된 삼포제의 펄롱에 ─수세기 후의 방식과 동일한 방식으로─ 길고 좁은 스트립으로 평행하게 배치되어 있다는 점에 주목했다. 예속 농민들이 삼포윤작제를 알고 있었지만 원하는 경우 그것을 자신들의 보유지에 적용할 수 있었는지는 확실하지 않다. 삼포윤작제는 그 방식에 따라 경작되는 모든 토지 구획이 동시에 똑같은 형태로 경작되며, 일단 파종되고 나면 사람이나 동물이 그 구획을 무분별하게 이용할 수 없음을 뜻한다. 삼포윤작제는 모든 구획이

•   정적부역지를 말한다. 1장의 정적부역 각주 참조.

동일한 경작 구역 안에 위치해 있고, 다른 농민이나 이웃을 고려할 의무가 없는 한 명의 소유주가 자신의 이익을 위해 경작할 때 가장 쉽게 실행된다. 일반적으로 대토지소유주의 영주직영지를 구성하는 쿨투라—커다란 땅덩어리—가 여기에 해당된다. '코르베 구획'—어떤 면에서는 결국 농민들의 보유지로 간주된—을 제외하면 개별 농민의 보유지는 대체로 영주직영지와 떨어져 있었지만, 종종 서로 뒤섞여 있기도 했다. 이는 관련된 모든 사람이 동의하는 경우에만 삼포윤작제를 적용할 수 있었음을 의미한다. 경작지를 세 개의 경지 구역으로 명확하게 구분할 수 있는 지형적 분할조차 하나 이상의 경지 구역으로 구성되어 있는 영주직영지에 한해서만 적용 가능했다—그리고 그러한 경우에도 일반적으로 적용되지는 않았다. 9세기에는 아직까지 모든 지역이 그렇지 않았다. 그러므로 일부 학자들이 수많은 구역(쿨투라)으로 구성된 영주직영지의 경작지를 세 개의 단위로 묶인 한 덩어리라고 추정하는 것은 잘못이다. 예를 들어 벨기에 아르덴에 위치한 프륌 수도원의 마봄프레Mabompré 영지에는 19개의 쿨투라가 여기저기 흩어져 있었다.[7] 따라서 삼포윤작제와 관련해 많은 현대 문헌에서 사용되고 있는 쿨투라, 젤가zelga, 캄푸스campus, 사티오satio, 아라투라aratura, 테리토리움이라는 용어는 지형적·지리적으로 세분화되어 있는 경작지를 의미하는 용어로 해석해서는 안 되며, 단지 같은 곡물이 파종된 영주직영지의 경작지를 지칭하는 것으로 해석해야 한다.[8] 그러므로 개방경지는 아마도 아직 존재하지 않았을 것이다. 경지 구역—쿨투라라고 알려진 영주직영지의 경작지 또는 아카라accara라고 하는 것을 구성하는 개별 농민들의 경작 구획들―은 아직 이어져 있는 개방된 공간이 아니었으며, 여전히 숲과 황무지 또는 미경작지로 분리되어 있었고, 심지어 울타리나 나무로 둘러싸여 있었을 수 있다. 그러한 구획들은 아마도 구역 안에서만 일종의 아주 작은 미소 개방경지를 형성하고 있었을 것이다.[9]

중세 초기에는 경제 및 식량을 공급하는 데 있어 야생열매나 사냥, 낚시와 같은 형태의 수렵-채집적 요소가 중요했지만,[10] 카롤링 시대에는 곡물 생산이 상당히 발전했고, 이것이 목축이나 기타 형태의 농업보다 중요해졌음이 틀림없다. 이는 이탈리아 같은 나라에서도 마찬가지였다. 밀라노-코모Como-바레세Varese를 중심으로 한 삼각지대에서 야생지와 경작지의 비율은 반반이었고, 경작지의 비율이 매우 높은 것으로 여겨졌다. 이것은 소택지가 많고 대단히 넓어 아직 거의 개발되지 않았던 포 계곡보다도 높은 비율이었다. 대부분의 영지명세장에서 볼 수 있는 꽃가루 그림과 삼포윤작제의 증가는 곡물 생산이 발전했음을 입증해주는 증거이다. 그러나 다양한 곡물의 수확 비율에 관한 자료는 매우 드물고 신뢰할 수 없으며, 그 수치 또한 모호하기 때문에 그렇다고 할 수 없다. 뒤비와 슬리허트 판 바트Slicher van Bath[11]는 800년경 릴 인근에 있던 왕령지(주로 아나프)의 곡물 비축량 명세서를 근거로 스펠트밀·밀·호밀·보리·귀리의 수확 비율을 각각 1 대 3, 1 대 1.6, 1 대 1.3, 1 대 1.8, 1 대 2.15로 낮게 계산했는데, 현재 인정되고 있는 바에 따르면 이 비율을 약간 더 올려야 실제

물리적 총수확량을 표시할 수 있다.[12] 그러므로 이러한 수확 비율을 더 이상 파국적이라고까지 말할 수는 없지만, 카롤링 시대의 경작지 확장이 낳은 결과는 효율성의 증대가 아니라 개간과 삼포윤작제의 도입에 의한 생산량 증가였다. 이것은 그 자체로 농업 기술의 중요한 진보였지만, 물리적 효율성의 증대로 이어지지는 않았다.

독일 남서부·프랑스 북부·오늘날 벨기에 남부 절반에는 9세기에 스펠트밀이 대단히 널리 보급되어 있었다.[13] 스펠트밀은 곡물 생산량의 50~60퍼센트를 차지했다. 이 스펠트밀triticum spel-ta은 밀triticum aestivum과 유사한 품종이다. '겉껍질이 없는' 밀과 달리 스펠트밀에는 겉껍질이 있어 보관에 유리하다. 그래서 〈왕령지와 교회 영지 명세장 작성의 모범적 예〉—9세기 초 릴 인근의 일부 왕령지에 대한 기록이 있는—와 같은 명세서들에 밀·호밀·귀리는 등장하지 않지만, 스펠트밀의 비축량은 설명되어 있다. 스펠트밀의 단점은 수확량이 적다는 것이지만, 기후 조건에 대한 내성이 우수하므로 이러한 단점이 상쇄된다. 9세기 이후 스펠트밀이 감소한 이유 중 하나는 아마도 곡물에서 껍질을 분리하기 어려워 특별한 맷돌이나 손절구가 필요했기 때문이었을 것이다. 다른 한편 스펠트밀은 토양 조건이 그다지 까다롭지 않아 상파뉴 지방과 같이 메마르고 부드러운 백악질 토양에서도 비교적 양호하고 일정한 양을 수확할 수 있다. 마른과 아르덴 사이의 지역에 있던 생르미 수도원의 영주직영지는 주로 스펠트밀만 재배하는 수백 헥타르의 거대한 쿨투라로 구성되어 있었다. 영주직영지에서는 스펠트밀이 생산량의 90퍼센트를 차지했지만, 물레방아 사용료와 수입—농민 농장의 경우를 대신해 알 수 있는—에서 스펠트밀이 차지하는 비율은 67퍼센트였다. 밀에서는 밀가루가 70퍼센트 생산되는 반면, 스펠트밀에서는 50퍼센트가 생산된다.

9세기 이후 스펠트밀이 감소하게 된 또 다른 이유는 10세기와 11세기에 특히 호밀과 밀 같은 '겉껍질 없는' 곡물이 전반적으로 발전했기 때문이었다. 독일 북동부에서는 4세기 이후 호밀재배가 증가했으며, 갈리아 중부와 서부에서는 8세기와 10세기 사이에 호밀이 보리보다 중요한 곡물이 되었다. 생르미 수도원의 영주직영지에서는 울타리가 쳐진 몇 헥타르의 작은 경작지campi에서 호밀을 재배했다. 밀은 10세기 이후가 돼서야 중요해졌다.

귀리는 중세 초기에 증가한, 봄에 파종하는 곡물이었다. 척박한 토양에 쉽게 적응할 수 있는 귀리는 특히 9세기 중반까지 한계지와 최근에 개간된 토지의 선구식물pioneer plant*이었다. 예를 들어 벨기에 아르덴에 있는 프륌 수도원의 영지에서는 귀리만이 재배되었다. 9세기 후반부터 귀리는 당시 확장되고 있던 삼포윤작에 봄 곡물로 점차 더 많이 배치되기 시작했다. 삼포윤작에서 여름 곡물·보리·귀리의 재배가 확대되면서 농민들은 더 많은 소를 기를 수 있게 되었다. 그러나 소의 사육은 영주직영지

• '한계지'란 경작되는 토지 가운데 생산성이 가장 낮은 토지를 말하며, '선구식물'은 초기에 척박한 토양에 들어와 적응한 식물로 '개척종'이라고도 한다.

에서조차 돼지나 양 같은 작은 가축을 기르는 것만큼 흔한 일이
아니었다. 영주직영지와 점유권이 있는 농장 모두에서 양과 특히
소에 비해 돼지가 월등히 많았다는 것—가축 전체에서 돼지가
차지하는 비율은 평균 40퍼센트였고, 소는 22퍼센트였다—은
목축경제가 곡물 생산 중심의 농업경제에 종속되어 있던 혼합농
업이었음을 의미한다. 유럽 남부와 북부는 로마의 올리브·곡물
생산경제와 게르만의 목축경제로 지나치게 엄격하게 구분되어
왔지만, 두 지역 역시 마찬가지였다.[14] 그러나 8세기와 9세기에
유럽 북부에는 농업보다 소의 사육이 더 중요한 지역이 있었다.
프리슬란트Frisia에서 풀다 수도원이 토지를 소유하고 있던 지역
은 그곳에서 방목되었을 동물·소·양·돼지로 알아볼 수 있었
다.[15] 헨트에 있는 생페터 수도원과 생바보 수도원 같이 플랑드르
지역의 수도원에서는 저지대 국가Low Countries**의 해안을 따라
거대한 양 떼를 사육했으며, 이는 멀리 떨어져 있는 독일과 프랑
스의 수도원들도 마찬가지였다.[16] 그들은 수도원의 필요를 능가
하는 엄청난 양의 양모를 생산했다. 이러한 유형의 목축 전문화
는 경제가 미발전했음을 의미하는 것이 아니다. 반대로 이는 주
로 프리슬란트 지역의 시골과 예컨대 플랑드르의 성장 중인 도

** 유럽 북서부 해안 지역을 따라 있는 국가들. 대부분의 땅이 해수면보다 낮거나 약간 높
기 때문에 저지대 국가라고 불린다. 오늘날에는 벨기에·네덜란드·룩셈부르크를 말하
지만, 역사적으로는 프랑스의 플랑드르와 독일의 일부 지역도 여기에 해당된다. 이 지
역은 기원전 1세기부터 기원후 5세기 초까지 로마의 지배를 받다가 그 이후부터는 프
랑크왕국의 지배를 받았다. 스헬더강·뫼즈강·라인강 등이 있어 해운과 수로가 발달
했으며, 중세 시대 상업과 교역의 중심지가 되었다.

시들에서 양모 가공과 교역이 전문화되어 있었기 때문에 가능했다. 교회는 여러 지역 곳곳에 토지를 소유하고 있었기 때문에 전문화로 인한 위험성을 쉽게 감수할 수 있었고, 따라서 이와 관련해 중요한 역할을 수행했다.

그러나 근본적인 생산성 문제는 소의 사육이 곡물경제의 틀 안에서 증가하지 않는 한 해결되지 못했다. 9세기에는 그러한 방향을 향해 작은 진전이 있었다. 농업 기술은 여전히 상당히 낙후되어 있었다. 고정된 볏이 달린 무거운 비대칭 쟁기의 도입은 혁신이었다―이것이 8세기 또는 9세기에 일어났다고 보는 것은 잘못이다.[7] 실제로 고고학적 증거를 통해 입증된 바에 따르면 유럽 서부와 중부 지역에서는 일찍이 2세기에 이러한 쟁기를 앞에 두 바퀴가 달린 수레와 함께 사용하고 있었다. 그럼에도 불구하고 카롤링 시대에 경제가 전반적으로 확장되고, 철이 사용되면서 무거운 쟁기의 보급이 활발해졌을 가능성이 있다. '쟁기'를 뜻하는 카루카carruca⋅―쟁기 앞쪽의 수레를 명확하게 가리키는―는 820년대 이르미노의 유명한 생제르맹데프레 영지명세장에 처음 등장한다.[18] 이 영지명세장에서 코르베라고 하는 노동부역은 소작농이 자신의 황소와 쟁기를 지참하고 수행해야 하는 갈이질부역이었다. 생모르데포세 수도원의 영지명세장에서 자유인망스mansi

---

⋅ "이것은 중세 초기에 북부 유럽에서 새로이 발명된 쟁기로서, 주로 고대 지중해 지역에서 사용된 바퀴가 없는 가벼운 활주滑走쟁기와는 달리 습기가 많은 중질토重質土로 된 북서부 유럽에서 본격적인 농경을 가능하게 한 획기적인 쟁기였다."(『생제르맹데프레 수도원의 영지명세장』, 469쪽)

carroperarii는 바퀴달린 쟁기를 갖춘 농장이었고, 반면 노예망스mansi manoperarii에는 그러한 쟁기가 없었다. 생모르데포세 수도원뿐만 아니라 바이센부르크·생제르맹데프레·풀다와 같은 다른 수도원에서도 아마 장인이나 대장장이가 철로 만든 쟁기날ploughshares을 영주직영지로 운반해야 했을 것이다. 5장에서 보게 되겠지만 카롤링 시대에 철이 부족했다는 뒤비 등의 주장은 신화이다. 고정된 고삐가 도입된 덕분에 말을 역축으로 사용하는 것이 가능해졌다는 린 화이트 주니어Lynn White Jr[19]의 유명한 논문—그는 이것이 로마 시대에 입증되었다고 주장했다—도 부정확하기는 마찬가지이다.[20] 황소는 적어도 13세기 혹은 그 이후까지도 쟁기질에 가장 적합한 역축이었다. 삼포윤작으로 여름 곡물·보리·귀리를 경작하게 되면서 농민들은 더 많은 황소를 기를 수 있게 되었다. 무거운 쟁기를 끄는 데는 적어도 네 마리의 황소가 필요했다.

카롤링 시대에 곡물 가공에 사용된 주요 장비는 물레방아molendinum, farinarium였다.[21] 이전 학자들이 생각했던 것보다 고대에서 잘 드러나기는 하지만, 마르크 블로크Marc Bloch가 유명한 글에서 썼듯이 물레방아의 승리는 카롤링 시대에 목도되었다.[22] 명백히 그 성공은 곡물 생산량 증가와 관련이 있었다. 물레방아의 주요 건설자이자 창립자는 수도원이었지만, 수도원마다 문헌 자료가 일정하게 남아 있지는 않다. 대부분의 이탈리아 수도원—23대의 물레방아가 기록되어 있는 브레시아Brescia의 산타줄리아S. Giulia 수도원을 제외하고—이나 생드니·생갈 같은 대수도원에 대한 정보는 빈약하거나 전혀 존재하지 않는다. 63대의 물레방아가 기록되어 있는 생방드리유 수도원(787)의 명세서를 제외하면, 물레방아에 관한 정량적 정보는 카롤링 시대 대수도원의 영지명세장에서 찾아볼 수 있다. 이르미노의 생제르맹데프레 영지명세장(825년경)에는 84대의 물레방아―목록에 있는 22개의 장원 중 16개의 장원에 집중되어 있었다―가 기록되어 있다. 다른 9세기의 영지명세장에 따르면 프륌에 45대, 바이센부르크 12대, 생베르탱 13대, 로브 29대, 생르미 13대, 몽티예랑데에 18대의 물레방아가 있었다. 물레방아 사용에 관한 중요한 항목이 있는 코르비의 아달하르투스 헌장(822)[23]에는 수도원 바로 옆에 있는 물레방아 중 12대가 언급되어 있다. 이 절대적 수치들이 물레방아가 있는 영주직영지의 경작지와 농민 농장의 수와 관련이 있는 경우에는, 대다수의 농민이 영지 안에 있는 물레방아나 너무 멀지 않은 거리에 있는 물레방아를 이용할 수 있었다고 결론 내릴 수 있다. 수도원이 소유한 빌라 전체에 비해 물레방아가 있는 빌라의 수가 적어 보인다면 자연, 즉 수로 조건과 지리적 위

• 1886~1944. 프랑스의 역사학자. 아날학파의 창시자 중 한 명으로 20세기 가장 중요하고 영향력 있는 역사학자로 평가받고 있다. 그는 인물이나 제도 위주로 역사를 기술해온 19세기 역사학에 반대하고, 역사학과 사회과학을 하나의 체계로 통합해 역사를 사회의 물질적·정신적 구조 속에서 인간이 함께 일하며 살아온 방식으로 총체적으로 기술하는 새로운 방법론을 제시했다. 블로크는 제2차 세계대전 당시 54세의 나이―그는 소르본느대학교 경제사 교수였다―에 프랑스 군에 자원입대했다가 덩케르크에서 살아 돌아온 뒤 프랑스 레지스탕스로 활동했다. 1944년 나치에 체포되어 감옥에 수감된 후 집단학살당해 묘지조차 남아 있지 않지만, 그는 나치에 저항한 실천적 지식인이자 위대한 학자로 기억되고 있다. 대표 저서로는 『역사를 위한 변명』, 『프랑스 농촌사의 기본성격』, 『봉건사회』 등이 있다.

치―프랑스 서부의 비옥한 곡물 생산 지역에 있던 생제르맹데프레 수도원을 제외하고, 수도원에서 멀리 떨어진 지역에 위치해 있는 영지들에는 물레방아의 수가 적었다―, 그리고 빌라 안에 있는 경작지와 영주직영지의 중요성―물레방아의 수와 분명한 관련이 있다―을 고려해야 한다.

물길의 흐름이 정상적이고 경사가 심하지 않은 유럽 북서부 평원에서 표준적인 형태의 물레방아는 바퀴 아래의 물에 의해 움직이는 수직 물레방아였다. 이러한 수직 물레방아는 카롤링 시대에도 비트루비우스Vitruvius(기원전 33~22년)**가 묘사한 물레방아와 기술적으로 같은 형태였을 것으로 추정된다. 대부분의 물레방아에는 보통 여러 개의 바퀴가 병렬로 배치되어 있었다. 수도원장 아달하르두스가 묘사한 코르비 수도원의 물레방아에는 여섯 개의 바퀴가 있었다. 대부분의 경우에는 물을 정기적으로 공급하기 위해 댐과 운하를 건설해야 했다. 예를 들어 생베르탱 수도원장 오들란드Odland(798~805)가 아르끄Arques에 물레방아를 짓기 위해 아강Aa 상류―생토메르 인근―의 물길을 2.5킬로미터 떨어진 곳으로 바꾸었을 때처럼, 이는 때때로 큰 공사였다.[24]

물레방아를 짓는다는 것은 막대한 재원 투입을 의미했기 때문에 프랑크왕국의 중심지에서는 대개 교회(대토지소유주)가 영주직영지의 일부로 이를 소유하고 있었다. 생제르맹데프레 수도원

**　기원전 1세기경의 로마 건축가. 건축 이론·재료·구조뿐 아니라 도시 계획, 토목, 역학 등 건축 기술과 관련된 거의 모든 것을 다룬 『건축 10서De architecura libri decem』를 저술했다.

장 이르미노는 7대의 물레방아를 지을 것을 명령했다.[25] 물레방아는 일반적으로 소작농들에 의해 운영되었다. 그들은 수도원의 재산인 물레방아의 수입―가루가 아니라 주로 곡물로 내는―을 확인해야 했다. 드뢰Dreux와 샤르트르Chartres 사이의 비옥한 곡물 생산 지역에 위치한 생제르맹데프레 수도원의 빌르모 장원에는 외르강Eure과 블레스강Blaise에 28대의 물레방아가 있었다. 그중 22대의 물레방아에서 나오는 곡물 수입은 77,000리터에 달했으며, 물레방아당 평균 사용료는 5000리터였다.[26] 이 총량은 수도원의 공동체가 필요로 하는 양과 대략적으로 같았기 때문에 생제르맹데프레의 다른 물레방아에서 나오는 수입은 시장에 내놓을 수 있었다. 물레방아 관리인은 장원 내에서 그 지위가 상당히 자율적이었으며, 그들의 중요 의무는 물레방아로 곡물을 가져오는 농민들에게서 징수한 사용료를 수도원에 바치고, 물레방아를 유지·관리하는 것이었다. 물레방아의 성공으로 손절구는 점차 사라지게 되었으며, 그 결과 커다란 새 물레방아로는 껍질을 벗기고 제분하기 어려워 여전히 손으로 그러한 작업을 해야 했던 스펠트밀의 재배가 지속적으로 감소했다.

포도―포도주 생산을 위한―재배는 농업경제의 특수한 분야이며, 곡물 재배와 같은 문제를 전혀 야기하지 않았다.[27] 포도는 간단한 도구들로 재배가 가능했고, 많은 측면에서 고대 전통의 연속선에 있었다. 필요한 전문지식은 포도 수확기 관리에 관한 것뿐이었다. 카롤링 시대에 포도 재배 지역은 지리적으로 고대와 동일했다―포도 재배 지역은 고대부터 이탈리아와 프랑스 남부에서 모젤강·라인강·마엔강 계곡 주변과 파리 주변의 최북단으로 확대되었다. 이탈리아와 프랑스 남부에서보다 특히 파리 북부 지역에서 포도 재배는 장원 조직의 일부였으며, 보다 구체적으로 말하자면 영주직영지가 이용되었다. 포도는 일반적으로 장원의 비자유인 거주민들에 의해 1년 내내 재배되었다. 계절에 영향을 받는 경작 농업과 달리 포도 재배는 가을 수확기를 제외하면 계절에 얽매이지 않았다. 따라서 앞서 설명한 코르베 구획 제도가 의무 부역으로 널리 이용되었다. 포도재배자는 영주직영지의 일부를 포도밭 구획으로 배정받아 경작했으며, 자연스러운 발전 과정에서 점차 이를 자신의 소유로 간주하게 되었다. 이미 카롤링 시대에도 일부 포도재배자는 생산량의 절반을 대가로 코르베 구획의 반쪽을 소유할 수 있었다. 프륌 수도원의 메링 영지와 같이 일부 영지의 경우에는 상황이 이들에게 훨씬 더 유리했다. 포도 재배 지역의 일반 농민들은 포도나무에 필요한 받침목과 술통을 만들 나무판 및 테hoops를 바쳐야 했다. 프륌 수도원의 한 영지는 통 한 개와 12개의 테를 공납물로 받았으며, 생제르맹데프레 수도원의 한 장원은 32개의 통을 만들 나무판 780개와 여기에 필요한 테를 공납받았다. 궁정과 군대에는 철제 테가 달린 큰 술통을 바쳐야 했다. 〈장원 관리령〉에 따르면 영주직영지에 있는 압착기—포도즙을 짜는 데 사용되는—는 특별 관리 대상이었다.[28] 압착기 유형에 대한 증거는 10세기와 11세기의 것이 전부이지만, 이는 스크류 압착기였을 것으로 추정할 수 있다. 그렇지 않은 경우에는 커다란 정사각형 목괴木塊를 지렛대 삼아 단순한 나무

막대기를 이용해 포도즙을 짰다.

많은 수도원들이 자신들의 포도밭에서 포도주를 생산했고, 이를 소작농의 의무 부역을 통해 운반했다. 이러한 제도는 특히 프림 수도원—배와 뗏목을 이용해 모젤강 하류로 운반한—에 의해 개발되었다.[29] 프림 수도원은 총 120,000리터 가량의 포도주를 공납받았다. 그중 5분의 1(24,000리터)은 프림의 가장 중요한 포도주 생산 영지인 메링Mehring 빌리지—수도원에서 멀지 않은 모젤강 유역에 위치한—에서 수송된 것이었다.[30] 그러나 메링의 포도밭에서 생산된 포도주의 양은 총 72,000리터로 3배나 더 많았다—메링에는 픽투라pictura라고 하는 57개 또는 58개의 경작 단위로 나뉜 포도밭이 8개(약 30헥타르) 있었다. 이 픽투라의 소작농들은 각각 390~450리터의 포도주를 바쳐야 했는데, 이는 실제로 그들이 생산한 포도주 양의 3분의 1에 불과했다. 따라서 소작농들은 나머지 3분의 2를 판매해 곡물·고기·거름을 살 수 있었고, 그러한 방식으로 화폐경제를 자극했다. 메링에는 한 대의 압착기가 있었고, 땅을 보유하지 못한 프림의 비자유인 노동자들ha-gastaldi은 인근의 메링거Mehringer 숲에서 톱으로 나무를 잘라 커다란 정사각형 목괴(라틴어 matrimen)를 만들어야 했다.

명백히 곡물 생산의 확대를 나타내는 수많은 징후들을 감안하면 8세기와 9세기의 기근은 설명하기 어렵다. 1000년 이후보다 그 이전의 2세기 동안 기근이 더 적었다는 사실—그 시대 이후 먹거리에서 곡물의 중요성이 더 커진 것과 관련이 있다고 여겨진—이 지적되어왔는데 아마도 옳을 것이다. 그러나 4세기를 함께 고찰해보면 기근은 9세기와 12세기, 즉 적어도 개간에 관한 한 경제가 가장 팽창한 시기에 더 빈번하게 발생했다고 말할 수 있다. 그러므로 그 시대의 기근을 낙후된 농업경제의 결과로 해석해서는 안 되며, 오히려 이용 가능한 경작지나 기술에 비해 인구가 너무나 급격하게 증가한 결과로 해석해야 할 수 있다. 따라서 기근은 경제 팽창 중에 일어난 '예상치 못한 사건'으로 이해해야 할 것이다.

5장

수공업
및
산업 생산

일부 장인 및 산업 활동이 주로 도시 환경에서 이루어졌던 메로빙 시대와 달리, 카롤링 시대의 유럽에서는 대부분 농촌과 장원 환경에서 직물·도구·무기·철제 및 목제 물품·유리·도자기·소금 등이 생산되었다. 예외적인 경우—문서로 입증된—가 장인 지구artisanal quarter인데, 이는 때때로 작은 타운vicus으로 조직되거나 코르비·생리귀에르·생갈·산빈센초알볼투르노San Vincenzo al Volturno 같은 일부 큰 수도원에 합병 또는 통합되었다.[1] 가죽가공사·대장장이·무기제작자·목수·목공예사·모피제자자 등 다양한 전문성을 갖춘 손일 노동자들Manual workers은 매우 큰 수도원 공동체의 필요를 충족시켜야 했다. 유명한 생갈 수도원 배치도(825~830년경)[2]에는 양조장·물레방아·축융공 작업장officina을 비롯해 다양한 수공예품을 제작하는 대규모 작업장이 묘사되어 있다. 생리귀에르의 정착촌에는 장인들이 전문분야별로 함께 모여 사는 구역 또는 거리vici가 있었다. 장인들은 수도원 근처에 살았던 미숙련 노예들보다 독립적이었던 것으로 보이지만, 그들도 수도원의 비자유인 또는 반자유인 속민familia이었다. 그러므로 장인들이 과연 자신의 이익을 위해 일했는지는 의심스럽다. 산빈센초알볼투르노—몬테카시노Monte Cassino에서 동쪽으로 그리 멀지 않고, 롬바르디아Lombard와 베네벤토Beneventan 지역의 경계에 위치해 있는—에서는 리처드 호지스'의 최근 발굴 작업을 통해 820년대까지 한 세대 동안 성당 지붕뿐 아니라, 다른 건물의 바닥과 지붕을 위한 타일을 제작하는 건축가의 작업장이 존재했던 것으로 밝혀졌다. 그 뒤에는 이곳에서 수도원에 필요한 금속제품이 제작되었다. 마지막으로 램프와 식기는 특별한 목적으로 지어진 작업장에서 생산되었다. 이 작업장은 교회가 확장되고 새로운 공동작업장—생갈 배치도에 묘사되어 있는 것과 같은 형태의—이 건설되면서 철거되었다. 아우크스부르크와 코르비 수도원에서도 발굴을 통해 유사한 작업장 구역의 흔적이 발견되었다. 산빈센초알볼투르노 수도원의 새 작업장은 수도원 안에서와 수도원의 영지, 그리고 봉헌자의 가정에서만 사용하도록 의도된 상품, 즉 사치품을 생산했다. 현재까지 발굴된 것은 4개뿐이다. 에나멜·기병 장비·유리제품이 이곳에서 만들어졌다. 도자기·가죽제품·일상적인 금속 용구뿐 아니라 상아와 뼈로 만든 세공품은 다른 작업장에서 제작되었을 것이다.

대부분의 영지명세장에서 볼 수 있는 문헌 증거와 고고학적 증거에 따르면 카롤링 시대의 직물 생산은 농민 아내가 수행해야 하는 정상적인 잡역이었다. 단, 원모를 빗질하고 직물을 축융하는 것은 남자들의 일이었다.' 많은 장원에서 농민 가정은 셔츠camisiae 이외에도 양모로 만든 코트와 망토pallia, saga를 공납물로 바치거나, 혹은 셔츠를 만드는 데 필요한 아마포cam isiles, drappi나 양모 또는 아마sariciles를 공납해야 했다. 때때로 아마를 방적하기 위한 방추를 공납해야 하기도 했는데, 그 양은 여성의 지위―자유인인지 비자유인인지―에 따라 달랐다. 예컨대 9세기 중반 무렵의 킬메스Quelmes 장원[5]―생베르탱 수도원 소유로 프랑스 북서부에 위치―과 9세기 말의 빌랑스 장원[6]―프뤼 수도원 소유로 벨기에 아르덴 지역에 위치―, 그리고 특히 868~869년의 로브 수도원 명세서에 기록되어 있는 많은 장원들―벨기에 에노Hainaut 지방에 위치―의 경우가 그러했다. 이 장원들 중 한 곳에는 1925개의 방추fusa를 공납해야 했으며, 어떤 곳에는 100개, 또 다른 곳들에는 15~1200개의 방추를 공납해야 했다.[7] 아마 재배는 9세기에 벨기에 남부와 프랑스 북부에 널리 퍼져 있었음이 분명하다. 아마 재배 역시 삼포윤작제의 도입을 계기로 경작지가 확장되면서 가능해졌을 것이다. 간혹 투르네 인근에 위치한 생타망St Amand 수도원의 메흐Maire 장원에서처럼 직조부역이나 양모 또는 아마 공납은 일시적으로, 즉 장원이 어떤 살라코Salaco[•]에게 베네피키움으로 부여된 경우에 한해 면제받을 수 있었다. 베네피키움으로 부여된 장원의 9세기(821~827) 명세서[9]에 따르면 6개의 보유지(망스)는 양모pro lana를 공납하는 대신 각각 3년마다 2페니를 지불했으며, 그중 4개는 방적pro filatura 대신 1페니를 냈다. 셔츠를 만드는 여성camsilariae 6명―아마도 각자 6개 망스 중 한 곳에 살았을―은 8페니를 지불하고 셔츠를 만드는 데 필요한 천을 직조해야 하는 의무를 면제받았다. 수도

• 이슬람어로 무두장이―가죽을 부드럽게 만드는 일을 하는 사람―를 뜻하는 말이기는 하나, 중세 유럽 귀족 가문의 성―알자스 지역의 가문으로 추정―이기도 했다. 이 책에서는 어떤 의미로 사용되었는지 정확하게 알 수 없다.

원이 장원을 직접 소유하고 있지 않은 동안에는 이들도 일을 하지 않았다고 상상하기란 어려울 것이다. 아마도 이 여성들은 방적과 직조를 계속했을 것이고, 당시에도 이미 로마의 전통을 이어받은 직물로 유명했던 인근 도시 투르네에서 자신들의 생산물을 판매했을 것이다. 872년 장원이 수도원으로 반환되었을 때, 메흐의 6개 망스는 수도원의 직조부역ad vestimentorum usus을 수행하고 있었다.[9]

투르네 인근의 메흐 장원에서 이 6명의 여성은 상당한 자유를 누린 것으로 보인다. 8세기부터 유럽 곳곳에서 언급된 여성작업장gynaecea의 경우에는 그렇지 않았다. 보유지가 없는 여성 노예건 보유지가 있는 반자유인 여성─보통 노예 신분(노예망스)의─이건 이들은 모두 작업장으로 와서 일을 해야 했다. 이는 영주를 위해 남성들이 영주직영지에서 수행해야 하는 경작부역과 거의 유사한 형태의 의무 부역이었다. 작업장은 대개 장원 영주직영지의 일부였고, 영주직영지에서 멀지 않은 곳에 위치해 있었다. 왕령지에서는 작업장이 울타리와 문으로 막힌 별도의 구역으로 편성되었다. 그러나 이것이 비자유인 여성들이 항시 거주하는 방이 딸려 있는 한 채의 큰 건물이었는지, 아니면 여러 채의 이른바 '수혈주거'(독일어 Grubenhäuser)로 구성되어 있었는지는 알 수 없다. 이러한 형태의 작업장은 겨우 몇 제곱미터─2.5미터×2.7미터─에 불과했으며, 한 명이나 두세 명이 작업하기에 적합했다. 0.5미터에서 1미터 정도 깊이의 구덩이에서 날실이 수직으로 늘어져 있는 베틀 추들과 폭이 그리 넓지 않은 베틀(1.25미터)

이 발견되었는데, 이는 유명한 『위트레흐트 시편집Utrecht Psalter』
(817~834)에 묘사되어 있는 것과 비슷했다.[10] 9세기의 수혈주거는
생드니 수도원이 소유한 일부 영지—파리 지역에 위치해 있
던—의 영주직영지와 개인 보유지의 가장 큰 농장 건물 근처에
서 발굴되었다.[11] 많은 수도원들에는 수도원 바로 옆이나 장원 중
한 곳에 수십 명의 여성이 일하는 작업장이 있었다. 슈타펠제의
작은 바이에른 수도원에는 24명이, 알자스의 무르바슈Murbach
수도원에는 40명, 풀다의 장원에는 55명이 일하는 여성작업장이
있었다.[12] 그러나 그 시대의 전형적인 여성 노동인 직조는 수도원
자체에서 수행된 적이 결코 없었다. 생갈 수도원의 회랑 평면도
에서도 축융공의 작업장만 찾아볼 수 있으며, 코르비의 아달하르
투스 칙령에는 이것이 수도원 건물의 일부로 언급되어 있다. 〈장
원 관리령〉과 〈모범적 예〉에는 여성작업장에 대한 언급이 있는
데, 이는 왕령지에서는 여성작업장이 일반적이었음을 의미한다.

　여성들은 반드시 여성작업장에서 일을 해야 했기 때문에 그
들의 생산은 전문성을 갖춘 산업, 즉 양도 중요하지만 질적으로
도 높은 수준—전문 노동자에게 평균적인—이었을 것이다. 프
랑크왕국 전역에서 명성이 높았던 고품질의 모직물, 팔리아 프레
소니카pallia fresonica와 관련해서는 여전히 많은 문제가 논란이 되
고 있다. 카롤루스 대제는 바그다드의 하룬 알 라시드Harun ar-
Rashid 칼리프에게 외교 선물로 팔리아 팔레소니카를 보내기도
했다. 일부 학자들은 이것이 영국이나 플랑드르에서 제작되었고,
프리슬란트인들은 수송만 했을 뿐이라고 생각하지만, 그 이름에

서 알 수 있듯 이 직물은 프리슬란트에서 만들어졌다. 북해 지역, 특히 프리슬란트 경제사 전문가인 프랑스 역사학자 르베끄Lebecq 는 이 직물이 프리슬란트에서 기원했음을 입증하는 고고학적 사료와 문헌을 종합했다.[18] 그의 가장 강력한 논거는 프리슬란트의 인공 언덕—테르펜terpen이라고 알려진—과 헤데뷔Hedeby·비르카—9세기에 프리슬란트 상인들이 활동했던—의 스칸디나비아 유적에서 일반 천뿐만 아니라 이것과 동일한 고급 옷감이 발굴되었다는 사실이다. 이 고급 옷감은 프리슬란트 농민들에 의해 대량으로 풀다 수도원으로 운반된 것이 틀림없다. 830년경 풀다 수도원의 프리슬란트 영지명세서에는 토지를 보유하고 있는 10여 명의 사람이 총 885장의 팔리아를 수도원으로 운반해야 한다고 기록되어 있다.[19] 노르망디의 생방드리유 수도원이나 독일 로르슈 수도원 같이 플랑드르·제일란트Zeeland·프리슬란트 해안을 따라 있는 염습지에서 멀리 떨어져 있는 다른 수도원들은 수도원에서 기르는 양 떼에게서 양모를 얻거나 양모로 만든 수도사들의 옷과 여타의 직물들을 매년 대량으로 공납받았다. 옷감만 공납받은 경우에는 옷과 여성용 드레스, 수도복 등이 어디에서 누구에 의해 만들어졌는지를 항시 알 수 있는 건 아니다. 일부 수도원은 이러한 것들을 구매하기도 했는데, 이것이 9세기에 고급품이나 사치품뿐만 아니라 중요한 직물 시장이 있었다고 여겨지는 유일한 근거는 아니다.

철공은 철광석을 채굴하고, 그것을 가공하는—무기·도구·농기구를 제작하기 위해 단조하고 연마하는—두 가지 형태

의 생산으로 구분된다.[15]

고고학적 발굴을 통해 8세기와 10세기 사이에 철광석을 채굴한 '광산' 또는 노천광산 구덩이와 깔때기 모양의 수직갱도가 발견되었다. 이러한 것들은 주로 소규모 개인 토지소유자가 주변 토지와 함께 풀다·로르슈·생갈 수도원 등에 기증한 것이었다. 개인 광부fossarius에 대한 문서 기록은 단 한 개―벨기에 아르덴 지역에 위치한 프림 수도원의 하몽Houmont 영지―만 알려져 있을 뿐이다.[16] 산업적 철공이 존재했음을 보여주는 유일한 증거는 카롤링왕조 소유의 왕령지이지만, 〈장원 관리령〉(62년경)에 왕령지의 요소로 언급되어 있는 철광석·납을 채굴하는 얕은 수직갱도Fossa ferraricia sive plumbaricia가 실제로 대부분의 왕령지에 있었는지는 불분명하다.

독일―다른 지역들도 마찬가지이다―에서는 철 제련을 위한 많은 시설이 카롤링 시대에 주로 가족 유형과 '수혈주거'가 결합된 형태로 설치되기 시작했다. 카롤링 시대의 거의 모든 농촌 정착지에서 철 광재slag가 발견되었지만, 철공이 농민의 잡역이었는지 아니면 전문 장인의 주업이었는지는 고고학적으로 명확하게 밝혀지지 않았다. 철 생산은 규모가 작고 대단히 분산되어 있었기 때문에 대장장이들에 의해 지역적으로 수행되었을 가능성이 있다. 문헌 자료는 이를 다른 맥락에서 보여준다. 대장장이는 이분 장원의 소작농으로서 소작료를 지불하지만 독립적으로 생산을 하거나, 또는 영주직영지의 일원으로 장원의 영주직영지를 위해 일하거나, 혹은 자유인으로서 물레방아 관리인처럼 모든 사람을 위한 '공역公役'을 수행했을 수 있다. 라인강 상류(샤프하우젠Schaffhausen)와 라인강 하류(크레펠트Krefeld) 지역, 베저습지Weser-marsh의 언덕, 벨르뷰Veluwe(네덜란드)의 쿠트윅모래톱Kootwijkerzand 아래에 있던 사라진 카롤링 시대의 빌리지와 다른 지역들, 그리고 특히 바렌도르프Warendorf(베스트팔렌)의 빌리지에는 600년에서 900년 사이 대장장이의 활동을 보여주는 고고학적 증거들이 있다. 이곳에서는 많은 용융로가 발견되었을 뿐만 아니라 대장장이의 작업장이 있던 위치도 알 수 있었는데, 이를 통해 한 무리의 농장당 항상 한 명의 대장장이가 있었다는 결론이 도출되었다. 이를 근거로 이 대장장이들이 아마도 장원 구조에 통합되었을 것이라 추론되었다. 생갈 수도원이나 코르비 수도원 또는 브레시아 같은 이탈리아 도시들에는 전문기술을 갖춘 대장장이가 검을 만들었다는 기록이 있다. 쿠어Chur 주교령 영지에 대한 유명한 명세서''에 따르면 포어아를베르크Vorarlberg의 브레겐츠Bregenz 인근에 있던 모든 사제ministerium의 수입은 주로 왕의 대리인에게 소작료census regis로 지불한 철제 공납물로 이루어져 있었다. 이러한 상당량의 생산물은 지역의 필요를 초과했음이 분명하며, 따라서 생산은 '산업적'이었다고 할 수 있다. 보비오·생르미·바이센부르크·로르슈·생갈 같은 수도원의 거의 모든 문서에는 농민들이 주괴ingots(무게로 표시)나 쟁기날, 편자, 무기 같은 철제 완제품들을 소작료로 지불·운반했다는 기록이 있다. 페르쉬Perche(프랑스 서부) 지역에 있는 생제르맹데프레 수도원의 부아시모지 빌라에서는 25.5개의 노예망스가 각각 100리브라librae*의 철을 공납

했다.[18] 이는 철을 제련하는 사람들이 이 지역의 광활한 숲 중 한 곳에 다소 고립된 채 모여 살았음을 시사한다. 바이센부르크 수도원은 알텐슈타트Altenstadt의 소작농 13명에게서 작업장을 이용하는 대가로 낫·도끼·쟁기날을 받았다.[19] 풀다 수도원은 키싱엔Kissingen 장원으로부터 4개의 철제 솥과 두 대의 쟁기에 필요한 부품ferramenta semper ibi ad duo dantur aratra을 받았다. 키싱엔은 주로 영주직영지로 구성되어 있었고, 망스는 농업보다는 장인 활동을 더 많이 수행하는 4개의 완전 망스와 5개의 반쪽 망스만이 있었다. 영주직영지 농장은 또한 낫·도끼·삽 등 많은 농기구와 도구의 유지보수를 요구했다[작은 낫 10개, 큰 낫 10개, 손도끼 3개, 삽 2개, 작은 팬 2개, 큰 주전자 2개. 이 도구들을 (⋯) 만들고, 매년 수리한다Falces minores X, maiorcs II, secures III, dolatoria II, patelle II, caldaria II. Hec omnia utensilia...sibi debet habere curia illa ad usus fratrum nostrorum et singulis annis reparari in melius].[20] 생갈 수도원의 브레시아 소작농들은 쟁기날·도끼·톱, 그리고 특히 판매용 철 주괴와 수백 파운드의 선철을 공납해야 했다.[21]

이러한 사례들—확대 적용될 수 있는—은 〈모범적 예〉의 농기구 목록을 비관적으로 해석한 조르주 뒤비와 로베르 포시에의 견해와는 모순된다. 그들에 따르면[22] 아나프 지역의 왕령지 전체에서 기록된 철제 도구는 단 6개에 불과하며, 목제 도구의 수가 충분했던 것ustensilia lignea ad ministrandum enoughe과 비교해 볼

• 1리브라는 약 0.408킬로그램이다.

때 이는 카롤링 시대 농업 및 경제의 빈약함을 보여준다.

카롤링 시대에 목격할 수 있는 무기 생산의 증대는 철 생산의 확대를 보여주는 다양한 사례와 특히 카롤루스 대체 초기 수십 년 동안 수많은 전쟁과 군사 원정이 있었다는 사실에 비추어볼 때 그리 놀라운 일이 아니다. 일부 수도원은 자신들과 그들 가신의 군역을 위해 무기를 제작했다. 그러한 무기를 다른 사람, 특히 상인에게 판매하는 것은 거듭 금지되었다.[23] 생갈 수도원의 회랑 평면도에는 무기 작업장이 묘사되어 있으며, 보비오·코르비 등의 수도원 기록에는 주로 군사 장비의 중요한 요소인 가죽을 다루는 장인의 작업장과 함께 무기 작업장이 언급되어 있다. 로르슈·생갈·풀다 수도원은 상감한 검을 점점 더 많이 생산했으며, 『위트레흐트 시편집』의 그림 중 하나에는 상감 처리된 칼날을 연마하고 가는 작업이 묘사되어 있다.[24] 생제르맹데프레 수도원은 부아시모지(프랑스 서부 페르쉬 지역) 장원—철 생산과 관련해 앞서 언급한—의 반쪽 망스로부터 6개의 창을 공납받았고[13 북시둠 (장원의) 명세서, 103. (1개의) 반쪽망스를 (보유한) 대장장이 에르메눌푸스는 6개의 창을 바친다*Ermenulfus faber mediatatem mansi de VI. lanceis, Pol. Irm. xiii,103],[25] 반쪽 노예망스로부터는 100파운드의 철을 공납받았다. 이는 대부분의 다른 노예망스들도 마찬가지였다(Pol. Irm.

---

* 이 문장도 『생제르맹데프레 수도원의 영지명세장』, 「13 북시둠 (장원의) 명세장」, 324쪽에서 그대로 옮겨왔다. 북시둠은 장원의 이름이고 부아시모지는 이 장원이 위치해 있던 지역이다.

xiii, 64, 66).[26]** 〈장원 관리령〉이 신중하게 기록하도록 명령한 왕령지의 미니스테리알레 페라리ministeriales ferrarii *** 역시 농기구 외에 무기도 만들었다는 데는 의심의 여지가 없다.

카롤링 시대의 도자기 생산은 거의 대부분 고고학적 증거를 통해서만 알 수 있다. 직물이나 철 생산과 달리 카롤링 시대의 많은 영지명세장에는 도자기에 대한 언급이 거의 존재하지 않는다. 그 이유는 메로빙 시대에 대체로 그랬던 것처럼 도자기 생산이 더 이상 분산된 가내공업이 아니었고, 이제는 일부 중요한 생산 중심지에서 도자기를 쉽게 구입할 수 있게 되었기 때문일 것이다. 도자기가 발굴된 유적지 역시 메로빙 시대—주로 타운에 위치해 있는—와는 달랐다. 중세 시대에 농촌에서 질적으로 우수한 물건을 대량 생산할 수 있었던 것은 무엇보다 생산이 장원이라는 환경에서 조직되었기 때문이다.[27] 도자기의 양식적 특징은 철이나 유리보다 제작 장소와 시기를 더 잘 판단할 수 있게 해주므로 식별에 도움이 된다. 그러나 거기에는 한 가지 커다란 어려움이 존재한다. 지역들 간의 관계로 인해, 그리고 모방을 통해 서로 다른 장소에서 같은 유형의 도자기가 제작되었을 가능성이 있기 때문이다. 그러므로 가장 좋은 방법은 제작 장소 자체를 고고학적으로 연구하는 것이다.

•• 「13 북시둠 (장원의) 명세장」 64번과 66번에는 속민인 노예가 각각 "100리브라의 쇠"를 바친다고 기록되어 있다.(『생제르맹데프레 수도원의 영지명세장』, 310~311쪽)
••• 노예 신분의 대장장이를 말한다.

연구가 가장 잘 이루어진 카롤링제국 내의 생산지는 코블렌츠Koblenz 아래의 라인강 중류와 하류 지역이다. 본과 쾰른 사이에 있는 바도로프Badorf 빌리지는 카롤링 시대 특유의 도자기 양식에 자기 이름을 부여했지만, 발버베르크Walberberg와 에크도르프Eckdorf 같은 인접해 있는 다른 빌리지에도 동일한 양식의 도자기가 존재했다.

약 20킬로미터에 이르는 지역이 길고 일관된 생산망을 형성했는데, 이는 주로 필요한 점토와 모래, 물과 나무와 같은 에너지원과의 근접성, 안데르나흐Andernach나 쾰른처럼 교역지로 기능하는 타운과의 거리에 의해 결정되었다. 에크도르프에서는 일곱 기의 카롤링 시대 가마가 발굴되었다. 카롤링 시대의 또 다른 중요한 도자기 중심지는 오를레앙 숲속의 사란Saran에 위치해 있었지만, 바도로프와 달리 이웃 정착지와 떨어져 있었다. 재료·모양·장식·표준화라는 측면에서 생산물의 품질과 엄청난 양의 수출에서 알 수 있는 생산량은 바도로프와 사란의 산업적 성격을 분명하게 보여준다. 카롤링 시대에 생산된 항아리의 질과 양이 메로빙 시대보다 뛰어났다는 것은 아마도 장원이라는 틀 안의 조직이 더 우수했음을 의미할 것이다. 문헌 증거는 존재하지 않지만 이러한 점에서 참고할 만한 것은 바도로프 인근 쾰른의 장크트판탈레온St Pantaleon 교회 참사회와 쾰른 대주교가 나중에 소유하게 된 토지의 공간적 관계이다. 왕 다음으로 이러한 교회 기관들이 독립적 지위를 전혀 갖지 못했던―옳든 그르든―전문 수공업자들의 후원자였다고 할 수 있다.

카롤링 시대의 소금 제조는 주로 세 가지 방식으로 이루어졌다. 지중해와 프랑스의 대서양 연안을 따라 있던 인공 염전에서는 자연 기후 조건을 이용해 해수를 증발시켜 소금을 채취했고, 중부 유럽의 많은 지역에서는 소금우물을 이용했으며, 마지막으로 이탄peat을 태워서 소금을 추출했다.[28]* 776년 로르슈 수도원은 스헬트강 하구에 있는 제일란트 섬들 중 한 곳에서 마지막 방법으로 소금을 추출했는데, 아마 다른 수도원들도 같은 방법을 이용했을 것이다. 그해에 고드베르트Godebert라는 사람이 교회와 망스, 망스에 딸린 토지, 아내와 아들이 있는 비자유인 남성, 그리고 17기의 소금가마saltpan를 수도원에 기증했다XVII culinas ad sal faciendum.[29] 이 인상적인 숫자는 산업적 이용을 나타내는 지표로 해석될 수 있을 뿐만 아니라, 이렇게 이른 시기에도 이미 제일란트가 소금 생산—중세 시대 내내 주요 산업 중 하나가 될—에서 중요한 지역이었음을 보여준다. 멀리 떨어져 있었을 테지만 다른 수도원들도 제일란트에 있는 자신들의 소유지에서 소금을 얻었음이 분명하다. 877년 대머리왕 샤를에 의해 로르슈뿐 아니라 브뤼셀 남쪽의 니벨레Nivelles 수도원도 '프리슬란트'—제일란트를 포함한 중세 초기의 그레이터프리슬란트greater Frisia—에 몇 명의 소작농과 보유지, 즉 소금을 공납하는 보유지를 가지고 있었던 것으로 확인되었다.[30]

주로 루아르강 하구의 북쪽과 남쪽 해안, 특히 부르뇌프

---

* 이탄에 불이 붙으면 물을 뿌려 불을 끈 뒤 그 위의 소금을 긁어냈다고 한다.

만Baie de Bourgneuf을 따라 있는 염전에서 생산된 소금은 많은 수도원들에 의해 활발하게 거래된 품목이었다.[31] 제염소가 없는 수도원들은 예컨대 루아르강 하구 포르생페레Port-Saint-Père에 있는 생메스망St Mesmin 수도원처럼 배를 접안시키는 데 필요한 부잔교를 소유하고 있는 경우, 부르뇌프 만에서 루아르강을 통해 소금을 가져오는 배의 통행세를 면제받았다. 제염소와 아마도 배역시 그 이용은 왕의 감시하에 사적이고 자유로운 상인들이 관리했을 것이다. 더 상세하게 알 수는 없지만 821년 분쟁을 해결하기 위해 황제의 궁정에 소환된 사람들이 바로 이들이었다.

경건왕 루이가 궁정 대리인missi에게 내리는 지시-그들이 소금을 만드는 해안가 땅과 관련해 그들 중 일부를 이 법정으로 소환해 그들의 장부를 감사하고 그들 간의 분쟁을 공정하게 해결하도록 하시오.[32]

지중해 북부 해안의 일부 지역에는 소금분지가 있었다. 론강Rhône 하구에는 몇몇 호숫가에 제염소가 있었다. 베네치아의 석호와 포강 하구(코마치오Comacchio)에서의 소금 생산은 대단히 중요했으며, 9세기에는 포강을 따라 상류 쪽으로 광범위한 지역간 교역망이 형성되었다. 중부 유럽과 로타링기아Lotharingia에는 소금우물이 상당히 많았다. 기술적으로 이러한 소금우물들은 우물 안에 물을 넣고 염수(프랑스어 sole)를 퍼 올린 뒤 나무 도관을 통해 염수를 제염소로 옮기는 방식으로 이용되었다. 제염소에서는 큰 솥에 염수를 넣고 끓여 수분을 증발시켜 소금 결정을 만들었다. 메츠에서 멀지 않은 프륌의 로렌느Lorrain 영지—모얀비크Moyenvic와 마르살Marsal 지방의 빅쉬르셀르Vic-sur-Seille에 있는—에서의 소금 생산에 관한 기록을 보면 산업적 조직에 대해 알 수 있다.[33] 생드니·몽티예랑데·바이센부르크를 비롯해 자신들에게 필요한 소금을 얻으려는 수도원들 역시 이 지역에 영지를 가지고 있었다. 프륌 수도원의 경우에는 소금의 원료, 집수조, 솥이 있는 작업장을 모두 소유하고 있었다. 손일 노동자는 보유지를 대가로 노동을 하는 프륌의 소작농들이었고, 그들은 이 보유지에서 농작물도 재배할 수 있었다. 그들은 솥 한 개당 세금을 지불하고 집수조와 다른 도구들을 사용할 수 있었다. 그들에게는 생산물을 판매하는 것이 허용되었다. 생산물 중 일부는 소작농의 수송부역을 통해 모젤강을 따라 메츠를 경유해 프륌 수도원 본원으로 운반되었다. 수도원에서 사용되지 않은 소금은 프륌 수도원 인근 지역의 장터에서 판매되었다. 프륌 수도원의 로렌느 영지에서 생산된 소금은 장원 환경에서 조직적으로 이용되었지만, 소금 장인의 자율성은 대장장이와 물레방아 관리인에 필적할 만큼 컸다고 할 수 있다.

유럽 중부 소금우물—그중에서도 바이에른의 바트라이헨할Bad Reichenhall에 있는 소금우물이 가장 중요했다—의 소금 생산 체계도 일반적으로 이와 같았다고 말할 수 있다. 이미 8세기부터 바이에른의 아길올핑거Agilolfinger 공작은 이러한 우물들에서 생산된 소금의 일부를 니데랄타이히Niederaltaich·몬드제Mondsee·테게른제Tegernsee 등 공국 안에 있는 수도원들에 제공했다. 독일 중부에서는 소금우물이 교회의 재산이기도 했다. 823년 풀다 수도원은 바트키싱엔Bad Kissingen의 소금우물에 있는 여러 명의 자유인들로부터 자신들의 몫을 받았다. 4개의 제염소는 4개 망스—아마도 이러한 장인 기능만 수행하고, 농업 기능은 수행하지 않았을—의 소작농들이 이용했다. 더욱이 이 망스들은 당시 영주직영지로만 구성된 이 장원 안의 유일한 보유지였다.[34]

유리제품은 특히 카롤링 시대에 도레스타드에서 헤데뷔와 비르카를 거쳐 스칸디나비아 같은 먼 지역까지 수출되었음을 감안해 볼 때, 그 질과 양이 산업적 규모였다고 추정할 수 있다.[35] 그러나 846년 생타망 수도원이 소유한 두에Douai(프랑스 북부)와 바리시스Barisis(엔 데파르망) 인근의 망스 보유자와 반쪽 망스 보유자라고 구체적으로 언급되어 있는 유리공들vitrearius의 경우에는 산업적이었다고 보기 어렵다—유리공에 관한 문헌 자료는 이 두 개가 유일하다.[36] 이들 유리공은 보통 다른 전문 장인들과 함께 생타망 수도원의 건물과 바리시스에 있는 수도원 암자cella에서 일했을 것이다.

고고학적 증거에 따르면 파더보른Paderborn의 카롤링 궁전 이외에 산빈첸초알볼투르노 수도원의 자재보관소에도 유리공의 작업장이 있었다. 이는 리처드 호지스가 이 수도원을 발굴하면서 찾아낸 놀라운 발견 중 하나이다.[37] 작업장은 연속해서 역동적으로 바뀌었는데, 이곳은 그 전에 금속가공 작업장이었다. 유리공의 작업장은 잘 지어진 건물이었다. 장인은 옅은 파란색과 매우

연한 초록색의 불투명 유리로 얇은 용기―그중 대부분은 흰색이나 노란색 선으로 장식되어 있었다―를 만드는 뛰어난 공예가였다. 유리공은 주로 그릇·접시·램프를 만들었으며, 이것이 그의 생산량 대부분을 차지했다. 수도원의 창문 유리를 만드는 일도 유리공의 몫이었을 것이다. 820년대에 수도원 본관 경당經堂 앞쪽에 있는 동쪽 작업장 공사가 시작되었을 때 유리 작업장은 계획적으로 철거되었고, 새로운 작업장 건물의 토대가 만들어지면서 근처에 콘크리트 혼합기가 설치되었다.

수도원에서 유리를 생산하는 이러한 경우를 제외하면, 카롤링 시대의 산업적 유리 생산지는 메로빙 시대와 달리 도시에 위치해 있지 않았다. 유리 생산지는 나무·석회석·석영·탄산칼륨과 같은 원료를 구할 수 있는 장소 인근의 울창한 산림지대에 고립되어 있었다. 지역에서 고고학적 증거가 발견된 사례는 단 한 건뿐이지만, 카롤링 시대의 유리 생산지 대부분은 뫼즈강과 라인강 사이, 그리고 특히 아르곤 숲에 위치해 있었다. 유일하게 발굴된 카롤링 시대의 유리 생산지는 트리어에서 멀지 않은 코델Korde 인근의 숲이 우거진 호흐발트Hochwald라는 지역에 위치해 있었으며, 이곳의 유리가마에서 『위트레흐트 시편집』에 묘사되어 있는 깔때기 모양의 컵들―헤데뷔와 비르카로 수출된―이 발견되었다. 장인들은 유리가마 옆이 아니라 가까운 거리에 있는 정착지에서 살았던 것으로 보인다.[38]

결론적으로 말하자면 장인적 성격의 생산은 농민의 잡역에서부터 장인 개인의 고도로 전문화되고 예술적인 작업에 이르기까지 매우 광범위했다.

경제적으로 자급자족을 하는 지역에서 가장 흔한 원료인 나무와 뼈로 일상용품을 만드는 일은 일반적으로 농민이 수행해야 하는 잡역이었다. 소작농들은 주로 접시·숟가락·지붕 너와·널·횃불·액체를 담는 큰 통과 작은 통·수레와 같이 나무로 만든 물건을 영주에게 공납해야 할 의무가 있었다. 프륌·몽티예랑데·생모르데포세·로브와 같은 대수도원뿐 아니라 생페터 같은 작은 수도원의 영지명세장에서도 그러한 공납이 일반적 관행이었던 장원들을 발견할 수 있다.

주요한 장인 활동은 예컨대 철공·소금 제조·도자기 제작과 같이 산업적 환경—드물기는 했지만 전혀 존재하지 않았던 것은 아니다—에서만 가능했거나 아니면 수도원, 왕실 궁정과 대규모 왕령지, 엠포리움emporium인 도레스타드 같은 초기 도시들에서만 가능했다. 〈장원 관리령〉(45년경)에는 왕령지에 있었을 것으로 추정되는 장인의 목록이 길게 열거되어 있다. 최고의 전문화는 왕실 궁정이나 일부 수도원에서만 가능했고, 비록 자기 이름을 드러내지 않는 것이 원칙이었지만 그곳에서 일부 장인은 진정한 예술가가 되었다. 일부 값 비싼 검의 날에 새겨진 '울프베르트ULFBERTH"라는 글귀는 예외이다. 수공예 일로 생계를 유지

• 9~11세기에 주로 유럽 북부 지역에서 만들어진 검. 일명 바이킹의 검이라고도 한다. 날에 새겨진 '울프베르트'라는 글귀와 관련해서는 두 가지 설이 존재하는데, 하나는 이것이 프랑스 대장장이의 이름이라는 것이고, 다른 하나는 프랑크왕국에 있던 대장장이 집단의 이름이라는 것이다.

했던 전문적인 자유인 장인들 역시 대단히 훌륭했을 것이며, 고고학적으로 그 존재가 입증된 떠돌이 장인들도 이러한 부류에 속했을 것이다.

CAROLINGIAN ECONOMY
THE
ECONOMY

Ⅲ부

상업

6장

조직

상업 및 교역과 관련해 주의해야 할 점은 오늘날의 개념과 현실을 단순한 방식으로 중세 초기에 적용해서는 안 된다는 것이다. 오늘날의 상업은 이윤을 의미하지만, 중세에는 항상 그러한 동기에서 물건을 사고 팔았던 것이 아니다. 판매와 구매는 전문 상인이 아닌, 주로 생산자와 소비자가 필요에 따라 스스로 수행했다. 예를 들어 822년 코르비의 아달하르투스 수도원장이 자신의 칙령에서 수도원 가솔들의 경제를 위해 수도원의 부속토지에서 생산된 잉여생산물을 화폐나 곡물과 교환할 것을 명령했을 때처럼venundetur aut contra denarios aut contra annonam,[1] 이러한 경우에는 물건이 화폐를 대신할 수 있었다.

화폐 없이 수행되는 단순교환은 왕·왕자·귀족 계층 사이에서 귀중품을 선물로 주고받는 경우와 같이 특정한 사회적 수준에서 일어나기도 했지만, 예컨대 수도원이 납이나 소금 같은 평범한 물건들을 어떠한 이유에서—이를 테면 부족해서—구매를 통해 얻을 수 없게 되었을 때 수도원장들 사이에서 이루어지기도 했다.[2] 그러한 거래는 때때로 현지 대리인으로 인해 상업적인 것으로 간주되어 통행세tolls가 부과되기도 했다. 원칙적으로 통행세는 실제 상업적인 물건에만 부과되는 것이었다. 일부 역사학자들은 카롤링 경제와 관련해 이윤이 아닌 필요에 따라 대리인을 통해 물건을 사고 파는 특권층 생산자와 소비자, 그리고 화폐를 통해서만 이윤을 얻기 위해 일하며 통행세를 내는 자유로운 전문 상인이라는 이중 유통경로 모델을 제시하기도 한다.[3]

그러나 앞서 이야기한 모든 경우에도 불구하고 자급자족적 경제에서도 일반적으로 화폐는 매개자로서 필요했다. 왕과 왕자, 귀족 계층, 교회의 고위성직자들은 기증·속민의 공납·공물·약탈을 통한 수입과는 별개로 해외에서 들어오는 향신료·보석·비단 및 고가의 직물·무기, 그리고 교역을 통해 구할 수 없는 진귀한 물건들을 사기 위해 화폐를 필요로 했다. 예속 농민들은 주로 의무적인 공납과 부역을 수행해야 했지만, 예컨대 군역세처럼 소작료의 일부를 현금으로 지불해야 하기도 했다. 때때로 그들은 농장 밖에서 씨앗과 농기구를 구매해야 했다. 카롤링 시대에 화폐가 유통되었다는 증거는 광범위하다. 755년 피핀 3세Pipin III에 의해 메로빙 시대의 금화(트레미시스tremissis)보다 일상적으로 상업에 사용하기 적합한 새로운 은화(데나리우스denarius)가 도입된 이래, 바이킹에게 고가의 공물 대신 종종 화폐를 바쳤다는 문서, 가격 규제에 관한 문서, 고고학적으로 발견된 비장 주화 등을 통해 화폐가 대량으로 이용되었다는 사실이 입증되었다.[4]

앞서 말했듯 자유로운 전문 상인mercatores과 교회와 개인의 단순한 대리인은 구분해야 한다. 전문 상인 중에는 유대인처럼 왕의 보호하에 특권을 누리며 상업이라는 자신의 전문 활동을 수행하면서 동시에 왕을 위해 봉사하는 사람들이 있었다. 대리인은 고객을 위해 상업 활동을 하기 때문에, 그리고 때로는 그들의 명칭neguciantes˙ 때문에 종종 자유로운 상인과 구별하기 어려웠다.[5] 실제로 그들은 자기 힘으로 자유로운 상인이 된 후 8세기 말에 트리어의 생막시맹St Maximin 수도원에 자신을 바친 입보Ibbo라는 사람처럼 자신의 지위를 바꾸기도 했다.[6]

상인은 또한 노예 상인, 포도주 상인, 소금·곡물 등을 취급하는 상인 등 그들의 전문성에 따라 구별할 수도 있다. 유리·보석·머리빗같이 자신이 만든 물건을 판매하는 떠돌이 장인들 역시 상인의 독특한 부류를 형성한다. 그러나 수도원의 평범한 속민들―예를 들어 프림 수도원의 일부 소작농―이나 마름maiores 또는 농장감독관villici 같은 영지의 고위관리자들에게는 그들이 생산한 물건이 무엇이건 판매할 의무가 있었다는 사실에서 알수 있듯, 전문성이 항상 요구되는 건 아니었다. 반면 평범한 예속 농민들에게는 영주에게 소작료와 여타의 세금을 지불한 후 자기 생산물 중 잉여 부분을 구매자와 자유롭게 합의한 가격으로 판매하는 것이 허용되었다. 892년 파리의 한 교회 회의[7]에서 이 문제가 명시적으로 언급되었다는 사실은 일부 영주들이 이 소매 거래의 자유를 존중하지 않았음을 보여준다. 마지막으로 일부 민족 집단―유대인뿐만 아니라 9세기에는 특히 프리슬란트인들[8]과 카롤링제국 외부에서 온 이방인들―은 그들의 이동성 때문에 다른 사람들보다 상업에 더 많이 종사했다. 이러한 이방인들은 796년 카롤루스 대제와 메르시아Mercia의 오파Offa 왕, 873년 독

• 라틴어로 중계자·상인을 뜻한다.

일왕 루이Louis the German와 덴마크 왕이 외교 협상을 통해 체결한 협약에 따라 제국 내에서 특별한 왕실의 보호를 누렸다.[9]

카롤링제국 내부의 교역은 소위 '합법'시장mercatus legitimus이나 공공시장mercatus publicus 또는 민간시장에서 이루어졌으며, 후자는 대부분 시골 장원—빌라, 따라서 빌라 시장—안에 세워졌다. 시장 통행세는 각각 왕·백작·교회·개별 영주에 의해 부과되었는데, 이는 상인들이 시장을 이용하고, 그들 간의 상업 활동을 시장에서 수행할 권리를 인정하는 것이었다.[10] 공적인 통행세징수소는 주로 타운civitates, castella, portus, vicus에 위치해 있었지만, 항구나 강둑 또는 인근의 운반선·다리·여울뿐 아니라 당연히 왕령지 안에도 있었다. 군대를 따라 다니며 무기를 판매한 것으로 보고된 상인 집단에게는 통행세가 어떻게 부과되었는지 알려져 있지 않다. '합법'시장은 왕이 관리했는데, 그 이유는 그곳에서 수행되는 상거래에 시장 통행세가 부과되었기 때문일 뿐만 아니라, 특히 대머리왕 샤를의 통치 기간 동안 지속적으로 새로운 시장이 세워지면서 시장의 수를 통제할 수 없게 되었기 때문이다.[11] 시장은 왕실의 허가 없이도 세울 수 있었으며, 백작이나 교회 또는 자기 영지를 소유하고 있는 개인 토지소유자의 주도하에 빈번하게 세워졌다. 왕은 특히 자신이 관리하는 시장으로 상업 활동을 집중시키고, 통행세를 회피하기 위해 사람들이 시장을 기피하지 못하도록 하는 조치를 취했다.[12] 따라서 왕은 시장이 열리는 동안 안전·특별보호·가격 통제 등을 보장했다. 일부 공공시장은 시장 통행세와 함께 교회에 기증되기도 했다. 생바스트

수도원에 기증된 아라스 시장의 경우처럼 일부는 도시에 있었지만,[13] 대부분의 시장은 시골에 있었고, 영지의 중심지 인근에 세워졌다(이른바 빌라 시장). 예를 들어 887년 뚱보왕 샤를 3세Charles III the Fat는 아르덴에 있는 바스토뉴Bastogne 왕령지를 그곳의 시장과 함께 아헨에 있는 성모교회Our Lady's Church에 기증했다.[14] 이러한 시골 시장에 대해서는 알려진 바가 거의 없다. 왜냐하면 헌장이나 칙령 같은 공식 문서 대부분에 그에 관한 언급이 전혀 없기 때문이다. 시장의 목적이 일상적인 식료품이나 도구를 공급하는 것인 경우에는 이러한 물건을 사고 파는 데 통행세가 부과되지 않았다. 다른 한편 일부 박람회는 국제적인 성격 때문에 대단히 유명했는데, 10월에 파리 외곽 생드니 수도원 근처에서 열린 박람회가 특히 유명했다.[15] 박람회 장소는 일반적으로 타운 밖에 위치해 있었지만 타운, 특히 수도원과 가까웠다. 다고베르트Dagobert 시대(629~639) 이후 왕은 생드니 박람회가 열리는 기간 동안 수도원에 통행세를 부과할 권리를 양보했다. 이 박람회 외에도 생드니에서는 매주 시장이 열렸는데,[16] 이 시장은 대머리왕 샤를이 매년 열리는 시장의 통행세 절반과 매주 열리는 시장의 통행세 전부를 랑그르와 디종Dijon의 교회에 기증했던 샹보Champbeau 시장의 경우와 마찬가지였다.[17]

카롤링제국 내의 상업 활동 대부분은 이후 세기에 비해 주로 타운 바깥에 있는 시골 및 시골에 준하는 시장과 박람회에서 이루어졌지만, 피렌의 견해와 달리 카롤링 시대에도 타운은 상업이 가장 선호하는 장소였다. 이는 제국 변경의 일부 지역 외에 키비타스·카스텔라castella·포르투스·비쿠스vicus에도 통행세를 부과할 특권을 가진 징수소―가장 중요한 통행세징수소였다―가 있었다는 데서 분명하게 알 수 있다. 대부분의 상인들은 이동이 잦아 자주 집을 비우기는 했지만 타운에 살았다. 도시 전통이 강한 이탈리아에서만 그런 것이 아니었다. 토지소유자들은 고대부터 타운 안에 살고 있었다. 이는 북서 유럽에서도 마찬가지였다. 파리·마스트리히트Maastricht·마인츠Mainz 같은 키비타스에는 상인들이 그곳에 집과 창고를 가지고 있었다는 문서 또는 고고학적 증거가 있다. 포르투스 혹은 비쿠스라고 하는 더 작고 더 나중에 생긴 타운에서 발견되는 집약적 구획―통행세징수소의 위치뿐만 아니라 상업적 기능에서 유래한 것으로 여겨지는 세수스sessus·세딜레sedile라는 단어로 표시되는―역시 장소의 도시적 특징을 보여준다. 주목해야 할 점은 로마를 기원으로 하는 키비타스는 일반적으로 주교구였으며, 신생 타운은 주로 대수도원 근처에서 발전했다는 사실이다. 오늘날에는 상업 활동과 관련해 보편적으로 인정되고 있는 자본·권력·특권이라는 잠재력을 지닌 교회의 상업적 역할이 교회 인근에 위치한 타운이 상업적 성격을 갖게 된 데 커다란 기여를 한 것으로 보인다. 이러한 타운들이 5장에서 다루었던 장인 활동의 중심지 역할을 하게 된 것 또한 이러한 방식으로―적어도 부분적으로―설명할 수 있다. 8세기와 9세기에 새로 생긴 일부 도시의 기원과 관련해 정치권력, 특히 왕이 수행한 역할에 대해서도 유사한 주장을 전개할 수 있다. 명백히 특별한 경우인 아헨만이 아니라 발랑시엔Valenciennes

에 있는 궁전[18]과 같이 비교적 덜 중요한 왕실 궁전도 인근에 위치한 타운의 상업적 기능에 영향을 미쳤음이 틀림없다.

　이러한 점에서 카롤링 시대의 엠포리아는 매우 특별한 경우이다.[19] 1차 사료에는 이들 도시 모두가 엠포리아라는 이름으로 등장하지 않지만, 이들은 그 특정 이름으로 유명해졌다. 카롤링제국 안에서 가장 유명한 엠포리아는 프랑스 해협에서 멀지 않은 불로뉴Boulogne 남쪽 칸슈강Canche 어귀에 있는 캉토빅, 레크강Lek과 아우데레인강Oude Rijn 사이에 있는 위트레흐트 남동쪽의 도레스타드 ― 일부는 현재 베이크베이-디르스테드Wijk bij-Durstede라는 작은 마을 아래 ―, 그리고 아마도 발체렌Walcheren 연안의 발리크럼Walichrum ― 오늘날의 돔부르크Domburg ― 이었다. 행정적으로는 아니었지만 경제적으로 이 세 엠포리아에 예속되어 있던 일부 작은 엠포리아는 로테르담 인근 마스강Maas 어귀의 비틀라와 네덜란드 북부 자위더르Zuiderzee 해안 ― 스칸디나비아로 가는 통상적인 수로였다 ― 의 메뎀브릭에 위치해 있었다. 이들은 모두 제국의 해상 경계에 위치해 있었으며, 아래에서 보게 될 것처럼 국제 교역에서 영국과 북유럽으로 가는 관문으로 기능했다. 캉토빅과 도레스타드에서는 10퍼센트의 중요한 왕실 통행세가 부과되었는데, 이는 이탈리아로 가는 알프스 고갯길ad clusas에 부과된 통행세와 유사했다.

　캉토빅과 도레스타드는 인근의 소규모 엠포리아뿐만 아니라 영국 해협 연안의 햄윅(사우샘프턴 인근)과 현재 독일-덴마크 국경 남쪽 슐레스비히Schleswig 인근의 헤데뷔(독일어로 Haithabu) 등

프랑크왕국 밖에 있던 중요한 교역지들과도 특징을 공유한다. 이들 교역지의 가장 눈에 띄는 특징은 수명이 짧았다는 것이다. 이들은 대부분 10세기—아무리 늦어도—에 물리적으로 사라졌고, 다소 중요했던 타운이 그 자리에 뒤이어 들어서지도 않았다. 주로 8세기와 9세기 전반기 동안의 짧은 번영은 헤데뷔의 덴마크 왕과 햄윅의 웨식스Wessex 왕의 보호와 관련이 있었다. 프랑크왕국의 왕은 도레스타드와 캉토빅에 대리인procuratores rei publicae 을 두고 있었다. 캉토빅의 경우, 787년에는 프로쿠라토르procurator라는 직함을 가진 퐁트넬 수도원의 수도원장이, 858~868년에는 캉토빅 엠포리아의 프리팩투스, 고귀한 자 그립포illuster vir Grippo, prefectus emporii Quentovici'가 대외 교역·관세·통행세를 관리하는 일종의 감독관 권한을 가지고 있었다. 이들의 권한은 루앙Rouen과 아미앵Amiens 같이 중요한 왕실 통행세징수소가 있는 다른 항구들로까지 확대되었다per diversos portus ac civitates exigens tributa atque vectigalia, maxime in Quentawic. 9세기 말 카롤링왕조의 권위가 쇠퇴하자 이 엠포리아의 파멸과 멸망도 확실시되었다. 도레스타드는 830년대에 바이킹의 공격을 받은 뒤 이미 덴마크 귀족들에게 내어준 봉토가 되었고, 캉토빅은 아마도 홍수와 해수면 상승으로 인해 사라지게 되었을 것이다.[20] 루앙·아미앵·마스트리히트·투르네 같은 오래된 키비타스나 내지의 강을 따라 새로 생긴

• 프로쿠라토르는 대리인·지방의 세금 징수인을, 프리팩투스는 지방의 관리자·감독관을 말한다.

타운들portus ― 카롤링 시대 엠포리아와 달리 미래의 타운이
될 ―의 경우에는 이와 달랐다.

수송과 관련해 근본적인 차이는 해상 수송과 육로 수송이었
다. 중요한 것은 카롤링 시대에 두 시스템 중 어느 시스템이 지배
적이었는가라는 논란 많은 문제가 아닐 것이다. 둘 중 어느 방식
을 선택할 것인지는 실제로 거리·항해 가능성·경로 체계·기타
외부 요인 같은 변수뿐만 아니라 특히 운송되는 상품의 특성에
달려 있었다. 곡물·포도주·소금·맷돌quernstones·올리브유 같이
대량으로 운반되는 상품은 대체로 선박을 통해 강과 해외로 수
송되었지만, 소금이 육지로 수백 마일 이상 수송된 사례도 알려
져 있다. 강과 해안에서 수송하는 배의 크기는 최대 12톤이었으
며, 해외 수송하는 배의 경우에는 10~30톤이었다.[21] 배는 바다뿐
만 아니라 강에서도 돛이나 노를 저어 이동했지만, 강의 상류로
이동하는 경우에는 남자들 ― 노예나 비자유인 또는 자유롭게 고
용된 사람들 ― 이나 말이 강기슭에서 끌고 가는 것이 보통이었
다. 예컨대 라인강에서는 이러한 방식이 일반적이었다. 893년경
프리슬란트 상인들은 노예를 이용해 배를 상류로 끌고 갔으며,
여성들의 경우에는 말의 도움을 받아 그렇게 했을 것으로 추정
된다.[22] 육로로 옮기는 수레에는 곡물이나 소금을 200~1000킬로
그램까지 실을 수 있었고, 모피·직물·밀랍·향신료·귀중품 같
이 가벼운 상품들은 주로 노예들이 어깨에 메고 운반하거나 짐
을 나르는 동물에 실어 수송했다. 노예들은 유럽 중부와 동부에
서 알프스산맥과 피레네산맥을 넘어 이탈리아와 스페인까지 매

우 먼 거리를 육로로 이동한 것으로 알려져 있다. 자유인을 고용해 수송한 사례—코르비의 아달하르투스 수도원장이 자신의 칙령에서 이용될 가능성이 있다고 예견한—가 없지는 않지만,[23] 대개의 수도원은 소작농들에게 수레를 이용해 육로로 운반하거나 배를 이용해 강으로 운반하는 수송부역을 부과했다. 대부분의 경우 수도원은 적어도 1척 이상, 주로 최대 6척의 배를 가지고 있었고, 심지어 12척의 배를 소유한 수도원도 있었다. 수도원과 대성당, 그중에서도 생제르맹데프레·생르미·생마르탱·프륌 수도원과 오를레앙 대성당에는 이에 관한 내용이 문서로 잘 기록되어 있다.[24] 이들은 자신들의 배나 소작농에게 루아르강·센강·모젤강을 항해하도록 했지만, 통행량이 가장 많았던 강은 라인강과 다뉴브강—론강을 제외하고—이었다.

카롤링왕조의 왕과 황제들은 수많은 군사 원정뿐 아니라 교역과 관련해서도 수송 인프라에 많은 관심을 기울였다. 주로 로마 도로의 연장이었던 왕실 도로strata legittima에는 원칙적으로 통행세가 부과되지 않았다. 시골 영지를 통과하는 모랫길nec per villas rodaticum vel pulveraticum도 마찬가지였다.[25] 다리는 왕의 주요 관심 대상이었다. 다리는 원칙적으로 국가의 소유ad ius publicum였고,[26] 건설 및 보수는 왕실의 반ban·이 지시했으며, 공직자 계층, 그중에서도 궁정 대리인—이와 관련된 문제를 다룬 많은 관리령에 지정되어 있는—이 관리했다. 그러나 9세기 중반 무렵부터 육로 통행과 강 운항에 부과되는 통행세—원칙적으로는 다리 사용에 대한 대가인 폰타티쿰pontaticum이라고 하는 세금—와 함께 다리를 교회에 양도하는 경향이 나타났다. 일반적으로 '민간' 다리와 영주 개인이 새로 건설한 다리의 수는 늘어났지만, 이로 인해 궁정 대리인이 다리를 관리하기 더욱 어렵고 비효율적이게 되었다. 일부 관리령은 부당하게 부과된 세금의 양을 문제로 지적하고, 다리와 세금이 옛날부터 존재해왔음을 보여주는 고대 관습법antiqua consuetudo을 참조해 세금의 양을 안정화시키고자 했다. 티옹빌Thionville의 유명한 관리령(805)[27]은 새롭고 부당한 것nova seu iniusta이 아니라 오래되고 정당한antiqua uusta telonea 통행세에 이의를 제기했다. 문제는 이러한 전개가 수송과 교역의 증가 때문인지 아니면 단순히 왕권의 쇠퇴로 인한 것인지이다. 두 가지 요인이 함께 작용했을 가능성이 크다.

강에 있는 항구나 바다에 있는 항구 같은 다른 기반시설에 대한 문헌 자료는 많지 않다. 그러나 이에 관한 고고학적 증거는 특히 도레스타드에서 찾아볼 수 있다.[28] 도레스타드의 항구는 크로메라인강Kromme Rijn의 왼쪽 둑을 따라 동쪽에 위치해 있었다. 라인강의 지류인 이 강은 물길이 구불거렸고, 중세 초기 몇 세기 동안 레크강의 수량이 대량으로 줄어들면서 계속해서 동쪽으로 이동했다. 발굴 작업에서 둑과 직각을 이루고 있는 나무로 만든 길 또는 방죽길로 보이는 대규모 목조 구조물이 발견되었다. 이 구조물의 건축은 라인강 곡류의 개발과 관련이 있음이 분명하다. 이 구조물이 점점 벌어지는 둑과 개울 사이의 거리를 메워주고

• 7세기에서 20세기까지 유럽 중부 및 남동부에서 사용된 지역 공직자를 일컫는 칭호.

있었다. 배를 운반할 수 있도록 강둑에 기대어 세운 플랫폼은 강이 동쪽으로 이동하면서 계속해서 길어졌다. 플랫폼이 길어지자 방죽길도 점점 만 쪽으로 연장되었고, 마침내 부두의 성격을 띠게 되었다. 항구의 구획은 마을 구조에도 영향을 미쳤을 것이다. 제방 가장자리를 따라 도로에 인접해 있는 항구 구역은 길 다른 쪽에 있는 타운까지 이어졌는데, 이들 각각이 두 개의 부두에 해당했다. 이 구역에는 강을 향해 세로로 길게 늘어선 집들이 있었다. 최소한 세 채의 집을 지을 수 있는 세로 공간이 있었기 때문에 타운의 이 구역에는 강둑을 끼고 뒤로 줄줄이 세 줄 이상의 집이 자리해 있었다.

다음 장에서 상업 활동의 다양한 범위와 방향을 살펴보기 전에 이 장의 앞부분에서 논했던 카롤링 시대 상업의 성격을 다시 한번 새겨볼 필요가 있다. 여러 사료, 특히 수송에 부과되는 통행세―앞으로 보게 될 내용의 주요 근거가 될 것이고, 주로 성격이나 출발지가 아니라 목적과 종착지가 교회인 경우―에 관한 사료에 따르면, 상업은 대부분의 경우 이윤이 아니라 '필요에 따라' 교회에 의해 수행된 것으로 보인다. 모든 사람이 10퍼센트라는 무거운 세금을 내야 했던 제국의 주요 통행세징수소―캉토빅·도레스타드·알프스 고갯길―를 제외하면 모든 교회는 왕을 위해 봉사하는 왕실 상인처럼 통행세를 면제받았다. 또한 왕의 궁정과 군대를 위해 수송하는 경우에도 세금은 부과되지 않았다. 통행세 징수인에게는 통행세 면제 특권이 적힌 다소 모호한 서식의 문서를 검사한 후에도 교회로 수송되는 상품 중 어떤 것이 자신들의 소비를 위해 직간접적으로 구매한 물건인지, 어떤 것이 순전히 상업적 물건이거나 판매를 위해 수송되는 물건인지를 구별해야 하는 어려움이 있었을 것이다. 그들은 종종 선서를 한 증인과 신고서를 요구해야 하기도 했다. 만약 물건이 '이 집에서 저 집으로de una domo sua ad aliam' 수송되는 경우에는 그 어려움이 더욱 커졌을 것이다. 그러한 경우에는 특권이 필요하지 않았기 때문이다.[29]

7장

교역의
방향

지역 및 지역 간 교역

지역 시장—지역 또는 국내 교역의 대표자—으로 물건을 수송하는 경우에는 순수하게 상업적인 물건과 자체 소비를 위해 판매 또는 구매되는 물건을 구분하는 어려움이 그다지 크지 않았던 것으로 보인다. 일반적으로 시골에 위치해 있던 이러한 지역 시장에는 주로 보통사람들이 방문했고, 이들이 소량으로per deneratas 구매하거나 판매한 식료품과 도구에는 통행세가 부과되지 않았다. 수도원이나 교회—규모가 큰 곳들도—의 수송부역이 향한 곳은 도시 중심지에 위치한 보다 중요한 시장이었다. 어느 성자의 삶에 관한 일화를 제외하면 이 작은 시장들에서 일어났던 일에 대해 알 수 있는 사료는 거의 존재하지 않는다. 간혹 교환되는 상품에 대한 정보만이 알려져 있을 뿐이다. 이러한 상품들은 양모·직물 완제품·철제 물건·쟁기날과 낫 같은 농업 용구나 주로 곡물 또는 씨앗, 말이나 소 같이 농민 자신이 생산한 생산물의 잉여였다. 이러한 시장들은 대개 매주 열렸지만, 일부는 그 중요성이 커져 연례 박람회로 발전하기도 했다. 아르덴의 바스토뉴와 생듀베르St Hubert가 그런 경우였다.'

때때로 수백 킬로미터 이상 떨어져 있는 지역들 사이의 지역 간 교역은 연례 박람회를 제외하면, 도시―기원·규모·중요성이 상이한―중심지의 지정된 장소에서 이루어졌다. 이 중 일부는 이탈리아의 도시들과 갈리아 남부의 도시들―마르세유·아를, 나르본Narbonne·리옹―, 그리고 각각 센강·솜강Somme·마스강·라인강에 위치한 루앙·파리·아미앵·투르네·캉브레Cambrai·마스트리히트·마인츠 같은 로마의 키비타스에 있었다. 이 외에 뫼즈강의 위이Huy와 디낭Dinant, 그리고 라인강과 다뉴브강의 작은 타운들처럼 로마 시대에 만들어진 작은 카스텔라castella에도 교역지가 있었다. 이들 대부분은 수로나 해안을 따라 위치해 있거나 그 인근에 위치해 있었는데, 그 이유는 주요 물품이 주로 배를 통해 대량으로 수송되는 상품이었다는 사실을 통해 쉽게 알 수 있다.

먼 거리에서 가장 많이 수송되는 물품은 단연 소금이었다. 이후 시대에서와 마찬가지로 소금은 주요한 비축품이었고, 몇 안 되는 장소에서만 발견·개발·생산되었기 때문이다. 이러한 장소 중 한 곳이 루아르강 어귀와 특히 부흐뇌프 만 주변의 염전이었다. 이들 대부분은 부분적으로 왕으로 인해 개인 앙트레프레너entrepreneurs˙에 의해 개발되었다.[2] 낭트에서 소금은 루아르강과 그 지류를 따라 배를 통해 앙제Angers·투르·오를레앙·느베르Nevers

---

• '착수하다라'는 뜻의 고대 프랑스어 'entreprendre'에서 유래한 단어로 중세에는 주로 상인을 의미했으나, 근대에는 기업가를 지칭하는 용어로 사용되었다. 현대에는 이 의미가 확장되어 위험을 무릅쓰고 창의적인 방식으로 수익을 창출해내는 기업가·창업가를 앙트레프레너라고 한다.

로 수송되었다. 카롤루스 대제와 경건왕 루이의 여러 헌장―루아르강이나 루아르강 인근에 위치한 수도원에 관한―에는 소금이 왕실 소유의 배로 수송하는 중요한 화물 중 하나로 언급되어 있다. 또 다른 중요한 화물은 곡물이었을 것이다. 수송된 소금을 도중에 일부 판매하지 않고 전부 수도원으로 운반했는지는 의심스럽다. 때때로 소금은 프랑스 북동부의 일부 소금 생산지뿐만 아니라 대서양 연안에서 육로를 통해 루아르강으로 운반되었다―아마도 특수한 기후적 상황이 루아르강에 영향을 미쳤기 때문이었을 것이다.

5장에서 보았듯 또 다른 소금 생산지는 프랑스 북동부의 메츠 인근에 있었다. 일부 수도원―프륌·아니아네Aniane·코르비·생드니―은 마르살과 빅쉬르셸르에 엄전을 소유하고 있었고, 이곳의 생산물은 모젤강 하류로 수송되었다. 소금 생산에 가장 많이 참여한 수도원은 프륌이었다. 프륌 수도원은 수송부역을 통해 소금뿐 아니라 특히 포도주와 곡물을 뗏목을 이용해 모젤강 하류로 운반했다.

카롤링 시대 소금 교역에 관한 최상의 기록은 9세기 마지막 분기에 제국의 동쪽 변방과 파사우Passau 사이에 있는 다뉴브강에서 소금을 거래한 바이에른인들에 관한 것이다. 903년에서 905년에 이 지역에서는 지역의 여러 통행세징수소의 상황과 관세에 대한 조사―라펠슈테텐 조사Inquisitio Raffelstetten[*]라고 알려진―가 실시되었다.[5] 이 조사에 따르면 공공시장, 특히 린츠Linz에서 소금을 판매하고 세금을 내야 할 때 바이에른 주민들―모두 전문 상인이 아닌—은 외지에서 온 전문 상인들(유대인 등)에 비해 우대를 받았다. 소금은 라인헨할Reichenhall의 소금광산에서 인강Inn을 따라 배로 파사우까지 수송된 뒤, 그곳에서 다시 린츠를 지나 동쪽 하류로 내려가 오스트마르크Ostmark의 합법시장mercatum constitutum까지 수송되었다. 많은 수송 통행세를 내고 나면 바이에른인들은 시장 통행세를 내지 않고도 그곳에서 교역을 계속할 수 있었다. 소금은 보호를 받는 합법적 육로strata legitti-ma를 통해 수레로 오스트마르크까지 수송되기도 했다. 제국의 동쪽 변경과 파사우 사이에는 많은 통행세가 있었지만, 바이에른인들은 제국으로 돌아와 상류로 항해할 때 세금을 면제받는 방식으로 보상을 받았다. 이때 그들의 교역은 더 이상 지역 내 또는 지역 간 교역이 아니라, 소금 이외의 다른 상품도 수입·수출하는 국제적인 교역이 되었다.

이탈리아 북부의 베네치아나 코마치오 같은 포강 하구의 지역은 거의 소금만 생산했다. 처음에 이 지역의 소금은 715년 랑고바르드Lombard의 왕 리우프란트Liutprand가 승인한 헌장**에 따라 군인milites으로서 특권을 지닌 코마치오의 대리인에 의해 포강을 따라 올리오강oglio과 합류하는 지점―크레모나Cremona와

- 라펠슈테텐은 통행세징수소가 있던 지역(현재 오스트리아 아스텐Asten의 일부)의 이름이다. 경건왕 루이는 이 지역에서 통행세 관련 조사를 실시한 후 제국 전역에 통행세 징수 규정을 공포했다. 이는 중세 초기의 유일한 통행세 규제 칙령이었다.
- ** 715년 리우프란트는 포강 운항권을 코마치오 주민들에게 부여하고, 통행세를 내는 조건으로 해안을 따라 상업 활동을 하는 것을 허용했다.

만토바Mantua 사이―까지 상류로 수송되었다. 그러나 곧 9세기 후반에 코마치오인들comacchesi은 크레모나의 상인들(852)과 베네치아인들―862년에 만토바에 있는 보비오 수도원의 분원에 소작료를 냈던―에 의해 교역에서 밀려났다.⁴

곡물은 소금 다음으로 지역 간 교역에서 두 번째로 많은 양이 거래되는 상품이었다. 곡물 교역과 관련해 가장 흥미로운 의문은 기근에 시달리지 않을 때도 곡물을 수입해야 정상적인 생계를 유지할 수 있었던 지역이 어디인가이다. 방금 언급한 포강 하구 주변의 소금 생산지가 이에 대해 매우 적절한 답변을 제공해준다. 이 지역은 소금 이외에는 거의 아무것도 생산하지 못했고, 따라서 농산물에 대한 요구가 컸다. 농산물은 보비오·브레시아의 산타줄리아Sta Giulia di Brescia·노발레사Novalesa와 같은 대수도원들의 분원―수도원은 자신들의 영지에서 생산된, 특히 곡물과 기름의 잉여생산물을 이러한 분원으로 운반했다―이 있는 파비아·피아첸자Piacenza·크레모나·파르마·만토바의 시장에서 포강 하류로 수송되었다. 이 타운들은 카롤링제국 북쪽 지역에 있는 타운들보다 인구가 많았기 때문에 타운 자체에서 소비되는 곡물의 양도 많았다. 이들은 포강과 그 지류의 비옥한 계곡에 위치해 있었지만 장거리 교역에 곡물을 공급하지 않았고, 그래서 지역 간 교역의 특징을 띠지 않았다.

마인강 상류에서의 곡물 교역에 대해서는 아마 같은 말을 할 수 없을 것이다. 곡물은 지역을 초월해 모든 곳에 중요했고, 실제로 마인츠 시―라인강과 마인강이 합류하는 곳―에서 공급된 것으로 보인다. 아인하르트에 따르면 마인츠의 상인들은 독일의 '위쪽 지방'—아마 오버프랑켄Upper Franconia과 특히 뷔르츠부르크würzburg 인근 지역—에서 배를 이용해 곡물을 마인츠까지 가져오곤 했다.⁵ 이 중요한 도시는 100킬로미터 넘게 떨어져 있는 지역에서 곡물을 공급받아야 했는데, 이는 주민의 수 때문이기도 했지만 마인츠에 유명한—지역을 뛰어 넘는—곡물 시장이 있기 때문이기도 했다. 『풀다 연대기Annals of Fulda』에는 850년 마인츠 시장의 곡물 가격에 대한 정보가 담겨 있다. 당시 곡물 가격은 라인 지방의 기근으로 인해 상당히 높았다. 이 상인들은 마인강 하류로 포도주를 수송하기도 했다. 특히 9세기 후반 프리슬란트 상인들의 콜로니colony˙가 마인츠에 있었다는 사실을 감안하면, 곡물과 포도주 일부가 마인츠에서 라인강을 따라 더 북쪽으로 수송되었는지 의문이 제기된다. 프리슬란트 상인들은 라인강 상류 지역 아래의 알자스에서 곡물과 포도주를, 보름스 지역에서는 포도주를 가져왔기 때문에, 마인츠를 지나 북쪽으로 가는 길에 마인츠 항구를 창고로 이용하고, 오버프랑켄에서 곡물과 포도주를 싣고 마인츠로 오는 것이 불가능하지는 않았을 것이다. 라인강 하류로 더 멀리 내려가는 그들 항해의 최종 목적지는 아마 도레스타드였을 것이다.⁶ 도레스타드에서 발굴된 포도주를 운반했던 통에서는 라인헤센산 참나무와 알자스산 백송白松이 확인

•　'경작하다, 거주하다'라는 뜻의 라틴어 colere에서 유래한 단어로 이탈리아 지역 이외의 로마 정착지를 말한다.

160

되었다. 곡물과 포도주는 모두 도레스타드가 지역 간 교역의 종착지였지만, 도레스타드는 동시에 북유럽으로 곡물과 포도주를 수출하는 국제 교역의 출발점이기도 했다.[7] 도레스타드 주변의 시골 지역에서 1500명가량으로 추정되는 지역 인구에 충분한 농작물이 생산되었는지에 대해서는 논란이 있다. 인구가 밀집해 있던 프리슬란트의 경우에는 소를 공급하는 데 문제가 없었던 것으로 보이지만, 지리적 조건 때문에 경작 농업의 역량에 한계가 있었으므로 30,000명으로 추정되는 인구에게 필요한 곡물이 충분히 생산되었지 의심스럽다.[8] 따라서 라인강 상류·중류 지역에서 도레스타드까지의 지역 간 곡물 교역은 해외 수출뿐 아니라 지역 자체의 소비를 위한 것으로 여겨진다.

물론 프리슬란트와 상황이 유사한 지역도 있었다.[9] 9세기, 그리고 10세기와 11세기에도 여전히 플랑드르 북쪽은 중간에 황무지가 있는 숲이 우거진 지역이었다. 경작 농업은 아직 크게 발달하지 못했고, 스펠트밀·밀·호밀보다 귀리를 더 많이 생산했다. 9세기에 처음 개간을 시작한 벨기에의 아르덴 역시 귀리가 주요 생산물이었다. 헨트·브뤼허Bruges, 마스트리히트, 위이─이 중 일부는 9세기에 생겼다─같은 타운들은 플랑드르나 브라반트Brabant 남부의 비옥한 지역들로부터 곡물을 공급받아야 했다. 헨트에 있는 부유한 생바보 수도원은 남부 플랑드르와 프랑스 북부의 영지에서 레이강과 스헬트강을 따라 헨트까지 곡물을 가져왔을 것으로 추정된다. 이 곡물은 수도원에서 소비되었을 뿐만 아니라 도시 주민들에게도 판매되었을 것이다.

코르비의 아달하르투스 수도원장은 그의 유명한 822년 칙령에서 엄청나게 많은 수의 수도원 인구를 위해 수도원 영지에서 공급받아야 할 곡물의 양을 합리적으로 계산하고, 30킬로미터 이상 떨어져 있는 영지의 곡물은 수도원으로 수송하는 대신 현지에서 판매할 것을 지시했다. 이는 인접해 있는 아미앵·캉브레·아라스 타운의 지역 간 곡물 교역에 공급되었을 것이다. 이러한 경우에는 지역 교역과 지역 간 교역을 구별하기가 다소 어렵다.

대량으로 거래된 상품인 포도주는 지역 간 교역과 국제 교역을 구별하기 특히 어렵다. 알자스와 라인강 중부 지역에서 도레스타드까지의 곡물 교역에 대해 앞서 설명한 내용은 포도주의 경우에도 해당된다. 포도주 역시 대부분 같은 지역에서 수송되었기 때문이다. 9세기 말 프륌 수도원을 대신해 배와 뗏목으로 (주로) 포도주와 곡물을 트리어와 모젤강 하류로 수송했던 경우에서도 동일한 연관성이 발견된다. 또 다른 중요한 포도주 생산지—지역 간 교역이 국제 교역에 물품을 공급한—는 센강 상류와 중류를 따라 있었다. 생제르맹데프레 수도원은 이 지역에 대단히 많은 포도밭을 소유하고 있었다. 추산된 포도주 생산량은 1,5000무드mud*로 자체 소비량 2000무드를 크게 초과했다.[10] 이 엄청난 잉여생산물이 상업에 공급되었고, 대부분은 수도원의 수송부역을 통해 센강을 따라 파리로 수송되었다. 파리로 수송된

* 1무드는 약 100리터이다.

포도주는 10월(포도 수확기 이후)에 열린 서유럽 최대의 포도주 시장 생드니 박람회에서 판매되었을 것이다. 8세기 중반부터 프리슬란트인들과 (앵글로)색슨족이 포도주를 구입·수출하기 위해 이 박람회를 찾아왔다. 생드니 박람회 — 생드니 수도원에서 생산한 포도주도 판매되었음이 분명한 — 는 지역 간 교역의 종착지이자 국제 상업의 출발지인 도레스타드와 어느 정도 같은 역할을 수행했다.[11]

포도주 생산지에 위치해 있지 않은 수도원이 멀리 떨어져 있는 포도주 생산지의 포도밭을 소유하고 있었다는 사실은, 피렌의 제자이자 헨트대학교에서 그의 뒤를 잇고 있는 한스 반 베르크Hans Van Werveke 교수에 의해 카롤링 시대에 상업이 존재하지 않았음을 입증하는 결정적 증거로 이용되었다.[12] 여기에서 그의 주장 전부를 반박하기란 불가능하지만, 그의 주장 중 일부 핵심적인 내용은 이 책의 맥락에서 비판 가능하다. 반 베르크는 물론 프리슬란트인들의 포도주 교역을 부정할 수 없었다. 하지만 그는 프리슬란트인들의 포도주 교역 덕분에 네덜란드 수도원들은 포도밭을 필요로 하지 않았고, 따라서 멀리 떨어져 있는 지역의 포도밭을 소유하지 않았다고 주장하면서 프리슬란트인들의 교역이 미친 영향을 네덜란드로 제한했다. 반대로 오늘날의 벨기에 수도원들 — 반 베르크의 글은 이 지역으로 제한되어 있다 — 은 이 프리슬란트인들의 교역에 영향을 받지 않았다! 카롤링 시대 '벨기에' 수도원이 소유하고 있던 지리적으로 먼 거리의 포도밭 목록을 보면, 예외적으로 라인강과 센강을 따라 있는 유명한 포도주 생산지에 위치해 있는 경우에도 그 포도밭들이 그다지 중요하지 않다는 인상을 받게 된다. 포도밭 대부분은 파리 북쪽의 랑Laon과 수아송Soissons 주변에 위치해 있었다.

마엔Mayen 인근의 니더멘딩Niedermendig 현무암 채석장에서 맷돌을 수출하고, 이를 근방의 안데르나흐에서 배를 이용해 도레스타드까지 운반하는 것은 대규모의 지역 간 수송이었다―이렇게 수송된 맷돌이 국제 교역으로 흘러들어갔다.[13] 도레스타드에서는 수백 개의 맷돌 조각이 발굴되었는데, 물론 이 맷돌들은 도레스타드에서 전부 사용되지 않고 영국과 북유럽으로 대량 수출되었다. 맷돌은 햄윅·런던·요크·리베Ribe·헤데뷔에서도 대규모로 발굴되었으며, 카롤루스 대제가 796년 메르시아의 오파 왕에게 보낸 유명한 편지에서 어떤 크기를 원하는지 물었던 '검은 돌petrae nigrae'도 맷돌이었을 것이다.[14]

도자기는 주로 쾰른 남쪽의 라인강 중부 지역(브륄Brühl 인근)에서 생산되기 시작했는데, 725년경부터 9세기말까지 특히 유명했던 것이 바도르프 도자기였다. 777년 무렵에서 825년 무렵까지는 소위 태팅Tating 항아리가 영국 남부와 남동부의 많은 지역(특히 햄윅), 그리고 북유럽(특히 헤데뷔와 비르카)에서 널리 사용되었다. 이 항아리는 수출을 목적으로 생산된 것이 분명했으며, 지역 간 교역에도 대량의 상품을 공급했다.[15] 반더베르트Wandelbert의 유명한 『성고아르의 기적Miracles of St Goar』(839년경)[16]에는 한 무리

• 프랑스의 주요 포도주 생산지는 거의 대부분 파리 남쪽에 위치해 있다.

의 도공이 라인강에서 단지를 수송하면서 — 소매 판매할 목적으로 — 겪은 모험담이 실려 있다. 그들은 브륄이나 안데르나흐에서 왔을 것으로 추정되며, 아마도 배를 타고 상류 근방의 장크트고아르st Goar로 갔을 것이다. 단지는 비어 있었다. 도공들이 운반한 단지에는 포도주가 들어 있지 않았을 것이다. 이러한 상황은 도자기가 지역적으로 거래되었음을 보여준다.

국제 교역

앞서 말한 지역 간 교역의 몇몇 사례는 실제로 국제 흐름의 일부로 간주할 수 있을 정도로 국제 교역과 관련이 있었다. 특히 카롤링 시대에 유럽 북부와 남부를 연결하는 가장 중요한 통로였던 라인강의 경우가 그랬다. 이런 점에서 라인강은 메로빙 시대 론Rhône 계곡의 뒤를 잇는 후계자였다. 이러한 변화의 주된 원인은 이탈리아와 북유럽 간 교역의 중계자 역할을 하던 프로방스 항구들의 쇠퇴였다.

이들의 쇠퇴는 피렌의 생각처럼 이슬람인들의 서부 지중해 정복으로 먼저 설명할 수 없다. 고대 후기 이후 서부 지중해 상업을 연구한 D. 클로드D. Claude[17]와 마르세유에 대한 시몽 로세비Simon Loseby의 연구[18]를 통해 밝혀진 바에 따르면, 프로방스 항구들의 쇠퇴는 훨씬 더 일찍 시작되었고, 7세기에 이미 저점에 도달해 있었다. 하지만 쇠퇴가 균일하게 일어났던 건 아니다.[19] 이슬람인들의 정복 이후에도 지중해와 마르세유는 8세기까지 단절되지 않았다. 특히 랑고바르드 왕이 알프스 고갯길을 폐쇄해 카롤링 왕과 랑고바르드 왕 사이의 긴장이 고조되던 8세기 3분기에는 로마에서 여러 외교 사절단이 해상을 통해 마르세유로 왔다. 750년경 마르세유에는 보토Botto라는 이름의 앵글로색슨 상인도 있었지만, 이는 경제와 관련해 큰 의미가 없다. 9세기 2분기와 중반에 이슬람인의 습격으로 프로방스 항구들—특히 마르세유와 아를—과 코르시카섬·샤르데냐섬·마요르카섬 주변의 해외 수송이 크게 위태로워졌다. 이러한 상황을 보여주는 단적인 사례가 『프랑크인 열왕편년사Royal Frankish Annals』에 기록되어 있는 820년 샤르데냐에서 이탈리아로 가던 여덟 척의 상선이 이슬람인들에 의해 침몰한 사건이다. 이 사건은 당시 서부 지중해의 모순적인 상황을 보여준다. 비록 위험은 커지고 규모는 줄어들었지만 상업은 계속되었다. 이러한 사실은 한편에서는 8세기와 9세기 마르세유에서 주화가 주조되었다는 것과 마르세유 주거지에서 나타난 고고학적 공백 사이의 모순을, 다른 한편에서는 상업 활동이 있었음을 보여주는 일부 사료를 이해하는 데 도움이 될 것이다. 이러한 사료의 일부는 마르세유에 있는 중요한 생빅토르 수도원에서 나왔다. 생빅토르 수도원의 유명한 영지명세장에는 9세기 초 젊은 층 인구의 변동 상황과 일부 통행세 특권이 기록되어 있다. 822년 베르 호수étang de Berre에 대한 왕실 통행세를 생빅토르 수도원에 선물한 일을, 인근에 있는 마르세유 항구의 경쟁자로서 규모가 작은 지역 항구와 시장의 중요성이 커지고 있었다는 신호로 해석할 수 있다고 하더라도, 841년 마르세유 뷰Vieux 항구―생빅트로 수도원 발치에 있는―에 정박하는 이탈리아에서 온 선박의 통행세를 생빅토르 수도원에 선물한 것과 대머리왕 샤를이 생드니 수도원에게 마르세유에서 판매하고 구매하는 물건에 매겨진 통행세를 면제해준 것은 마르세유가 국제 교역에서 그 기능을 완전히 상실한 것이 아님을 보여준다. 그러나 중심지로서의 기능, 특히 교회 관구의 중심이라는 기능은 9세기 후반 아를 항구―바다에서 떨어진 내륙에 위치한―로 이전되었다. 878년 교황 요한 8세John VIII는 세 척의 배를 이끌고 나폴리에서 출발해 제노바에 기항한 후 아를 항구에 정박했다.[20]

9세기 말과 10세기 초 이슬람이 시칠리아를 정복하면서 서부 지중해는 이슬람의 지배에 놓이게 되었다―이는 거의 한 세기 동안 이어졌다. 그러나 육상 교역과 수송―특히 스페인과 심지어 이슬람과도―이 차단된 것은 아니었다. 아를은 일찍이 9세기 초부터 중계자로서 중요한 역할을 하고 있었다. 스페인 출신의 시인 테오돌프Theodulf는 812년 아를에서 이슬람 상인들이 가져온 코르도바산 가죽·비단·보석·이슬람 주화 같은 사치품을 목격했다.[21] 서유럽에서 보석을 가공하는 데 사용한 수은 역시 스페인 광산에서 수입된 것이 분명하다. 색슨족·데인족Danes·슬라브족·아바르족Avars을 상대로 한 카롤루스 대제의 원정 당시 유럽 중부와 동부에서 잡혀 베르됭·리옹·나르본을 거쳐 아를로 끌려온 노예들은 주로 유대인―일부는 스페인 출신이었다―에 의해 암푸리아스와 제노바를 통해, 그리고 르페트뤼Le Perthuis의

피레네 고갯길을 넘어 사라고사Saragossa와 코르도바로 수출되었다.[22]

프로방스 지역과 이탈리아 항구 사이의 바닷길에서 알프스 고갯길로 경로가 전환되는 일은 774년 프랑크왕국이 이탈리아의 랑고바르드왕국을 정복하면서 가속화되었다. 다음 해 생드니 수도원은 자신들이 가장 많이 사용하는 알프스 고갯길—아마도 몽세니Mont Cenis와 그랑생베르나르Great St Bernard였을 것이다—에 익스클루자티쿰exclusaticum이라는 이름으로 부과되는 통행세를 면제받는 특권을 부여받았다. 이 길이 프랑스 북부와 라인란트에서 이탈리아로 가는 수송 경로였다.[23] 프랑크왕국의 가장 동쪽 지방과 바이에른에서 이탈리아로 가는 데는 몇 개의 길—현재 스위스의 그라우뷘덴Graubünden에 있는 '뷘드너Bündner 고갯길'이라고 알려진 동쪽 길, 그중에서도 셉티메Septimer와 율리어Juli-er—이 더 이용되었다. 아마도 고대 후기부터 부과되었고, 랑고바르드 왕이 관리했던 이러한 통행세는 랑고바르드왕국이 프랑크왕국에 통합된 후에도 여전히 국경 통행세로 간주되었을 것이다.[24]

캉토빅과 도레스타드, 그리고 아마도 스페인의 페르튀스Per-thuis에서와 마찬가지로 통행세는 가격의 10퍼센트로 상당히 높았고, 제국에서 가장 중요했다. 그러나 카롤루스 대제와 교황, 그리고 그들의 사절단이 알프스를 넘어간 일에 대해서는 잘 알려져 있지만, 이 고갯길을 이용한 상업적 수송은 그렇지 못하다. 774년부터 랑고바르드왕국이 프랑크왕국의 일부가 되었음에도 불구하고, 이 상업적 수송은 대체로 국제적인 것으로 간주할 수 있다. 랑고바르드왕국의 내부 경제는 8세기와 9세기 프로방스와 비슷했으며, 이탈리아 북부 도시들은 도시 생활을 유지하고 있었지만 그다지 역동적이지 않았다. 이탈리아에서 알프스를 넘어 북쪽으로 이동하거나 혹은 그 반대로 이동하는 국제적 상업 수송을 자극한 것은 이론적으로 비잔틴이었지만, 현실적으로는 주로 베네치아·나폴리·아말피·오트란토Otranto, 그리고 다른 맥락에서 로마—당시에도 25,000명의 주민이 거주하는 이탈리아에서 가장 큰 도시였다—등과 같은 독립된 지역과 도시들이었다.[25] 8세기 말 무렵에는 비잔틴이 지중해 중부를 지배하면서 시작된 침체에서 벗어나 지중해 동부와의 상업적 관계가 강화되었다. 812년 카롤루스 대제와 비잔틴제국의 황제 미카엘Michael이 맺은 조약*으로 베네치아는 지중해 동부 지역에서 커다란 기회를 갖게 되었다.[26] 9세기 초 베네치아는 지중해 동부 지역의 물건을 교역하는 항구로서 마르세유의 뒤를 잇는 계승자로 떠올랐다. 과거 랑고바르드의 전임자들이 그랬던 것처럼 베네치아는 이제 이탈리아의 카롤링 왕으로부터 보호를 받게 되었고, 840년에는 로타리우스Lotharius 황제의 보호를 받았다. 로타르 조약pactum Lotha-

---

* 엑스라샤펠 조약Treaty of Aix-la-Chapelle. '엑스라샤펠'은 독일 아헨의 프랑스 이름으로 일명 '아헨 조약'이라고도 한다. 이 조약으로 두 제국 사이의 영토 경계가 확정되었고, 카롤루스 대제는 베네치아—비잔틴제국의 관할권 내에서 차지를 인정받고 있었지만, 810년 프랑크왕국이 침략해 점령하고 있었던—를 비잔틴제국에 반환하는 대가로 미카엘 황제로부터 프랑크왕국 황제로 인정받았다.

rii*을 통해 베네치아는 통행세와 정박세ripaticum를 면제받았고, 베네치아 상인들이 프랑크왕국의 중부와 북부 지역으로 활동을 넓힐 수 있게 된 반면, 프랑크왕국의 상인들은 베네치아인들로부터 해상 교역을 허가받았으며, 베네치아의 상업 활동에 돈을 들고 참여하기까지 했다. 785년경 베네치아 상인들은 파비아**―이탈리아에 있는 왕의 수도―로 비단과 비잔틴 직물pallia을 들여왔다. 한 세기 후 생갈 수도원의 유명한 사제이자 이야기꾼인 노르케르 발불루스Notker Balbulus는 비단·티루스Tyrus***산 자주색 옷감·담비 털·페르시아 향유·연고·향수·의약품·안료가 근동 지방에서 파비아로 수입되었다고 말했다. 〈교황 연대표Liber Pontificalis〉에 따르면 일찍이 750년 베네치아인들은 수출할―아마도 북아프리카로―노예를 사기 위해 로마까지 이동했다. 827년에는 베네치아 상인들이 알렉산드리아에서 생마르크St Marc의 유물을 자신들의 도시로 가져왔다. 보헤미아와 아바르Avar의 영토를 지나 다뉴브강을 통해 오스트마르크(현재 오스트리아)와 바이에른으로 수입된 유럽 동부의 물건들은 뷘드너 고갯길을 넘어 베네치아로 들어온 후 지중해 동부로 수출된 것으로 보인다.²⁷ 824~

- 840년 베네치아와 프랑크왕국의 로타리우스 황제가 체결한 협정. 이 협정에서 베네치아는 슬라브족과의 전투에서 프랑크왕국을 지원하는―특히 함대―대가로 안전과 특권을 보장받았다. 특히 눈에 띄는 것은 베네치아 상인들의 기독교도 노예 판매를 금지한 것이다.
- 본래는 랑고바르드왕국의 수도였다. 774년 랑고바르드왕국을 점령한 카롤루스 대제는 이곳에서 랑고바르드 왕으로 즉위했다.
- 현재 레바논 남부에 위치해 있는 도시 '티레Tyre'의 옛 이름.

170

825년 무렵 쿠어 지역―오늘날의 스위스 북동부―의 왕실 영지가 기록되어 있는 영지명세장을 보면, 발렌슈타트Walenstadt―발렌 호수Walensee가 있는―가 바이에른을 거쳐 유럽 동부에서 수입된 것으로 추정되는 노예와 말에 통행세를 부과했음을 알 수 있다. 이것들은 알프스 고갯길을 통해 이탈리아로 수송된 뒤 지리적 방향상 베네치아로 수송되었을 가능성이 높다. 이탈리아 경로에 있는 발렌슈타트의 지위는 791~796년 앨퀸Alcuin[****]이 쿠어의 주교에게 보낸 편지에서 확인할 수 있다. 이 편지에서 앨퀸은 쿠어의 주교에게 이탈리아에서 집으로 물건Italiae mercimonia을 가지고 올 자신의 상인에게 유리하도록 통행세 징수인과의 사이에서 중재해줄 것을 부탁했다.[28]

836년 나폴리 상인들이 베노벤토Benevento 지방에서 사냥한 노예들을 이집트로 수출할 예정이었다고는 하지만, 이탈리아 남부 비잔틴 도시들의 국제적 상업은 베네치아보다 지리적으로 덜 광범위했을 것이다. 카롤링 시대에 베네치아나 다른 이탈리아 항구를 통해 지중해 동부에서 서유럽으로 수입된 물건에 대한 자료는 거의 존재하지 않는다. 라인강을 따라 올리브유를 수송했다는 이야기 외에 캉브레 시장에는 '돈만 있다면' 사야 할―글을 쓴 사람의 말에 따르면―향신료와 여타의 특별한 동양 물건들

[****] 732년경~804년. 영국 요크 출신의 성직자. 카롤링 르네상스로 알려진 학문의 부흥을 주도한 학자 중 한 명이다. 카롤루스 대제의 초청으로 아헨을 방문한 뒤 그곳 궁정학교에서 왕실 가족을 가르치기도 했다. 그가 남긴 300통 이상의 라틴어 편지는 당시 역사를 연구하는 데 있어 귀중한 사료로 평가받고 있다.

이 있다는 글이 있지만, 여기에는 논란의 여지가 있다. 보존되어 있는 사본은 822년과 986년 사이에 작성된 것으로 추정되지만―이 글이 822년 코르비의 아달하르투스 수도원장의 유명한 칙령보다 앞서기 때문에―, 피렌과 그의 뒤를 따른 몇몇 연구자들은 이 글을 전형적인 메로빙 시대의 글로 간주하고 카롤링 시대와 비교하는 데 이용했다. 그들에 따르면 카롤링 시대에는 그러한 글이 불가능했다.

이러한 순환논증은 납득하기 어려우며, 현재로선 명확한 견해를 제시할 수 없지만 그 글이 쓰인 시기가 사본이 작성된 시기에 해당하고, 코르비의 아달하르투스 칙령과 관련이 있을 가능성을 배제할 수는 없다.[29]

8세기와 9세기 지중해와 그 주변의 불안정한 정치적·군사적 상황, 이탈리아 랑고바르드 지역 내부의 역동성 부재―베네치아와 랑고바르드의 관계, 그리고 이탈리아에 있는 다른 비잔틴 도시들과 지중해 동부의 관계가 증진되었음에도 불구하고―, 지중해 주변에서 발생한 서유럽 수출에 적합한 고급 도자기 생산의 감소와 이로 인한 고고학적 사료의 부족. 이러한 요인들이 카롤링 시대에 지중해에서 생산된 물건이 서유럽으로 수입되었다는 증거를 찾기 어려운 이유를 설명해준다. 원인은 피렌이 주장한 이슬람의 침략과 공격처럼 단일하지 않고 복합적―이슬람은 그중 하나이다―이며, 그 결과는 피렌이 올바르게 본 것처럼 무게 중심이 유럽의 북서부와 북부로 이동하게 되었다는 것이다. 그러나 이들 북부 지역의 역동적 경제가 고고학적 증거들―피렌은 알 수 없었던—을 만들어냈고, 이제는 그 증거들을 살펴볼 차례이다.

프랑크왕국과 유럽 북부, 주로 영국과 스칸디나비아와의 교역 관계에 대해 알려져 있는 사실은 대부분 고고학적 증거에 기초해 있으며, 간혹 문헌 기록을 통해 확인되기도 한다.[30] 카롤링제국에서 북쪽으로 수출된 제품들—도자기·유리·맷돌·금속제품—은 주로 고고학적으로 발견된 반면, 북쪽에서 수입된 제품들—모피·가죽과 피혁·밀랍·호박琥珀·심지어 노예까지—은 물질적 흔적을 거의 남기지 않았다. 이로 인해 영국과 스칸디나비아로 수입된 물건이 이들 지역에서 카롤링제국으로 수출된 물건보다 많다는 인상을 받게 되는데, 이는 정확할 수 있다. 북부에서 발견된 수많은 카롤링 주화는 바이킹에게 바친 공물과 관련이 있을 수 있으며, 따라서 반드시 불평등한 수지收支를 반영하지는 않는다.

8세기 중반 이후 북해에서 활동한 상인들은 대부분 프리슬란트인들이었고, 북해와 그 주변의 상업의 역사는 주로 그들의 역사였다.[31] 이들은 도레스타드와 알프스 사이의 라인강을 따라 활동하기도 했다. 9세기 후반에 그들은 라인강을 따라 있는 여러 도시—보름스·마인츠·뒤스부르크Duisburg·크산텐 인근의 비르텐Birten—에 콜로니를 건설했다. 7세기 말 이전에 한 프리슬란트 상인이 런던에 홀로 있었던 것을 제외하면, 적어도 753년 이후부터 프리슬란트 상인들이 영국 상인들의 뒤를 따라 생드니 박람회에 집단적·정기적으로 나타났다는 것은 북부 상업을 그들이 장악하기 시작했음을 의미한다. 그들은 센강 지역의 포도주를 사기 위해 생드니 박람회를 찾았고, 그것을 프리슬란트 고향으로 수송했을 뿐만 아니라 알자스산 포도주처럼—헤데뷔에서 나무통 유물이 발견되었다—카롤링제국의 국경 밖으로 수출했을 가능성이 있다. 그러나 파리 지역의 포도주가 나무통이나 바도로프 형태의 항아리와 암포라amphores에 담겨 수송되었는지는 알 수 없다. 영국에서는 775년경으로 거슬러 올라가는 가장 오래된 도자기 파편이 런던에서 발굴되었다. 바도로프 도자기는 쾰른 남쪽의 브륄 인근에서 생산되었으며, 생드니 박람회에서 사용되었는지는 확실하지 않다. 바도로프 유형의 항아리와 암포라가 사치품으로 수출되었는지, 아니면 포도주가 채워져 있었는지 역시 고고학적으로는 확인이 불가능하다. 그러나 이 도자기의 파편이 사우샘프턴 인근 영국 해협 연안—루앙의 센강 하류 어귀 맞은편—에 있는 햄윅 엠포리움에서 대량으로 발견되었다. 825년 무렵까지 짧은 기간 동안이지만 코블렌츠와 안데르나흐에서 멀지 않은 라인강과 모젤강 사이의 니더멘딩 지역에서 생산된 이른바 태팅이라는 유명한 항아리도 마찬가지이다. 이 두 가지 유형의 도자기 모두 스칸디나비아로 수출되었으며, 발견된 도자기의 5~7퍼센트가 리베와 헤데뷔에서 발굴되었다.[32] 더 북쪽으로는 오슬로 근교의 카우팡Kaupang과 특히 스웨덴 버르크외 섬Björkö—스웨덴 중부 멜라렌 호수Mälar에 있는—의 교역항 비르카에서도 이 도자기들이 발견되었다. 비르카와 도레스타드의 관계는 8세기 말과 9세기 초에 특히 긴밀했기 때문에, 아무리 멀리 떨어져 있

174

었다 하더라도 프리슬란트 상인들이 이 도자기들을 그곳으로 가져왔다는 데는 의심의 여지가 없다. 이러한 주장을 뒷받침해주는 문헌 자료가 비르카 지역에서 포교 활동을 한 브레멘-함부르크Bremen-Hamburg 대주교 안스카리오Anschar의 생애를 다룬 전기 『비타 성인전Vita Anskarii』이다. 여기에는 비르카에 살고 있던 프리데부르크Frideburg라는 부유한 여인의 이야기가 담겨 있는데, 그녀는 845년에서 850년경 자신의 딸 카틀라Catla에게 (추정컨대) 자신의 재산을 도레스타드의 교회들과 가난한 사람들에게 나누어주라는 유언을 남겼다.[33] 같은 출처에 따르면 헤데뷔에도 도레스타드나 함부르크에서 세례를 받은 기독교인들이 많았고, 이들은 그 지역의 상류 계급에 속했다. 리베·헤데뷔·카우팡·우플란드 스웨덴Uppland Sweden(움살라), 그리고 영국에서는 주로 런던과 햄윅에서 라인강 지역의 유리제품과 아르덴산 유리제품—특히 깔때기 모양의 컵과 구슬—이 발견되었는데, 후자는 아마도 떠돌이 장인들에 의해 리베에서도 생산되었을 것이다.

이 물건들은 사치품이었지만, 마엔 인근의 니더멘딩 용암 함몰지에서 제작되어 안데르나흐 선착장에서 북쪽으로 라인강을 따라 수송된 검은 색 맷돌은 확실히 사치품이 아니었다.[34] 맷돌의 종류는 한 가지—지름이 40~50센티미터—였고, 영국에서 유틀란트에 이르기까지 모든 엠포리아에서 조각이 발견되었다. 오파 왕조차 '검은 돌'이라고 불리는 것에 관심을 가졌던[35]—카롤루스 대제가 그에게 보낸 편지에서 알 수 있듯이—영국에서는 주로 남동부 시골 지역에 맷돌 조각이 분포되어 있다. 이 맷돌은 프리슬란트인들에 의해 배로 수송·거래되었음이 분명하다. 도레스타드에서는 수백 개의 조각이 발견되었는데, 이는 국내에서 사용하기에 충분한 양이었다. 맷돌의 생산은 9세기에 들어서자마자 중단되었다. 뫼즈강과 라인강 지역(쾰른)에서 제작된 유명한 프랑크왕국의 검 ― 날에 글자가 새겨져 있고 손잡이에 장식이 있는― 은 유럽 전역에서 발견되었지만, 특히 스칸디나비아에서는 귀중품으로 여겨졌다.[36] 그러나 이 검들이 상업적 물건으로 스칸디나비아에 들어왔는지는 입증하기 어렵다. 도레스타드를 제외하고 이 검은 어떤 엠포리아에서도 발견되지 않았다. 스칸디나비아와 영국 남동부 시골에서 발견된 검은 바이킹이 전리품으로 자신들의 집에 가져온 것일 수 있다. 더욱이 카롤루스 대제와 그의 후계자들이 프랑크왕국의 무기 수출을 법으로 거듭 금지했다는 사실을 잊어서는 안 된다.

직물은 고고학적 흔적을 거의 남기지 않았다. 비르카·카우팡·헤데뷔에서 발굴된 일부 파편을 제외하면, 직물이 프랑크왕국과 영국, 스칸디나비아 사이의 교역 대상이었음이 분명하다는 주장은 문헌 자료에 우연찮게 등장하는 몇몇 구절을 근거로 한다. 가장 잘 알려져 있는 것이 886~867년경 생갈 수도원의 사제이자 이야기꾼인 노르케르 발불루스가 쓴 『카롤루스 대제 공적록Gesta Karoli』에 나오는 팔리움 프레소니카pallia Fresonica와 사가 프레소니카saga Fresonica에 대한 언급이다.[37] 이 직물은 색상이 다양했으며, 대부분의 전문가들은 카롤루스 대제가 바그다드의 칼리프 하룬 알 라시드에게 선물로 보냈을 만큼 품질이 좋은 고급

천이었다고 생각한다. 820년대에 아키텐Aquitaine의 왕 피핀에게 검은 에르몰뒤Ermold the Black˙가 헌정한 시에는 상인들이 프리슬란트에서 다양한 색상의 코트를 알자스로 가져왔다는 내용이 담겨 있다. 프리슬란트 직물은 플랑드르에서 제작되었으며, 프리슬란트 상인들은 수송만 했을 뿐이라는 피렌의 주장—많은 논란을 불러일으킨—이후 프랑스의 프리슬란트 역사 전문가 스테판 르베끄Stéphane Lebecq는 고고학적 근거를 바탕으로 이 직물이 프리슬란트에서 제작되었다고 결론 내렸다. 그 이전의 일부 학자들은 이 직물이 프리슬란트인들에 의해 영국에서 대륙으로 수출된 것이라고 주장했다. 그들은 프리슬란트와 관련된 의문과는 별개로 영국 직물이 실제로 대륙으로 수출되었다는 사실을 근거로 자신들의 주장을 입증해 보였다. 796년 직후 메르시아의 오파 왕에게 보낸 유명한 편지에서 카롤루스 대제는 오파가 요청한 '검은 돌'에 대한 대가로 영국은 평소와 같은 길이의 코트를 프랑크왕국으로 수출해줄 것을 요청했다. 아마 잘 알려져 있지는 않을 테지만, 이런 맥락에서 못지않게 중요한 것은 800년에 생베르탱 수도원에 현지어로 베르니크리스트bernicrist라고 하는 해외에서 가져온 셔츠용 천drappos ad kamisias ultromarinas que vulgo bernicrist vocitantur을 살 수 있도록 얼마간의 돈이 기부되었다는 사실이다.[38]

- 피핀의 아키텐 궁정에서 살았던 시인이자 성직자. 라틴어 이름은 에르몰두스 니젤루스Ermoldus Nigellus이다. 824년 피핀과 함께 브르타뉴 원정을 떠나기도 했지만, 826년에서 828년 사이에 궁정에서 쫓겨난 뒤—그 이유는 아직까지 정확하게 알려지지 않았다—황제의 총애를 다시 얻기 위해 이 시를 썼다고 한다.

중부 및 동부 유럽과 프랑크왕국의 교역은 영국이나 심지어 스칸디나비아와의 교역과는 다른 정치적·군사적 맥락에서 살펴보아야 한다. 이는 독일 중부와 남동부를 지나는 엘베강·잘레강·다뉴브강에 의해 형성된 제국 이 쪽의 국경이 정치적 최전방일 뿐만 아니라 군사적으로도 최전선이어서 통제가 매우 엄격했기 때문이다. 다양한 칙령, 특히 티옹빌 칙령(805)에는 교역을 통제한 증거가 있으며, 아마도 엘베강 연안의 바르도윅Bardowiek·마그데부르크Magdeburg에서부터 잘레강 연안의 엘베·에어푸르트Erfurt·할슈타트Hallstadt·포르크하임Forcheim, 다뉴브강 연안의 레겐스부르크Regensburg·로르슈에 이르기까지 이 강들의 여러 곳에서 통행세가 부과되었을 것이다.[39] 보다 구체적으로 말하자면 브루니아brunia라고 하는 사슬갑옷의 판매와 밀거래는 대단히 엄격하게 금지되었다. 프랑크왕국의 남동쪽 변경과 바이에른의 동쪽 지역, 그리고 아바르족과 프랑크왕국 사이의 군사적 완충지대인 오스트마르크의 동쪽 변경은 긴장이 덜했다. 왕국 구석의 이러한 상황은 903년에서 905년까지 통행세에 대해 실시된 라펠슈테텐 조사―앞서 지역 간 교역의 관점에서 살펴보았던―에 잘 드러나 있다. 이 조사 결과에는 키예프-크라쿠프Cracow-프라하 경로를 통해서 온 체코인과 러시아인들이 노예와 말, 밀랍을 수입했다는 증거가 있다. 이러한 수입품의 대부분은 알베르크Arlberg를 거쳐 발렌 호수가 있는 스위스 북동부의 발렌슈타트로 보내졌으며,―국제 교역에서 베네치아의 지위를 고찰할 때 분명히 밝힌 바와 같이―그곳에서 뷘드너 고갯길 중 하나를 통해 베네치아로 수송되었다.

결론

결론적으로 카롤링 시대에는 국제 교역보다 지역 간 교역이 더 중요했다고 말할 수 있다. 국제 교역은 중요한 왕실 통행세가 부과되는 프랑크왕국 변경 지역들과 이론에 따르면 이탈리아의 비잔틴 영토와 도시들, 특히 베네치아에 집중되어 있었다. 남부 유럽에서 수입·수출된 물품에 관한 정보는 드물다. 이탈리아의 과거 비잔틴 영토로 수출된 뒤 그곳에서 다시 이슬람 북아프리카로 수출된 주요 품목은 노예였다. 프랑스 남부의 일부 도시를 거쳐 유럽 북서부에서 이슬람 스페인으로 노예를 수출하는 것 역시 마찬가지로 중요했다. 이탈리아의 과거 비잔틴 항구와 베네치아를 통해, 그리고 이슬람 스페인에서 프로방스로 동양의 향신료·향수·비단이 수입되었다는 것은 과장이 아닐 것이다.

유럽의 알프스와 루아르강 북쪽 지역은 국제 경로와 지역 간 교역이 밀접하게 얽혀 있었다. 특히 스칸디나비아로 가는 주요 관문인 라인강—알프스에서 도레스타드까지—이 그러했다. 유리제품·도자기·맷돌·직물을 스칸디나비아로 수출하는 것이 스칸디나비아로부터 어떤 물건—거의 알려져 있지 않다—을 수입하는 것보다 중요했다. 캉토빅·발리크럼-돔부르크·도레스타르를 통한 영국과의 교역은 지역 간 교역의 확장이었고, 주로 포도주·도자기·맷돌을 영국으로 수출하고 영국에서 대륙으로 직물을 수입했다.

국제 교역에 비해 지역 간 교역의 움직임은 특히 고고학적 증거보다는 문헌 자료―도자기와 맷돌은 제외하고―덕분에 훨씬 더 잘 알려져 있다. 실제로 카롤링제국의 심장부인 라인란트와 저지대 국가, 그리고 프랑스 북부에서는 확실히 지역 간 교역이 우세했다. 지역 간 교역―초기 학자들, 특히 피렌이 말한 것보다 훨씬 더 중요했던―은 그 지역의 거대한 영지에 기반을 두고 있었다. 라인강·루아르강·센강·뫼즈강·모젤강·마옌강을 통해 수송되는 주요 품목인 곡물, 포도주, 소금은 이러한 영지들에서 생산된 잉여생산물이었다. 카롤링 시대에 유럽 북서부에서 이렇듯 상업이 번성하게 된 이유를 가장 잘 설명해주는 것이 카롤링제국의 장원경제와 상인 계층의 역동성이다. 이들은 주로 프리슬란트 상인들이었고, 대체로 장원경제와 교회의 영주를 위해 일했지만, 동시에 자신의 이익을 위해 활동할 만큼 충분히 자유로웠다.

THE CAROLINGIAN ECONOMY

IV부
카롤링 경제의 역동성

8장

화폐와
가격
운동

화폐의 역사

카롤링 시대 화폐 사용에 관한 일반적이고 어려운 문제를 다루기 전에 먼저 그들의 엄격했던 화폐의 역사를 간략하게 살펴보고자 한다. 이는 해석보다는 사실을 우선시하기 위함이다.[1]

피핀 3세는 왕위에 오른 직후인 754~755년에 은화 데나리우스—7세기 마지막 수십 년 동안 금화 트레미시스를 서서히 대체했던—의 표준 중량을 1.1그램에서 1.3그램으로 복원했다. 카롤루스 대제는 768년부터 793년까지 통치 첫 10년 동안 이 무게를 바꾸지 않고 유지했으며, 주화 주조소의 수를 약 40개로 줄였다. 806년 주화의 앞뒷면을 자신의 황제 지위에 맞게 바꾼 것을 제외하면, 814년 사망할 때까지 카롤루스 대제 통치 기간 중 단행된 유일한 화폐 개혁은 793~794년 겨울에 데나리우스의 무게를 1.3그램에서 1.7그램으로 늘린 것이었다. 무거워진 데나리우스는 예컨대 소작료와 같이 정해진 의무가 전혀 바뀌지 않은 채무자에게는 불리하고 채권자에게는 유리했기 때문에 도입이 쉽게 받아들여지지 않았다. 그리어슨, 되에르Renée Doehaerd[2], 볼린, 롬바르드[3] 등은 카롤링제국의 국제 관계, 특히 동-서 수출 교역에서 금과 은의 관계가 변하면서 낮은 은 가격이 보상되었을 것이라고 설명한다. 금은 동쪽에서 독점적인 주화로 주조되었고, 이에 따라 은이 서유럽으로 다시 돌아오게 되었을 것이다. 그러나 다음과 같은 의문이 제기될 수 있다. 이 수출 교역이 동쪽과 서쪽 사이의 금과 은의 흐름에 영향을 미칠 정도로 중요했는가? 푸아티에Poitiers 인근 멜르Melle에서 (새롭게) 개발된 은광이 은 가격에 영향을 미칠 수 있지는 않았을까? 혹은 793~794년 겨울 통화 개혁이 단행되기 몇 개월 전에 발생한 기근(792~793)으로 인해 곡물 가격이 지속적으로 상승했다는 사실을 고려해 새 주화의 구매력이 그 무게에 따라 증대되었다고 가정해야 하는가? 그리어슨-블랙번Mark Blackburn이 제시한 가장 최근의, 그리고 가장 일반적으로 받아들여지고 있는 해석은 793~794년의 화폐 개혁이 동시에 수행된 도량형 개혁 — 모디우스의 용량을 50퍼센트 늘린 — 의 일환이었다는 것이다. 데나리우스의 무게 — 아마도 은 함량 역시 — 와 구매력이 30퍼센트 증가한 것과 비교하면 그 연관성은 분명해 보인다. 이와 함께 반쪽 데나리우스 또는 오볼obol*이 처음으로 주조되었는데, 이는 가치가 덜한 주화에 대한 경제적 요구를 만족시키기 위한 것임이 분명했다. 793년 기근 이후 프랑크푸르트 공의회**는 794년에 새로운 모디우스에 따라 곡물과 빵의

- 　작은 은화.
- 　카롤루스 대제에 의해 소집된 프랑크푸르트 공의회는 데나리우스를 법정화폐로 공인하고, 주화 주조 기준을 확립함으로써 카롤링왕조 화폐 개혁의 출발점으로 평가받고 있다. 공의회는 '모든 사람이 새로운 데나리우스를 법정화폐로 수용해야 하며, 데나리우스로 물건을 사고 팔기를 거부하는 경우 15솔리두스 — 한 수레 분량의 밀 가격 — 의 벌금을 내야 한다'고 명령했다.

가격 상한을 정하고, 새로운 데나리우스novi denarii를 보편적으로 도입할 것을 명령했다. 교회 최고의 권위를 갖는 이 결의는 카롤 링왕조 경제 정책의 도덕적 근거를 입증해주는 증거일 뿐만 아니라, 루스 대제가 화폐 개혁을 추진하면서 직면하게 된 어려움을 보여준다. 프랑크푸르트 공의회에서 책정된 벌금은 전체 화폐 법안—화폐 문제에 관한 칙령들에 규정되어 있는 많은 명령으로 구성된—의 일부로 809년에도 되풀이되지 않을 수 없었다. 위조 또한 근절해야 할 해악 중 하나였다. 805년 주화 주조를 왕실로 제한한다는 명령—유명한 티옹빌 칙령에 규정된—은 808년 네 이메헌Nijmegen 칙령에서도 반복되었다. 그러나 위조를 종식시킬 목적으로 반포된 이 명령은 주화가 부족하다는 이유로 재개장을 요청한 지역 주조소들의 요구에 응함으로써 곧 무력해졌다. 최소한 오래된 주화의 유통을 막는 데 성공할 수만 있다면, 주화 개주改鑄***는 위조를 방지할 수 있는 또 다른 수단이었다. 주화 개주는 경건왕 루이의 통치 아래 실시되었다. 그의 화폐 정책은 나약하고 무능한 통치자라는 전통적인 이미지와는 대조적으로 통일성과 강력한 통제력을 특징으로 했다.* 이 시대에 세 번의 개주가 있었다. 첫 번째는 그의 아버지가 사망한 후인 814년에, 두 번째는 818년, 세 번째는 822~823년에 실시되었는데, 두 번째 개주에서는 데나리우스의 무게를 1.8그램으로 늘렸지만, 세 번째 개주에서는 다시 1.7그램을 도입하는 데 성공했고, 유통이 금지된

●●●　주화의 금속 함량을 조절해 새로 주조하는 것을 말한다.

주화는 신속하게 유통에서 제거되었다. 이는 제국 전역에서 새로운 주화가 빠르게 유통되었음—경제 상황이 양호했다는 신호—을 가리킨다. 이러한 점에서 817년 라인강 동쪽의 레겐스부르크에서 주조소가 처음—그리고 오랫동안 유일하게—개장되었다는 것은 주조량이 아무리 미미했을지라도 상징적이다. 소규모 거래에 적합한 오볼 역시 경건왕 루이의 통치기에 특히 많이 주조되었다.

843년 정치적 분열* 이후에는 통제가 느슨해지고, 주조 방식과 모양의 통일성이 저하되었으며, 유통은 더욱 지역화되었다.* 데나리우스의 은 함량 또한 감소해 대머리왕 샤를의 직위 첫 해에는 데나리우스의 은 함량이 50퍼센트밖에 되지 않았다. 그러나 864년 피트르Pitres '칙령'**에 의해 도입된 개혁으로 보강된 화폐, 즉 은 함량이 96퍼센트인 새로운 데나리우스(Gratia Dei Rex***, GDR 유형)가 균일하게 주조되었다. 그러나 곧이어 은의 가치 저하와 부족이 뒤따랐고, 이는 100년 이상 지속되었다.* 몇몇 주조소는 거의 한 세기 동안 주화를 발행하지 못했다—마스트리히트

• 840년 경건왕 루이가 사망한 후 그의 세 아들—로타르·독일왕 루이·대머리왕 샤를—사이에 내전이 벌어졌고, 3년간의 내전 끝에 프랑크왕국을 동프랑크·중프랑크·서프랑크로 분할해 통치한다는 베르됭 조약(843)이 체결되었다.

•• 864년 대머리왕 샤를이 피트르에서 반포한 칙령. 이 칙령은 주조소의 수를 엄격하게 제한하고—예컨대 프랑스에는 최소한 9개의 주조소가 있었는데 이 칙령으로 3개(루앙·르미·파리)로 줄었다—, 위조에 대한 처벌을 재규정했으며, 과거에 주조된 데나리우스를 새로운 데나리우스로 교환할 것을 명령했다. 샤를은 새로운 데나리우스로 지불하기 거부하는 사람을 체포하기 위해 군사를 보내기도 했다고 한다.

••• '신의 은총으로 황제가 된'이라는 뜻의 문구로 주화에 새겨졌다.

186

는 882~887년까지, 비즈Visé는 877~879년에서 983~986년까지, 나무르Namur와 디낭은 900~911년에서 983년까지 주화를 발행하지 못했다. 845년부터 노르드인Norsemen[****]에게 바쳐온 조공은 피트르 칙령이 반포되기 이전인 853·861·862년과 반포된 이후인 866년에도 계속되었지만—845년 7000파운드, 861년 5000파운드, 862년 6000파운드, 866년 4000파운드—,[7] 특히 칙령이 반포된 이후 스칸디나비아인의 침략이 주화 감소에 얼마나 큰 영향을 미쳤는지에 대해서는 약간의 논란이 있어왔다.

이러한 조공이 전부 주화였는지는 명확하지 않지만—그리어슨은 조공을 바칠 주화를 공급하기 위해 새로운 주조소를 개장했다고 생각한다—, 데인인들이 노략질해 간 상당량의 은이 서유럽으로 다시 돌아와 유통되었는지는 불분명하다. 이와는 반대로 데인인의 침략으로 주화와 은이 부족해졌을 가능성이 있다. 은과 주화의 부족은 지역적으로 중요한 주조소를 더 많이 개장하고, 유통이 느려지고 지역적이 되었으며, 주화의 은 함량이 감소하게—그 시기의 많은 주화 비장에서 확인할 수 있는—된 원인이 되었다.

지금까지의 그림에서 이탈리아는 제외되어 있었는데, 이탈리아는 화폐의 역사가 상당히 다르기 때문이다.[8] 이탈리아는 과거 비잔틴 시대와의 연속성이 강했고, 프랑크왕국의 데나리우스

[****] 주로 스칸디나비아 반도에 살았던 부족 중 하나로 데인인을 포함해 흔히 '바이킹'이라고 불렸다.

는 프랑크왕국이 이탈리아 북부와 중부를 정복하고 몇 년 후인 781년 만토바 칙령에 의해 도입된 외국 화폐였다. 그 이전까지는 대규모 거래에 사용되는 금 주화 외에 작은 청동 주화와 은 주화가 비잔틴 전통에 따라 주조되었다. 카롤루스 대제의 데나리우스는 이 작은 은화보다 훨씬 무거웠기 때문에 데나리우스가 도입되자 소액 거래에 필요한 주화가 부족해졌다. 이는 프랑크왕국 중심부의 상황과 정반대이다. 상업이 포강 유역의 상업과 유기적 관련이 없던 이탈리아 중부의 경우가 여기에 해당했다. 국제 교역에는 프랑크왕국의 무거운 데나리우스가 더 적합했기 때문에 포강 유역의 상황은 그렇게 심각하지 않았다. 그러나 이탈리아에서 프랑크왕국의 데나리우스는 지불수단보다 부의 축적수단으로 더 많이 기능했다. 이탈리아에서는 106개가량의 카롤링 주화가 발견되었는데, 저지대 국가에서 발견된 주화 625개에 비하면 매우 적은 숫자이다.

화폐의 사용

주화 주조와 상관없이 화폐의 사용 또는 상대적 부족은 구매·판매 또는 소작료 지불에 관한 규정에서 추론할 수 있다. 일부 사례에 따르면 주조소가 없던 라인강 동쪽에서조차 화폐나 현물 둘 중 하나로 지불이 가능했다.[9] 그러나 현물이건 화폐건 사용 빈도에 관한 통계는 찾아볼 수 없다. 화폐 부족이나 기근 또는 식량 부족이 명시적으로 언급되어 있지는 않지만, 그러한 경우 포도주와 곡물 등과 같은 현물 공납을 화폐로 대신할 수 있다는 기록이 있다.

정기적으로 바쳐야 하는 현물 공납이 화폐로 대체된 경우도 있다. 9세기 말(893) 프륌 수도원의 영지명세장에는 이에 관한 몇 가지 사례가 기록되어 있다. 이는 10세기에 이러한 경향이 보다 일반화될 것임을 암시한다. 9세기 초(829) 자유인 노동자operarios conducere는 아르겐툼argentum, 즉 은—주화로 주조된 것이건 아니건—으로 품삯을 받기도 했다.[10] 얼마 후에는 수송이나 농업 같은 의무적인 노동부역도 화폐로 대신할 수 있게 되었다. 특별한 경우에는 데인인에게 주화로 주조되지 않은 은을 공물로 바쳤을 수 있다.[11] 가난한 사람들의 생계를 위해 징수된 특별세 또한—780년의 기근 때처럼—주조되지 않은 은으로 부과되었다. 811년에는 군역세heribannus도 금과 은·직물·무기·소로 부과되었다.[12]

주조소의 수와 존재는 대부분의 경우 화폐가 부족하거나 시장과 같이 주로 지역적으로 중요한 상업이 번성해 화폐가 필요했음을 의미한다. 869년 프륌 수도원의 롬머스하임Rommersheim 영지에서처럼 시장의 개설은 종종 주조소 개장과 병행되기도 했다. 그러나 일반적으로 주조소는 이러한 시골 중심지가 아니라 오래된 키비타스나 나중에 생긴 포르투스 같은 타운에 위치해 있었다. 이러한 타운에서 주화는 대개 지역적으로 유통되었지만, 전적으로 그랬던 것은 아니다. 주조소의 지리적 분포와 더 구체적으로 말하자면 밀도는 프랑크왕국에서 경제적으로 가장 활발한 지역이 어디인지를 보여준다—카롤링 시대 주조소의 10분의 9는 루아르강과 라인강 사이에 위치해 있었다. 라인강 동쪽에는 817년 레겐스부르크에 주조소가 처음 개장되기 전까지 주조소가 없었다. 이는 독일의 라인강 동쪽 지역에서는 주화가 유통되지 않았다거나 화폐 지불이 전혀 없었다는 의미가 아니다. 9세기에는 이 지역에서도 오랫동안 현물이나 특수 저울—고고학적으로 상당히 많은 수가 발견되었다—로 무게를 단 은—주화로 주조되지 않은—으로 소작료가 지불되었다.[13]

주조소의 수와 지리적 분포는 경제적 요인에 좌우되었을 뿐만 아니라 다양한 정치적 함의가 담겨 있을 수 있다. 여기에는 주조소의 수를 제한하고 통제하는 왕의 권력이 반영되어 있거나 혹은 그 반대일 수도 있다. 카롤루스 대제나 경건왕 루이의 통치 하에서와 같이 주화를 주조할 수 있는 권력이 중앙에 집중되어 있었을 때도 왕은 그 수를 열 개 이하로 줄이는 데 결코 성공하지 못했다. 고작해야 금형의 수를 줄일 수 있었을 뿐이었다. 877년 대머리왕 샤를이 사망한 후에는 많은 주조소가 주교—특히 라인강 동쪽뿐 아니라 프랑스에서도—와 수도원에 양도되었다.

화폐의 역사는 카롤링 경제에서 주화가 수행한 역할에 관한 질문에 명확한 답변을 제공해주지 않는다. 따라서 이 문제를 둘러싸고 전문가들의 견해가 엇갈린다는 사실은 놀라운 일이 아니다. 이들 중 일부는 주화가 주로 교역을 통해 유통되었다고 생각한다.[14] 다른 이들, 무엇보다 가장 저명한 전문가 중 한 명인 필립 그리어슨은 놀랍게도 주화가 거의 유통되지 않았으며, 상업에서 주화가 사용된 것은 사실상 부차적인 특징에 불과하다고 거듭 주장했다. 그리어슨에 따르면 주화는 가치의 기준과 부를 축적하는 수단으로 기능했을 뿐이며, 중세 후기처럼 교환수단과 같은 역할을 하지는 못했다.[15] 메트칼프D. M. Metcalf는 "초기 카롤링 시대의 비장은 (…) 주화가 수백 마일에 걸쳐 빠르게 이동했으며, 유통속도가 충분했음을 보여준다"고 주장하면서 그리어슨의 견해에 강력한 이의를 제기했다.[16] 모리슨은 "카롤링 시대의 주화와 발굴된 주화를 상업 관계의 증거로 인용하거나 화폐 유적의 부재를 상업 관계가 없었다는 증거로 인용해서는 안 된다"고 경고하면서 다소 중간적인 입장을 취했다.[17] 나는 지역마다 상황이 다를 수 있다고 생각한다. 이는 특히 리인강 동쪽과 서쪽, 이탈리아 북부와 중부 지역을 비교할 때 더욱 분명하게 드러난다. 카롤링 제국의 심장부, 즉 루아르강과 라인강 사이의 지역은 인구 밀도가 높고, 시골과 도시 경제 모두 가장 발달한 곳이었으며, 화폐 유통 역시 가장 활발하고 역동적이었다.

특히 카롤링 시대의 화폐 역사로는 결코 해명할 수 없는 경제의 순환변동에 대해서는 더 말할 것도 없다. 유일하게 받게 되는 인상—그리고 이것 이상은 없다—은 8세기 중반부터 9세기 말까지 150년 동안 부침이 있었다는 것뿐이다. 경건왕 루이의 통치 첫 10년과 대머리왕 샤를의 통치 기간 중 피트르 칙령(864) 전후 시기는 경제적으로 상향 이동한 것처럼 보인다. 793~794년 카롤루스 대제의 개혁 시기에는 기근이 발생했기 때문에 이 시기가 대단한 번영기였는지 확실하지 않다.

가격

카롤링 시대에는 '화폐 공급'이 가격 형성의 주요 요인이 되지 못했고, 예컨대 현물과 같은 다른 지불수단이 존재했기 때문에 가격의 역사가 거의 도움이 되지 못한다. 9장에서 고찰하게 될 왕실의 개입을 제외하면, 자유가격free price은 주로 물건의 수요와 공급에 따라 형성되었다. 그러나 알려져 있는 가격 대부분은 시장가격이 아니라 주로 변동이 거의 없는 소작료와 영지명세장에 기록되어 있는 가치이므로 그다지 유용하지 않다. 반면 자유가격은 계절에 따라 변동될 수 있었다. 예를 들어 808년의 경우처럼 칙령에 의해 가격이 고정되지 않았을 때[18] 모피는 여름보다 겨울에 훨씬 비쌌다.[19] 당사자들 간의 협약도 가격 변동의 원인이 되었다.[20]

가장 민감한 가격은 곡물·빵·포도주의 가격이었다. 이들의 가격은 주로 풍작인지 흉작인지의 여부에 달려 있었고, 빵과 곡물은 모든 주민의 기본 식량이었기 때문이다. 이는 792~793년과 805~806년에 기근이 발생했을 때마다 카롤루스 대제가 빵과 곡물의 가격 상한을 정한 것을 보면 알 수 있다.[21] 첫 번째 기근 ─792년 흉작이 발생한 이후부터 793년 새로 추수를 할 때까지 계속된─이 있은 지 1년 후인 794년 6월 프랑크푸르트 공의회

192

에서 카롤루스 대제는 앞서 언급한 화폐 개혁뿐만 아니라, 이와 연계해 도량형 개혁을 추진해 새롭게 정한 곡물의 가격 상한을 표시했다. 공의회 결의(c. 4)에 따르면 이 가격 상한은 빈곤한 시기뿐만 아니라 풍요로운 시기sive tempore richiae sive tempore caritatis에도 적용되어야 했다. 곡물 가격은 두 가지 방식으로 표시되었다. 첫째, 귀리·보리·호밀·밀의 (새로운) 1모디우스 가격은 각각 1·2·3·4데나리우스였으며, 둘째 1데나리우스로 구매할 수 있는 밀·호밀·보리·귀리로 만든 빵 덩어리—각 덩어리의 무게는 2파운드—의 수는 각각 12·15·20·25개였다. 후자의 제도는 수세기 동안 사용되었으며, 잠시 덧붙이자면 이는 아마도 대부분 타운에 살면서 직접 빵을 굽지 않았을 사람들이 구운 빵을 쉽게 살 수 있었음을 의미한다. 식량이 부족한 특정 시점에 발생할 수 있는 예상치 못한 사태로 왕이 왕실에 비축해둔 곡물을 판매하는 경우—이 가격이 준수될 수 있도록—에는 아마도 위에서 말한 가격의 절반에서 4분의 1 낮은 가격, 즉 귀리는 1모디우스에 반 데니라우스, 보리는 1데나리우스, 호밀은 2데나리우스, 밀은 3데나리우스에 판매한다고 공표했을 것이다.

새로운 기근이 닥치자 이번에는 기근이 끝나기 전인 806년 3월에 네이메헌에서 유명한 칙령이 반포되었고, 예상할 수 있듯이 칙령에 따라 정해진 가격은 25퍼센트에서 100퍼센트까지 훨씬 높았다. 이제 1모디우스의 귀리·보리·스펠트밀(794년에는 언급되지 않은)·호밀·밀의 가격은 각각 2·3·3·4·6데나리우스가 되었다. 이것이 당시의 실제 가격 상한이었을 테지만, 그 이후 식량 부족이나 기근이 발생하지 않았을 때의 가격 상한이 훨씬 높았음을 감안하면—예컨대 829년의 가격은 806년의 네 배였다[22]—9세기 초반 몇 십 년 동안, 그리고 심지어 그 이후에도 가격은 상승하는 경향이 있었다고 추정할 수 있다. 왕이 가격을 결정할 때는 제국의 국경 밖으로 식량을 수출하는 것을 금지하고, 미래에 수확할 곡물의 판매를 통제하며, 상층 계급에게 자신의 장원에서 생산된 잉여생산물을 판매하기 전에 먼저 그들의 가솔, 즉 그들에게 예속되어 있는 비자유인이나 반자유인을 부양해야 한다는 의무를 부과하고, 다양한 형태의 고리대금을 금지하는 등의 중요한 조치들이 수반되었다. 고리대금의 금지는 789년 〈일반 권고Admonitio Generalis〉' 이후 카롤링왕조 정책에서 변함없이 유지되었다.[23] 이는 '정의로운 가격justum pretium'이라는 기독교 교리—9세기 중에 개발될—와 관련된 왕실 정책의 사회적·도덕적 목표를 가장 명확하게 보여주는 사례이다. 가난한 사람들의 보호와 기독교의 자선은 왕실이 경제 문제에 개입하고 조치를 취하는 것을 정당화했다. 그러나 경제 문제에 대한 왕실의 개입을 경제 정책의 표현이라고 할 수는 없다.

• 　카롤루스 대제가 칙령으로 공포한 법령 모음집. 이 〈일반 권고〉에서 카롤루스 대제는 성직자의 도덕적 책임과 의무를 강조하고 교육을 장려했다.

9장

경제와
국가

카롤링 시대에 아무리 중요했다 하더라도 왕이 경제 문제에 개입한 것을 경제 정책이라 할 수 없고, '준準-국가개입주의semi-dirigism'에 의해 고취된 것이라고도 말할 수 없다.' 왕의 개입에는 종합적 계획과 장기적 관점이 부족했기 때문이다. 개입은 대개 구체적인 상황에 자극을 받아 이루어졌고, 간헐적이고 실용적이었다. 이러한 견해를 검증할 수 있는 다양한 경제 분야를 살펴보고자 한다.

당연히 가장 중요한 분야는 농업이었으며, 농업은 특히 카롤루스 대제가 '정책'을 실시했다고 알려진 분야이기도 하다.' 이러한 주장은 전적으로, 그리고 특별히 왕실 영지 관리를 위해 반포된 〈장원 관리령Capitulare de Villis〉(이하 CV)을 근거로 한다.' 이 칙령은 매우 다양한 문제에 관한 규정이 수록되어 있는 대부분의 칙령과 다르며, 그 특별한 성격은 CV 앞에 세 개의 〈모범적 예 Brevium exempla〉(이하 BE)가 있다―현존하는 유일한 사본이다―는 데서도 드러난다. 〈모범적 예〉는 교회 및 왕실 영지의 명세서로 유사한 명세서의 모델로 사용하도록 의도된 것이 분명하다.' 사본의 긴 판형(29.5~12.5센티미터)은 실제로 이것이 시찰 시에 모델로 사용되었음을 시사한다. 사본의 연대는 825년경으로 추정되지만, CV 문서 자체는 792~793년에서 800년 사이에 작성되었을 것이다. 아마도 792~793년의 기근의 여파로 작성되었을 이 문서는 순서가 그다지 논리적이지 않다.[5] CV의 주요 관심사는 군사 작전 중 군대와 궁정의 보급에 관한 문제이다. 이는 일부 조항(c. 30 · 33 · 64 · 68)에 언급되어 있다. CV의 일부 조항이 BE에 영향을 미친 것이 분명하므로 CV와 BE가 이어져 있는 것을 순전히 우연이라고는 할 수 없다. 지명과 곡물 비축량 수치가 기록되어 있는 BE의 일부 구절은 공식적인 서식―그것ille, 많은tantus 등으로 대신 표현되어 있는―에 따라 작성되었지만 서식이 완벽하지는 않다. et sic de ceteris numerabis―다른 것들도 이런 방식으로 숫자를 기록하시오―와 같은 문구는 BE를 모델로 이용하려는 의도로 삽입된 것이 틀림없다.[6] 그러한 독특함이 '사적'인 데서 기원했는지 아니면 공적인 데서 기원했는지는 말하기 어려우며, 이는 BE 전체에 대해서도 마찬가지이다. 그러나 가능성이 매우 높은 것은 필사자나 편찬자가 이 명세서들을 공공문서 보관소에서 발견한 뒤 그것들을 한데 엮어 BE로 만들었다는 것이다. 주로 군대의 보급을 위해서였지만, 실제로 궁정은 영향력 있는 귀족에게 양도하거나 노르드인에게 바칠 공물을 징수하기 위해, 또는 영지와 심지어 제국의 정치적 분열이 일어났을 때와 같이 여러 이유에서 교회와 왕실 영지의 역량―곡물 생산 · 소 · 농민 농장(망스) · 봉신 등―에 대해 알고자 했다. 이와 관련된 명령과 규정의 흔적이 곳곳에 남아 있으며, 심지어 명세서의 일부는 예상했던 것과 일치하기까지 했다. 망스 · 주민 · 소 · 가축의 수만 집계되어 있는 이러한 명세서는 기본적으로 영지 거주자―대부분 이름이 언급되어 있는―가 의무적으로 수행해야 하는 소작료·공납·부역에 대한 정보가 자세하게 기록되어 있는 영지명세장과 구분해야 한다. 왕은 왕실 영지의 소유자로서 영지명세장에는 관심이 없었을 수 있지만, 제국의 수장으로서는 자신의 영지와 교회·귀족의 영지에 대한 명세서를 필요로 했다. 명세서와 영지명세장은 기능이 다를 뿐만 아니라 영지명세장은 항상 왕실의 명령에 따라 작성된 것이 아닐 수도 있다. 드브로이는 실제로 랭스 교회의 사례를 통해 대주교·주교·수도원장이 그들 영지의 관리자로서 영지에 대한 조사—9세기 영지명세장의 전형적 형식이 된—를 발전시키는 데 기여했으며, 대규모 영지가 고전적 이분 이용 체제로 확립되는 것과 이러한 발전 사이에 어떠한 직접적 연관성이 있는지를 규명했다.[7] 그러나 "카롤링 시대의 빌라는 자발적 경제의 모델이며, 동시에 일관된 정치적 이념의 도구이자 반영이었다고"한 드브로이의 주장은 지나친 것이었다.[8] 7세기 이래 메로빙왕조와 카롤링왕조의 통치자들은 최적의 관리와 명령—CV에 규정된 것과 같은—을 통해 농업 생산량을 최대화하고자 장원 체제의 구축을 장려했음이 분명하지만, 그들의 노력을 '농업 정책'의 표현이라고 간주하는 것은 과도하다고 생각된다. CV와 같은 중요한 문서조차 정책을 체계적으로 기술한 것이 아닌, 최근에 발생한 기근을 염두에 두고 작성한 대단히 비체계적인 실용적 법령 모음집이었다.

식량 부족이나 기근이 닥쳤을 때 왕이 취했던 조치는 농업 정책의 표현이라고 보기 어렵다. 첫 번째 단계에서 왕이 처방한 조치 중 일부는 성직자들에게 미사와 기도를 드리라고 명령하고,

모든 사람에게 금식을 강요하는 순전히 종교적인 것이었다. 자선에서 영감을 받아 내린 명령은 가난하고 고통받는 이들에게 먹을 것을 베풀라는 것이었다. 특히 영지·봉토의 소유자와 보유자는 그곳에 살고 있는 가솔을 부양하라는 명령—아마도 자선의 차원이 아니라 영지의 경제적 역량을 유지할 목적으로—을 받았다. 기근의 두 번째 단계에서 주된 관심사는 왕실 장원과 이들의 생산 능력, 그리고 재고를 보존하는 것이었다. 동시에 미래의 수확물을 구매하는 등 투기적 의도로 곡물을 비축하는 행위와 고리대금은 엄격하게 금지되었다. 마지막으로 8장에서 본 바와 같이 792~793년과 806년의 기근으로 곡물과 빵의 무게 및 가격 상한이 설정되었다.

이러한 조치들은 보다 체계적이고 화폐와 관련이 있다는 점에서 단기적 '경제 정책'의 일환이라고 간주할 수 있다. 그것들은 거의 화폐 정책에 가까웠고, 792~793년에 발생한 기근의 여파로 소집된 794년 프랑크푸르트 공의회에서와 같이 어떤 경우에는 화폐 정책의 일부이기도 했다. 피핀 3세 이후 카롤링왕조의 통치자들이 연이어 화폐 문제를 다룬 데에는 실제로 장기적으로 체계적이고 포괄적인 정책의 측면들이 많았다. 대부분의 칙령에는 화폐 문제에 관한 조항이 있으며, 일부 칙령은 전적으로 또는 상당 부분이 그 문제에 할애되어 있었다. 위조와의 싸움, 새로운 주화의 도입을 위한 사려 깊은 조치—옛 주화의 반납 및 유통 금지, 새 주화를 받지 않거나 거부하는 사람에 대한 엄격한 처벌—, 외국 주화에 대한 태도—조직적으로 녹였다—등은 카롤링왕조가 제국 전체의 화폐 통합과 안정적인 양화良貨에 지속적인 관심을 기울였다는 증거이다. 이런 정책의 시행—예컨대 주화 주조를 한 곳으로, 또는 엄격하게 제한된 수의 장소로 집중화하려던 노력과 같이—이 항상 예상한 결과를 낳았던 것은 아니었다.

카롤링 시대 다양한 화폐 정책의 근본적인 목표는 정치적인 것이었다. 양화—제국 전역에서 통일적으로 수용되는—는 무엇보다 권위의 문제였다. 새로운 주화를 주조함으로써 얻게 되는 재정적 이익은 당연히 실질적이었지만, 중세 후기의 많은 통치자들과 달리 이것이 주조의 목적은 아니었다. 경제적 동기는 카롤링제국의 왕이 주조소를 시장과 동시에 개설하는 일부 드문 경우에만 포착할 수 있다. 이는 10세기에 라인강 동쪽 오토왕조Ot-tonians˙의 체계적인 정책이 될 것이었다. 9세기에는 왕실의 개입 없이 시장의 수가 증가했지만, 시장이 기능할 수 있도록 왕이 화폐를 공급하고자 했다는 데는 의심의 여지가 없다.

9세기에 시장이 번성하게 된 것은 교역 및 상업 관련 정책에서 영감을 받은 왕이 직접 개입한 결과가 아니었다. 이는 시장이 왕의 관심사가 아니었음을 의미하는 것이 아니다. 왕은 시장을 '합법화'했고, 시장의 존재와 수를 통제했으며, 시장 통행세를 회피하지 못하도록 모든 상업 활동은 '합법'시장에서 이루어져

• 912년에서 1024년까지 독일 왕국의 국왕 및 신성로마제국 황제를 배출한 작센족계 가문. 신성로마제국 초대 황제 오토 1세의 이름에서 유래했다. 오토왕조 시대에 교회 및 영주들에게 80여개의 주조허가권이 발행되었다고 한다.

야 한다고 명령했다. 대머리왕 샤를은 19개의 시장―집권 후반기에 15개―을 허가했다. 피트르 칙령을 근거로 자넷 넬슨Janet Nelson은 대머리왕 샤를이 재정적·정치적 동기에서 시장을 통제하기로 결심했다고 생각한다.[9] 허가권 발행은 확실히 이익이 되었다.

통행세에 대한 카롤링 왕들의 태도를 정책의 표현이라고 간주하기란 쉽지 않다. 그래서 이 문제에 관한 현대의 두 전문가 미테라우어Michael Mitterauer와 애덤Hildegard Adam의 견해 역시 실제로 대단히 상반된다. 애덤은 통행세―그리고 특히 통행세 면제―가 카롤링왕조의 교역 정책 도구였다고 주장하는 반면, 미테라우어는 통행세의 경제적 중요성을 부정한다.[10] 이 학자들처럼 급진적이지 않다면, 통행세에 대한 카롤링왕조의 태도는 적어도 두 가지 점에서―긍정적이든 부정적이든―왕이 교역에 적극적으로 개입했다는 징후로 해석할 수 있다. 9세기에 통행세가 늘어나자 카롤링왕조가 '오래된' 통행세와 '새로운' 통행세를 구분할 것을 명령한 것은 긍정적인 측면이었다. 유명한 티옹빌 칙령(805)에는 이 '새로운' 통행세가 부당한 것이라고 명시되어 있다.[11] 상업에 다소 부정적 영향을 미친 것은 북해와 영국 해협 연안의 엠포리아―왕실 상인들조차 10퍼센트의 통행세를 내야 했던―와 알프스 고갯길, 아바르족과의 국경 지대 등 제국 변방에 대한 그들의 관심이었다. 추정컨대 이 변경 지역과 엘베강에서는 교역, 특히 무기 수출이 엄격하게 통제되었을 것이다. 그러나 7장에서 본 바와 같이 유명한 라펠슈테텐 조사에 따르면, 다뉴브강—아바르족과의 국경에서 상류 쪽—을 통한 수입은 낮은 통행세에 의해 촉진되었다. 역시 앞서 보았듯 엠포리아, 구체적으로 캉토빅과 도레스타드는 루앙과 아미앵같이 인접해 있는 오래된 키비타스를 감독하는 특별 왕실 대리인procurator, prefectus emporii에 의해 관리되었다.

경건왕 루이의 〈상인 헌장Praeceptum negotiatorum〉(828)은 왕을 위해 상시적으로 교역을 수행하는 '궁정 상인'을 위한 지침서였다.[12] 이 개인 상인들은 동시에 자신을 위한 교역도 수행했기 때문에 일반적으로 왕의 상인이라는 특권이 교역에 보탬이 된 게 분명하지만, 그렇다 하더라도 이 문서를 왕이 교역에 개입했다는 증거로 사용할 수는 없다. 이는 대외 교역에서 중요했기 때문에 대체로 제국 전역에서 왕의 보호를 특히 많이 누렸던 유대인 상인들—다른 궁정 상인들과 지위가 같았던—의 경우도 마찬가지이다.[13]

마지막으로 대부분의 칙령에서 왕실이 보수·관리를 명령하는 대상으로 규정한 기반시설—다리·도로·운송수단—에 대한 왕의 관심은 교역에 도움이 되었지만, 군사적 이유가 우선이었을 것이다.

10장

장기적
관점

중세 초기—고대 후기와 11~13세기 유럽 경제의 팽창기 사이—
역사에서 카롤링 시대와 특히 카롤링 경제의 위치는 오랫동안
많은 논란의 대상이 되어왔다. 1918년에서 1921년 사이에 알폰
스 도프슈가 고대에서 중세로의 전환'과 카롤링 시대의 경제²에
관한 책을 출간하고, 1922년과 1923년에 앙리 피렌이 메로빙 경
제와 카롤링 경제를 비교한 두 편의 글³과 1937년 『무함마드와
카롤루스 대제』⁴—피렌 사후에 출간된—라는 유명한 책을 출간
한 이후, 도프슈가 주장한 것처럼 카롤링 시대가 이전 세기와는
달리 경제 부흥의 시기였는지, 아니면 피렌이 주장한 것처럼 타
운이나 교역이 존재하지 않았던 자급자족하는 농업경제의 최저
점이었는지를 둘러싸고 논쟁이 일었다.⁵

　논쟁에 참여한 다른 많은 사람들과 마찬가지로 이 두 저자
역시 해당 기간에 있을 수 있는 순환변동에는 거의 관심을 기울
이지 않았다. 이에 관한 사료가 드물다는 점을 고려하면 이해되
기도 하지만, 그럼에도 불구하고 세부 기간들에 대한 조사는 전체
기간에 보다 섬세하게 접근할 수 있는 발판이 된다.

　순환변동—다른 측면의 경제생활과 관련이 있을 수 있
는—을 감지할 수 있는 가장 좋은 변수는 타운과 교역일 것이다.
논쟁의 대부분은 이를 중심으로 진행되었을 뿐만 아니라, 이에

관한 문헌 증거를 고고학적 자료 및 화폐 자료와 접목시킬 수 있었다.

　대다수의 주민이 수공업자·상인·뱃사람이었던 비농업적 정착지 — 한때이기는 하지만 피렌조차 도시 생활을 보여주는 징후라고 인정한 — 는 7세기 말 북해 주변의 유럽 북서부 지역에서 시작되었다. 리처드 호지스는 이곳을 '엠포리아 B'라고 불렀는데, 그 이유는 이러한 정착지가 주로 엘리트들 간의 일시적인 상호증여의 장소였던 세기 초반의 '엠포리아 A'와 달리 격자 모양의 거리, 장인의 생산, 지역·장거리 교역 등 도시 구조를 갖춘 실제 타운이었기 때문이다.[6] 이러한 타운 가운데 가장 잘 알려진 곳이 오늘날 네덜란드 라인강 유역에 위치해 있던 도레스타드이다. 이들 타운의 기능은 이미 앞서 설명한 바 있으므로 여기에서는 이들의 연혁에 주목한다. 카롤루스 마르텔의 시대인 8세기 전반은 불안과 군사 원정으로 인해 타운의 역사에서 암흑의 시기였다. 고고학은 이 시기에도 '엠포리아 B'는 지속적으로 발전했다고 보지만, 이는 메로빙 시대와 카롤링 시대 사이의 간극이라고 규정할 수 있다. 도레스타드, 그리고 이와 유사한 타운들의 전성기는 775~825년이었다. 이 기간 중 카롤루스 대제는 793~794년에 1페니의 무게를 1.7그램으로 늘렸고, 경건왕 루이는 818년에 1.8그램으로 늘렸다가 822~823년에 다시 1.7그램으로 복귀시켰다. 이러한 일치는 중요할 수 있으며, 경제적 번영의 신호로 해석될 수 있다. 같은 시기에 발생한 기근 — 779·792~793·805~806년 — 이 그러한 상향 변동에 영향을 미치지 않았음은 분명하며, 기근은 오히려 이 기간의 인구압력으로 설명할 수 있다. 이 기간에는 9세기 초 생빅토르 수도원의 영지명세장에 기록되어 있는 인구 자료와 825년경 이르미노 수도원장의 영지명세장에서 볼 수 있는 파리 지역 망스의 과잉인구와 소규모화 같은 인구압력 징후들이 나타나고 있었다. 825~830년 이후 '엠포리아 B'는 쇠퇴했고, 833~834년 경건왕 루이에 맞서 로타르Lothar가 반란을 일으키고, 루이의 아들들 사이에 투쟁—843년 베르됭 조약treaty of Verdun의 체결로 끝이 난—이 벌어지면서 정치적 불안과 군사 행동의 시대가 시작되었다.

바이킹이 835년과 837년에 도레스타드를, 836년에는 안트베르펜Antwerp과 비틀라°를 최초로 공격하고, 841년에는 발체렌의 데인인 지도자들에게 봉토—돔부르크의 엠포리아와 함께—를 하사하고, 850년에는 도레스타드의 데인인 지도자들에게 봉토를 하사한 일은 정치적 상황과 무관하지 않다.' 840년대와 850년대에는 바이킹 침략의 두 번째 물결이 거의 해마다 프랑스 북서부와 플랑드르 하구를 휩쓸었다. 껭슈강 어귀에 있는 캉토빅은 842년에 바이킹의 공격을 받았지만, 대머리왕 샤를이 왕실 금고와 교회 및 토지소유자에게 부과한 세금에서 막대한 조공을 바친 덕분에—페니의 은 함량에 부정적인 영향을 미쳤을 것이다—한동안 센강과 루아르강 어귀(각각 841~865년과 853~872년까지)는 바이킹의 공격을 받지 않았다. 도레스타드는 863년에 다시 한번,

그리고 마지막으로 약탈당했다. 흐름은 864년에 건설된 브뢰허의 강력한 요새와 같이 새로운 공격을 성공적으로 막아낼 수 있는 방어시설이 구축된 860년대 초반에 바뀌었다. 한편 오래된 타운의 새로운 또는 활기를 되찾은 상업 중심지—주화와 문헌에 포르투스라고 적혀 있는—나 새로운 타운이 9세기 중반 무렵 거의 모두 사라진 엠포리아의 뒤를 이었다. 스헬트강 유역의 발랑시엔·투르네·헨트, 그리고 뫼즈강 유역의 마스트리히트·위이·디낭은 이 새로운 유형의 도시의 유명한 사례이다. 이 타운들은 내륙에 있는 강에 위치해 있어 상업의 범위가 엠포리아보다 제한적이었고, 더 오랜 기간 동안 지역적이었다. 9세기 중반 무렵 이러한 타운의 출현은 새로운 번영의 시대—879년 바이킹 침략의 새로운 물결이 시작되기 전까지 불과 수십 년간 지속되었던—를 보여주는 지표였다. 이번에는 새로운 타운 대부분이 바이킹의 공격에서 살아남았지만, 발랑시엔과 헨트 같은 일부 타운은 20~30년간 휴지기를 겪었다. 864년 대머리왕 샤를이 반포한 유명한 피트르 칙령에서도 이러한 부흥의 증거—특히 화폐 복원, 시장에 대한 관심, 방어시설 구축을 촉구하는 장문의 조항—를 찾아볼 수 있다.[8]

카롤링제국의 심장부인 북서 유럽에서 감지되었다고 여겨지는 그러한 경기 변동이 이 지역에 국한된 것이 아니었다는 사실은 도시 생활이 발전한 이탈리아에서 입증된다. 브레시아·나폴리·밀라노·오트란토·페스카라Pescara 같은 도시가 7세기와 8세기에 비도시적인 규모로 축소된 이후 9세기에 새로운 부흥—특히 로마와 베네치아—이 일어났다. 8세기 후반(774년에서 860년 사이)부터 교황 하드리아노 1세Hadrian I(772~795)와 레오 3세Leo III(795~816) 치하에서 진정한 르네상스를 맞이한 로마는 많은 교회를 새로 단장하고 건설했다.[9]

8세기와 9세기를 종합적으로 고찰하면, 7세기 말부터—여전히 경제적으로 문제가 되고 있는 8세기 전반을 제외하고—B 유형의 엠포리아가 존재했던 것으로 볼 때 775~790년부터 830년까지, 그리고 850~860년부터 879년까지는 번영기였던 것이 틀림없다. 그러나 쇠퇴 역시 분명하게 눈에 띄며, 약 830년부터 850년 무렵까지는 쇠퇴기—정치적 불안과 바이킹의 침략으로 인해—였다는 것이 보편적으로 동의되고 있는 바다. 800년대 반세기 동안의 번영은 거대한 영지의 조직과 이용이 절정에 달했던 시기와 일치하며, 이 당시에도 기근과 식량 부족을 막기에 충분한 양의 잉여생산물이 생산되었던 것은 아니다. 860년대 바이킹의 공격이 잠시 중단된 시기에 일어난 두 번째 격변은 명백히, 그리고 무엇보다 상업적이었으며, 새로운 타운의 등장을 특징으로 한다. 여전히 논란의 여지가 있는 문제는 바이킹의 존재가 어떤 식으로든 교역이 번성하는 데 영향을 미쳤는가이다. 성직자들의 글을 통해 믿게 된 것과 달리 바이킹의 공격은 항상 그렇게 파괴적이지 않았다. 카롤링 시대 전체를 경제 부흥의 시기라고 부를 수 있는지의 여부는 결국 7세기에 대한 판단에 달려 있으며, 이 부흥의 효과가 오래 지속되지 못하고 일시적이었을 뿐이라고 믿는다면 이는 10세기—다루기 쉽지 않은—를 어떻게 이해할 것인지에 달려 있다. 나는 카롤링 유럽의 북부 절반에 관한 카롤링 시대를 7세기 이후 거의 계속된 상승운동의 일부로 보기 때문에 후자의 견해에 동의하지 않는다.

서론

1 Chris Wickham, *Land and Power. Studies in Italian and European Social History, 400–1200* (London, 1994), p. 197.

2 Henri Pirenne, *Mohammed and Charlemagne*, English translation (London, Unwin, 1939). Paperback edition by Barnes and Noble (New York, 1955).

3 Alfons Dopsch, *Die Wirtschaftsentwicklung der Karolingerzeit vornehmlich in Deutschland*, second revised edition, 2 vols. (Weimar, 1921–2).

4 Paolo Delogu, 'Reading Pirenne Again' in Richard Hodges and William Bowden (eds.), *The Sixth Century. Production, Distribution and Demand* (Leiden, Brill, 1998), pp. 15–40.

5 Bryce Lyon, *The Origins of the Middle Ages. Pirenne's Challenge to Gibbon* (New York, 1972), pp. 70–6.

6 Maurice Lombard, 'Les bases monétaires d'une suprématie économique. L'or musulman du VIIe au XIe siècle', *Annales. Economies–Sociétés–Civilisations* 2 (1947), pp. 143–60; Maurice Lombard, 'Mahomet et Charlemagne. Le problème économique', *Annales. Economies–Sociétés–Civilisations* 3 (1948), pp. 188–99.

7 Sture Bolin, 'Mohammad, Charlemagne and Ruric', *The Scandinavian Economic History Review* 1 (1953), pp. 5–39.

8 Philip Grierson, 'Carolingian Europe and the Arabs: The Myth of the Mancus', *Revue belge de philologie et d'histoire* 32 (1954), pp. 1059–74.

9 Helen Clarke and Björn Ambrosiani, *Towns in the Viking Age*, second revised edition (London: Leicester University Press, 1995), p. 109.

10 Björn Ambrosiani, 'Excavations in the Black Earth Harbour 1969–71', in Björn Ambrosiani and Helen Clarke (eds.)

11 Philip Grierson, 'The Monetary Reforms of Abd-Al-Malik', *Journal of Economic and Social History of the Orient*, 3 (1960), pp. 241–64.

12 Karl F. Morrison, 'Numismatics and Carolingian Trade: A Critique of the Evidence', *Speculum* 38 (1963), p. 432.

13 François-L. Ganshof, 'Note sur les ports de Provence du VIIIe au xe siècle', *Revue Historique* 184 (1938), pp. 28–37.

14 H. L. Adelson, 'Early Medieval Trade Routes', *American Historical Review* 65 (1960), pp. 271–87.

15 Klaus Verhein, 'Studien zu den Quellen zum Reichsgut der Karolingerzeit', *Deutsches Archiv für Erforschung des Mittelalters* 10 (1954), pp. 313–94 and 11 (1955), pp. 333–92; Wolfgang Metz, *Das Karolingische Reichsgut* (Berlin 1960).

16 Adriaan Verhulst, 'La genèse du régime domanial classique en France au haut moyen âge', reprinted in Adriaan Verhulst, *Rural and Urban Aspects of Early Medieval Northwest Europe* (Aldershot: Variorum, 1992).

17   Walter Janssen and Dietrich Lohrmann (eds.), *Villa – Curtis – Grangia. Landwirtschaft zwischen Loire und Rhein von der Römerzeit zum Hochmittelalter. 16. Deutschfranz ösisches Historikerkolloquium, Xanten 1980* (Munich, 1983); Adriaan Verhulst (ed.), *Le grand domaine aux époques mérovingienne et carolingienne. Actes du colloque international Gand 1983* (Ghent, 1985);Werner Rösener (ed.), *Strukturen der Grundherrschaft im frühen Mittelalter* (Göttingen, 1989).

18   Yoshiki Morimoto, 'Etat et perspectives des recherches sur les polyptyques carolingiens', *Annales de l'Est* 5 – 40 (1988), pp. 99 – 149; for the years 1987 – 1992: Yoshiki Morimoto, 'Autour du grand domaine carolingien: aperçu critique des recherches récentes sur l'histoire rurale duHautMoyen Âge (1987 – 92)', in Adriaan Verhulst and Yoshiki Morimoto (eds.), *L'économie rurale et l'économie urbaine au Moyen Âge* (Ghent, Fukuoka, 1994), pp. 25 – 79.

19   Herbert Jankuhn, Rudolf Schützeichel and Fred Schwind (eds.), *Das Dorf der Eisenzeit und des frühen Mittelalters* (Göttingen: Abhandlungen der Akademie der Wissenschaften, 1977); Heinrich Beck, Dietrich Denecke and Herbert Jankuhn (eds.), *Untersuchungen zur eisenzeitlichen und frühmittelalterlichen Flur in Mitteleuropa und ihrer Nutzung* (Göttingen: Abhandlungen der Akademie der Wissenschaften, 1979 – 80).

20   Ingo Schwab (ed.), *Das Prümer Urbar* (Düsseldorf, 1983); Christoph Dette (ed.), *Liber possessionum Wizenburgensis* (Mainz, 1987); Claus-Dieter Droste (ed.), *Das Polytichon von Montierender* (Trier, 1988); Dieter Hägermann and Andreas Hedwig (eds.), *Das Polyptychon und die Notitia de Areis von Saint-Maur-des-Fossés* (Sigmaringen, 1989); Dieter Hägermann, Konrad Elmshäuser and Andreas Hedwig (eds.), *Das Polyptychon von Saint-Germain-des-Prés* (Cologne,Weimar, Vienna, 1993).

21   Franc ̧ois-L. Ganshof (ed.), *Le polyptyque de l'abbaye de Saint-Bertin (844–59)* (Paris, 1975); Jean-Pierre Devroey (ed.), *Le polyptyque et les listes de cens de l'abbaye de Saint-Remi de Reims (IXe-XIe siècles)* (Reims,1984); Jean-Pierre Devroey (ed.), *Le polyptyque et les listes de biens de l'abbaye Saint-Pierre de Lobbes (IXe-XIe siècles)* (Brussels, 1986); Adriaan Verhulst, 'Das Besitzverzeichnis der Genter Sankt-Bavo-Abtei von ca 800 (Clm 6333)', *Frühmittelalterliche Studien* 5 (1971), pp. 193 – 234.

22   Pierre Toubert, 'L'Italie rurale aux VIIIe – IXe siècles. Essai de typologie domaniale', in *I problemi dell'Occidente nel secolo VIII* (Spoleto, 1973: Settimane di studio del Centro italiano di studi sull'alto medioevo 20), pp. 95 – 132; Bruno Andreolli and Massimo Montanari, *L'aziende curtense in Italia* (Bologna, 1985).

23   Robert Fossier, 'Les tendances de l'économie: stagnation ou croissance?', in *Nascita dell'Europa ed Europa Carolingia* (Spoleto, 1981: Settimane di Studio del Centro italiano di studi sull'alto medioevo 27), pp. 261 – 74.

24   Pierre Toubert, 'La part du grand domaine dans le décollage économique de l'Occident (VIIIe – X e sieèles)', in *La croissance agricole du Haut Moyen Âge* (Auch 1990: Flaran 10), pp. 53 – 86.

25   Herbert Jankuhn,Walter Schlesinger and Heiko Steuer (eds.), *Vor -und Frühformen der europäischen Stadt im Mittelalter*, 2 vols. (Göttingen, 1975: Abhandlungen der Akademie der Wissenschaften); Richard Hodges and Brian Hobley (eds.), *The Rebirth of Towns in the West AD 700– 1050* (London, 1988: CBA Research Report 68); *La genèse et les premiers siècles des villes médiévales dans les Pays-Bas méridionaux. Un problème archéologique et historique* (Brussels 1990: Crédit Communal, coll. Histoire in-8°, no. 83); Clarke and Ambrosiani, *Towns in the Viking Age.*

26   Richard Hodges, *Dark Age Economics. The Origins of Towns and Trade AD 600–1000* (London, 1982); Richard Hodges and David Whitehouse, *Mohammed, Charlemagne and the Origins of*

Europe (London, 1983).

27   Richard Hodges, *Towns and Trade in the Age of Charlemagne* (London: Duckworth, 2000).

I 부 토지와 사람

1장 경관과 정착지

1   Charles Higounet, 'Les forêts de l'Europe occidentale du ve au xie siècle', in *Agricoltura e mondo rurale in Occidente nell'alto medioevo* (Spoleto, 1966: Settimane di studio del Centro italiano di studi sull'alto medioevo 13), pp. 343-98.

2   Chris Wickham, 'European Forests in the Early Middle Ages: Landscapeand Land Clearance', in Wickham, *Land and Power*, pp. 156-61; Dietrich Lohrmann, *'La croissance agricole en Allemagne au Haut Moyen Âge'*, in *La croissance agricole* (= Flaran 10), pp. 109-13.

3   Wickham, 'European Forests', pp. 179-83.

4   René Noël, 'Pour une archéologie de la nature dans le nord de la "Francia" ', in *L'ambiente vegetale nell'alto medioevo* (Spoleto, 1990: Settimane di studio del Centro italiano di studi sull'alto medioevo 37), pp. 763-820; René Noël, 'Moines et nature sauvage: dans l'Ardenne du haut moyen âge', in Jean-Marie Duvosquel and Alain Dierkens (eds.), *Villes et campagnes au Moyen Âge. Mélanges Georges Despy* (Liège, 1991), pp. 563-97; Wickham, 'European Forests', pp. 175-9.

5   Adriaan Verhulst, *Histoire du paysage rural en Flandre* (Brussels, 1966), pp. 87-98.

6   Droste, *Polyptichon von Montierender*, v ○ *exarti*.

7   Omer Tulippe, *L'habitat rural en Seine-et-Oise. Essai de géographie du peuplement* (Paris, Liège, 1934); M. Roblin, *Le terroir de Paris aux époques gallo-romaine et franque*, second edition (Paris, 1971).

8   Konrad Elmshäuser and Andreas Hedwig, *Studien zum Polyptychon von Saint-Germain-des-Prés* (Cologne, Weimar, Vienna, 1993), pp. 130-5, 405.

9   Wickham, 'European Forests', pp. 162-70, 198.

10   Adriaan Verhulst, 'Settlement and Field Structures in Continental North-West from the Ninth to the Thirteenth Centuries', *Medieval Settlement Research Group. Annual Report* 13 (1998), pp. 6-13.

11   Fred Schwind, 'Beobachtungen zur inneren Struktur des Dorfes in karolingischer Zeit', in Jankuhn, Schutzeichel and Schwind (eds.), *Dorf der Eisenzeit*, pp. 444-93.

12   Elmshäuser and Hedwig, *Studien zum Polyptychon Saint-Germain-des-Prés*, pp. 35-6, 77-9.

13   Jean Cuisenier and Rémy Guadagnin (eds.), *Un village au temps de Charlemagne* (Paris, 1988), pp. 118-21, 142-9.

14   Elmshäuser and Hedwig, *Studien*, pp. 348-53.

15   Adriaan Verhulst, 'Le paysage rural en Flandre intérieure: son évolution entre le IXe et le X Ⅲ e siècle', *Revue du Nord* 62 (1980), pp. 11-30, reprinted in Verhulst, *Rural and Urban Aspects*, Ⅷ.

16   Gabriel Fournier, *Le peuplement rural en Basse Auvergne durant le haut moyen âge* (Paris,

1962), pp. 322-5; Monique Bourin, 'Délimitation des parcelles et perception de l'espace en Bas-Languedoc aux xe et xie siècles', in *Campagnes médiévales: l'homme et son espace. Etudes offertes à Robert Fossier* (Paris, 1995), p. 79.

17 Gérard Chouquer, 'Parcellaires et longue durée', in Gérard Chouquer (ed.), *Les formes du paysage*, 3 vols. (Paris, 1996), vol. II, *Archéologie des parcellaires*, pp. 213-18; Jean-Loup Abbé, 'Permanences et mutations des parcellaires médiévaux', *ibid.*, pp. 223-33.

18 선사시대부터 역사시대까지 네덜란드 드렌테Drenthe 지방의 풍경과 정착지의 연속성에 관한 네덜란드 고고학자 바터볼크H. T. Waterbolk의 이러한 견해는 더 이상 받아들여지고 있지 않다; 'Patterns of the Peasant Landscape', *Proceedings of the Prehistoric Society* 61 (1995), pp. 1-36. Theo Spek, 'Die bodenkundliche und landschaftliche Lage von Siedlungen, Äkkern und Gräberfeldern in Drenthe (nördliche Niederlande)', *Siedlungsforschung* 14 (1996), pp. 95-193, esp. 142-56 (with an English summary).

19 Joseph R. Mertens, 'Sporen van Romeins kadaster in Limburg?', *Limburg* 37 (1958), pp. 1-7, reprinted in *Acta Archaeologica Lovaniensia* 25 (1986), xx; Ludo Melard, 'Millen. Van natuurlandschap tot cultuurlandschap', *Volkskunde* 87(1986), pp. 262-345, esp. pp. 282-90.

20 A. Querrien, 'Parcellaires antiques et médiévaux du Berry', *Journal des Savants* (1994), pp. 235-366, esp. pp. 307-10; R. Agache, *La Somme pré-romaine et romaine* (Amiens, 1978: Mémoires de la Société des Antiquaires de Picardie, in-4o series, 24), pp. 454-6.

21 Verhulst, 'Paysage rural en Flandre intérieure'.

22 Elmshäuser and Hedwig, *Studien*, p. 356.

23 Gabriel Fournier, *Le peuplement rural en Basse-Auvergne durant le haut moyen âge* (Paris, 1962); Bourin, 'Délimitation des parcelles'; A. Guerreau, 'L'évolution du parcellaire en Mâconnais (env.900-env.1060)', in L. Feller, P. Mane and F. Piponnier (eds.), *Le village médiéval et son environnement. Etudes offertes à Jean-Marie Pesez* (Paris, 1998), pp. 509-35.

24 N. Christie and S. T. Loseby (eds.), *Towns in Transition: Urban Evolution in Late Antiquity and the Early Middle Ages* (Aldershot,1996); Terry R. Slater (ed.), *Towns in Decline AD 100-1600* (Aldershot, 2000).

25 Jean Hubert, 'La renaissance carolingienne et la topographie religieuse des cités épiscopales', in *I problemi della civiltà carolingia* (Spoleto, 1954: Settimane di studio del Centro italiano di studi sull'alto medioevo, 1), pp. 219-25; Werner Jacobsen, 'Die Renaissance der fru ̈hchristlichen Architektur in der Karolingerzeit', in Christoph Stiegemann and Matthias Wemhoff (eds.), *Kunst und Kultur der Karolingerzeit* (Mainz, 1999), pp. 623-43.

26 Adriaan Verhulst, *The Rise of Cities in North-West Europe* (Cambridge, 1999), pp. 59-67.

27 Fred Schwind, 'Zu karolingerzeitlichen Klöstern als Wirtschaftsorganismen und Stätten handwerklicher Produktion', in L. Fenske, W. Rösener and Th. Zotz (eds.), *Institutionen, Kultur und Gesellschaft im Mittelalter. Festschrift für Josef Fleckenstein* (Sigmaringen, 1984), pp. 101-23.

2장 인구

1 Hägermann, *Polyptychon Saint-Germain-des-Prés*; Ganshof, *Polyptyque Saint-Bertin*; Devroey, *Polyptyque Saint-Remi de Reims*; Benjamin Guérard, Léopold Delisle and A. Marion, *Cartulaire de l'abbaye de Saint-Victor de Marseille* (Paris, 1857), no. 31.

2 Léon-R. Ménager, 'Conside ́rations sociologiques sur la de ́mographie des grands domaines eccle ́siastiques carolingiens', in *Etudes d'histoire du droit canonique dédiées à Gabriel Le Bras*, 2 vols. (Paris, 1965), vol. II, pp. 1317-35.

3   Jean-Pierre Devroey, 'A propos d'un article récent: l'utilisation du polyptyque d'Irminon en
    démographie', *Revue belge de philologie et d'histoire* 55(1977), pp. 509- 14; Jean-Pierre Dev-
    roey, 'Les me ́thodes d'analyse démographique des polyptyques du haut moyen âge', *Acta
    Historica Bruxellensia* 4(1981), pp. 71-88, both reprinted in Jean-Pierre Devroey, *Etudes sur le
    grand domaine carolingien* (Aldershot 1993: Variorum), nos. iv and v.

4   Pierre Toubert, 'Le moment carolingien (VIIIe-xe siècle)', in André Burguière, Christiane
    Klapisch-Zuber *et al.* (eds.), *Histoire de la famille*, 2 vols. (Paris, 1986), vol. i, pp. 333-59.

5   Georges Duby, *The Early Growth of the European Economy. Warriors and Peasants from the Sev-
    enth to the Twelfth Century* (Ithaca, 1978), pp. 81-2.

6   J. Bessmerny, 'Les structures de la famille paysanne dans les villages de la Francia au ixe siè-
    cle', *Le Moyen Age* 90 (1984), pp. 165-93.

7   Monique Zerner-Chardavoine, 'Enfants et jeunes au ixe siècle. La démographie du polyp-
    tyque de Marseille 813-814', *Provence Historique* 31 (1988), pp. 355-77. Opposite views by
    Stephen Weinberger, 'Peasant Households in Provence: ca 800-1100', *Speculum* 48 (1973),
    pp. 247-57.

8   9장 참조.

9   Toubert, 'La part du grand domaine', p. 64.

10 Lohrmann, 'Croissance agricole', pp. 104-9

11 Lohrmann, 'Croissance agricole', pp. 110-12.

12 Monique Zerner, 'La population de Villeneuve-Saint-Georges et Nogent-sur-Marne au IXe
    siècle d'après le polyptyque de Saint-Germain-des-Prés', *Annales de la Faculté des Lettres et
    des Sciences Humaines de Nice* 37 (1979), pp. 17-24.

13 G. M. Schwarz, 'Village Populations According to the Polyptyque of the Abbey of St Bertin',
    Journal of Medieval History 11(1985), pp. 31-41.

14 Bernard H. Slicher van Bath, 'The Economic and Social Conditions in the Frisian Districts
    from 900 to 1500', *AAG Bijdragen* 13 (1965), pp. 100-3.

II부 생산

3장 농업 생산

1   Hans-Werner Goetz, 'Social and Military Institutions', in Rosamond McKitterick (ed.), *The
    New Cambridge Medieval History* (Cambridge, 1995), vol. II, pp. 458-60; Yoshiki Morimoto,
    'Autour du grand domaine carolingien', pp. 64-5.

2   Dopsch, *Wirtschaftsentwicklung*, i, pp. 138-40.

3   Metz, *Karolingische Reichsgut*.

4   Verhein, 'Studien Reichsgut', pp. 333-92.

5   A. Boretius (ed.), *Capitularia regum Francorum*, 2 vols. (Hanover, 1883: reprint 1984), vol. i, no.
    128; translation by Frederic A. Ogg (ed.), *A Sourcebook of Mediaeval History* (New York, 1907:

reprint 1972), pp. 127-129, part of *Internet Medieval Sourcebook*, ed. P. Halsall, and by H. R. Loyn and John Percival, *The Reign of Charlemagne. Documents on Carolingian Government and Administration* (London, 1975), pp. 98-105.

6   Stéphane Lebecq, 'The Role of Monasteries in the Systems of Production and Exchange of the Frankish World Between the Seventh and the Ninth Centuries', in Inge Lyse Hansen and Chris Wickham (eds.), *The Long Eighth Century. Production, Distribution and Demand* (Leiden, 2000), pp. 123-39; Ian Wood, 'Before or After Mission. Social Relations across the Middle and Lower Rhine in the Seventh and Eighth Centuries', in Hansen and Wickham (eds.), *The Long Eighth Century*, pp. 149-66.

7   Verhulst, 'Genèse du régime domanial classique'.

8   Adriaan Verhulst, 'La diversité régime domanial entre Loire et Rhin à l'éoque carolingiene' in Janssen and Lohrmann (eds.), *Villa-Curtis-Grangia*, pp. 133-48; Adriaan Verhulst, 'Etude comparative du régime domanial classique a` l'est et à l'éoque du Rhin à l'éoque carolingiene' in *La croissance agricole* (Flaran 10), pp. 87-101; both articles were reprinted in Verhulst, *Rural and Urban Aspects*.

9   Marie-Jeanne Tits-Dieuaide, 'Grands domaines, grandes et petites exploitations en Gaule mérovingienne', in Verhulst (ed.), *Le grand domaine*, pp. 23-50; Dieter Hägermann, 'Einige Aspekte der Grundherrschaft in den fränkischen formulae und in den leges des Frühmittelalters', *ibid.*, pp. 51-77.

10   Ulrich Weidinger, 'Untersuchungen zur Grundherrschaft des Klosters Fulda in der Karolingerzeit', in Werner Rösener (ed.), *Strukturen der Grundherrschaft im frühen Mittelalter* (Go ̈ttingen, 1989), pp. 247-65; Ulrich Weidinger, *Untersuchungen zur Wirtschaftsstruktur des Klosters Fulda in der Karolingerzeit* (Stuttgart, 1991); Droste, *Polyptichon Montiérender*, p. 143; Pierre Toubert, 'L'Italie rurale aux VIIIe-ixe siècles', pp. 105-6.

11   E. von Schwind(ed.), *Monumenta Germaniae Historica Leges* 5, 2 (Hanover,1926), pp. 286-90; Theodore J. Rivers, 'Seigneurial Obligations and "Lex Baiuvariorum" i, 13', *Traditio. Studies in Ancient and Medieval History, Thought and Religion* 31 (1975), pp. 336-43; Theodore J. Rivers, 'The Manorial System in the Light of the Lex Baiuvariorum', *Frühmittelalterliche Studien* 25 (1991), pp. 89-95. Complete text and German translation in Ludolf Kuchenbuch, *Grundherrschaft im früüheren Mittelalter* (Idstein, 1991), pp. 95-6.

12   Morimoto, 'Autour du grand domaine carolingien', pp. 69-70; Etienne Renard, 'Lectures et relectures d'un polyptyque carolingien (Saint-Bertin 844-859)', *Revue d'histoire ecclésiastique* 94 (1999), pp. 392-406.

13   Corvey abbey: Werner Rösener, 'Zur Struktur und Entwicklung der Grundherrschaft in Sachsen in karolingischer und ottonischer Zeit', in Verhulst (ed.), *Le grand domaine*, pp. 200-3; Fulda abbey: Weidinger, 'Untersuchungen zur Grundherrschaft', pp. 256-8; Lucca abbey: Pierre Toubert, 'Il sistema curtense: la produzione e lo scambio interno in Italia nei secol, VIII, IX e X', in *Storia d'Italia. Annali 6: Economia naturale, economia monetaria* (Turin, 1983), p. 27.

14   1장(주 14), 4장 참조.

15   서론(주 20, 21), 2장(주 1) 참조. A. Castagnetti, Luzatti, G. Pasquali and A.Vasina (eds.), *Inventari altomedievali di terre, coloni e redditi* (Rome, 1979: Fonti per la Storia d'Italia 104).

16   D. Hägermann (ed.), *Das Polyptychon von Saint-Germain-des-Prés*, pp. 129-38. (Adapted with corrections from the translation in Roy C. Cave and Herbert H. Coulson (eds.), *A Source Book for Medieval Economic History*, reprint edition, (New York, 1963), pp. 43-4, and part of Paul Halsall (ed.), *Internet Medieval Source Book*, 1988).

17   F. Lohier and R. P. J. Laporte (eds.), *Gesta Sanctorum Fontanellensis coenobii* (Rouen, Paris, 1936),

pp. 82-3.

18 주 5 참조.

19 Verhein, 'Studien Reichsgut'.

20 Castagnetti, *Inventari*.

21 Hägermann (ed.), *Polyptychon Saint-Germain-des-Prés*, pp. 98-103.

22 *Ibid.*, pp.104-19.

23 Claus-Dieter Droste, 'Die Grundherrschaft Montiérender im 9. Jahrhundert', in (ed.), *Le grand domaine*, pp. 101-11; Patrick Corbet (ed.), *Les moines du Der 673-1790* (Langres, 2000).

24 Verhulst, 'Etudecomparative'.

25 Schwab, *Pru "mer Urbar*, pp. 94-7; Etienne Renard, 'La gestion des domaines d'abbaye aux VIIIe-xe siècles', *De la Meuse à l'Ardenne* 29 (1999), pp. 117-50.

26 Verhulst, 'Etudecomparative', p. 95; Franz Staab, 'Aspekte der Grundherrschaft-sentwicklung von Lorsch vornehmlich aufgrund der Urbare des Codex Laure-shamensis', in Rösener (ed.), *Strukturen der Grundherrschaft*, pp. 305-34.

27 Verhulst, 'Etudecomparative', p. 93; Konrad Elmshaäuser, 'Untersuchungenzum Staffelseer Urbar', in Rösener (ed.), *Strukturen der Grundherrschaft*, pp. 335-69.

28 Verhulst, 'Etude comparative', p. 92.

29 Dette, *Liber possessionum*, pp. 54-7.

30 Werner Rösener, 'Strukturformen der adeligen Grundherrschaft in der Karolingerzeit', in Rösener (ed.), *Strukturen der Grundherrschaft*, pp. 158-67.

31 Weidinger, 'Untersuchungen zur Grundherrschaft', pp. 251-65.

32 Ganshof, *Polyptyque Saint-Bertin*, p. 32.

33 Fournier, *Peuplement rural en Basse-Auvergne*, pp. 241-2.

34 Walter Schlesinger, 'Die Hufeim Frankenreich', in Hans Patze and Fred Schwind (eds.), *Ausgewählte Aufsätze von W. Schlesinger 1965-1979* (Sigmaringen, 1987), pp. 587-614.

35 Weidinger, *Untersuchungen zur Wirtschaftsstruktur*, pp. 23-38.

36 F. L.Ganshof, *Frankish Institutions under Charlemagne* (New York, 1970: Norton Library), pp. 52 and 60-1.

37 J. Durliat, *Les finances publiques de Dioclètien aux Carolingiens (284-889)* (Sigmaringen, 1990: Beihefte der Francia 21), pp. 195-203.

38 Ganshof, *Polyptyque St Bertin*, pp. 130-1.

39 Ludolf Kuchenbuch, 'Probleme der Rentenentwicklung in den kloösterlichen Grundherrschaften des frühen Mittelalters', in W. Lourdeaux and D. Verhelst (eds.), *Benedictine Culture 750-1050* (Leuven, 1983), pp. 130-72.

40 Elmshäuser, ' Staffelseer Urbar', p. 365.

41 Verhulst, 'Etudecomparative', pp. 93, 96, 98; Kuchenbuch, 'Rentenentwicklung'.

42 Charles-Edmond Perrin, 'Delaconditiondesterresdites "ancingae"', in *Mélanges Ferdinand Lot* (Paris, 1925); J. F. Niermeyer, *Mediae Latinitatis Lexicon Minus*), p. 43, v° *andecinga*.

43 Hans-Werner Goetz, 'Herrschaft und Raum in der frühmittelalterlichen Grundherrschaft', *Annalen des Historischen Vereins für den Niederrhein* 190 (1987), pp. 7-33.

44 Kuchenbuch, 'Rentenentwicklung'.

45 Goetz, 'Herrschaft und Raum'.

216

46 *Ibid.*, pp. 27 – 9.

47 Boretius (ed.), *Capitularia*, vol. i, no. 31, pp. 81 – 2.

48 *Ibid.* no. 297, p. 437.

49 Elmsh ¨ auser and Hedwig, *Studien Polyptychon St Germain-des-Prés*, pp. 492 – 4.

50 Ludolf Kuchenbuch, *Bäuerliche Gesellschaft und Klosterherrschaft im 9. Jahrhundert. Studien zur Sozialstruktur der Familia der Abtei Prüm* (Wiesbaden, 1978), pp. 146 – 67.

51 Droste, 'Grundherrschaft Montiérender'.

52 Etienne Renard, 'Les *mancipia* carolingiens étaient-ils des esclaves? Les données du polyptyque de Montier-en-Der dans le contexte documentaire du ixe siècle', in Corbet (ed.), *Les moines du Der*, pp. 179 – 209.

53 Ganshof, *Polyptyque St Bertin*, pp. 129 – 31.

54 Renard, 'Lectures et relectures'.

55 Yoshiki Morimoto, 'Essai d'une analyse du polyptyque de l'abbaye de St. Bertin (milieu du ixe siècle)', *Annuario Instituto Giapponese di Cultura* 8 (1970 – 1), pp. 31 – 53.

56 Ganshof, *Polyptyque Saint-Bertin*, pp. 45 – 9; Renard, 'Lectures et relectures', pp. 392 – 406.

57 Pierre Bonnassie, 'La croissance agricole du haut moyen âge dans la Gaule du Midi et le Nord-Est de la péninsule ibérique', in *La croissance agricole* (Auch 1990: Flaran 10), pp. 13 – 35; Pierre Bonnassie, *La Catalogne autour de l'an mil*, second edition, 2 vols. (Paris, 1990).

58 Fournier, *Peuplement rural en Basse Auvergne*; Ch. Lauranson-Rosaz, *L'Auvergne et ses marges (Vélay, Gévaudan) du VIIIe au XIe si`ecles* (Le Puy-en-Vélay, 1987); Monique Zerner, 'Sur la croissance agricole en Provence', in *La croissance agricole* (Auch 1990: Flaran 10), pp. 153 – 67

59 B. Phalip, 'La charte dite de Clovis', *Revue de la Haute-Auvergne* 1988, pp. 567 – 607; 1989, pp. 671 – 96.

60 Shoichi Sato, 'L'*agrarium*: la charge paysanne avant le régime domanial, VIe – VIIIe siècles', *Journal of Medieval History* 24 (1998), pp. 103 – 25.

61 André Chédeville and Noël-Yves Tonnerre, *La Bretagne féodale XIe–XIIIe siècle* (Rennes, 1987), pp. 204 – 6.

62 Schwab, *Prümer Urbar*; Kuchenbuch, *Bäuerliche Gesellschaft*; Kuchenbuch, 'Rentenentwick-lung'.

63 Jean-Pierre Devroey, 'Les services de transport à l'abbaye de Prüm au ixe siècle', *Revue du Nord* 61 (1979), pp. 543 – 69, reprinted in Devroey, *Etudes sur le grand domaine carolingien*.

64 Verhulst, 'Etude comparative'; Rösener (ed.), *Strukturen der Grundherrschaft*.

65 Toubert, 'Italie rurale', 'Sistema curtense'.

66 3장 주 25 참조.

67 Droste, *Polyptichon Montiérender*, p. 140; Renard, 'Mancipia carolingiens', p. 188; Jean-Pierre Devroey, 'Mansi absi': indices de crise ou de croissance de l'économie rurale du haut moyen âge', *Le Moyen Age* 82 (1976), pp. 421 – 51, reprinted in Devroey, *Grand domaine*.

68 Toubert, 'Sistema curtense', p. 32.

69 MGH Capit. II, no. 273, cc. 30, 31, pp. 323 – 4; Janet L. Nelson, *Charles the Bald* (London, 1992), p. 26.

70 Nelson, *Charles the Bald*, p. 58.

71 Devroey, 'Services de transport'; Jean-Pierre Devroey, 'Un monastére dans l'économie d'échanges: les services de transport `a l'abbaye de Saint-Germaindes-Prés au ixe siècle',

Annales. Economie–Sociétés–Civilisations (1984), pp. 570 –89, reprinted in Devroey, *Grand Domaine.*

72 Adriaan Verhulst and Josef Semmler, 'Les statuts d'Adalhard de Corbie de l'an 822', *Le Moyen Age* 68 (1962), pp. 246 –51.

4장 농업 기술

1   H. Hildebrandt, 'Systems of Agriculture in Central Europe up to the Tenth and Eleventh Centuries', in Della Hooke (ed.), *Anglo-Saxon Settlements* (Oxford, 1988), pp. 81 –101.

2   Dette (ed.), *Liber possessionum Wizenburgensis.*

3   Yoshiki Morimoto, 'L'assolement triennal au haut Moyen Age. Une analyse des données des polyptyques carolingiens', in Verhulst and Morimoto (eds.), *L'économie rurale et L'économie urbaine,* pp. 91 –125.

4   Devroey (ed.), *Polyptyque de Saint-Remi de Reims.*

5   Devroey (ed.), *Polyptyque Saint-Pierre de Lobbes;* Morimoto, 'Assolement triennal', p. 115.

6   Morimoto, 'Assolement triennal', pp. 107 –14.

7   Schwab, *Prümer Urbar,* p. 208.

8   Morimoto, 'Assolement triennal', pp. 93 –4.

9   1장 참조.

10 Massimo Montanari, *La faim et l'abondance. Histoire de l'alimentation en Europe* (Paris, 1995), pp. 53 –8.

11 Georges Duby, 'Le problème des techniques agricoles', in *Agricoltura e mondo rurale in Occidente nell'alto medioevo* (Spoleto, 1966), pp. 267 –83; Bernard Slicher van Bath, 'Le climat et les récoltes en haut moyen 'ge', in *Agricoltura e mondo rurale in Occidente nell' alto medioevo,* pp. 399 –425.

12 Toubert, 'La part du grand domaine', pp. 73 –4.

13 Jean-Pierre Devroey, 'Entre Loire et Rhin: les fluctuations du terroir de l'épeautre au moyen âge', in J.-P. Devroey andJ .-J. Van Mol (eds.), *L'épeautre (Triticum spelta), histoire et ethnologie* (Treignes, 1989), pp. 89 –105, reprintedin Devroey, *Grand domaine;* Jean-Pierre Devroey, 'La céréaliculture dans le monde franc', in *L'ambiente vegetale nell'alto medioevo* (Spoleto, 1990: Settimane di studio 37), pp. 221 –53, reprintedin Devroey, *Grand domaine.*

14 Wickham, *Land and Power,* pp. 127 –31.

15 Stéphane Lebecq, *Marchands et navigateurs frisons du haut moyen âge,* 2 vols. (Lille, 1983), vol. i, pp. 126 –8.

16 W. Jappe Alberts andH. P. H. Jansen, *Welvaart in Wording. Sociaal-economische geschiedenis van Nederland van de vroegste tijden tot het einde van de Middeleeuwen* (The Hague, 1964), pp. 42 –3.

17 Axel Steensberg, 'Agrartechnik der Eisenzeit und des frühen Mittelalters', in Heinrich Beck, Dietrich Denecke andHerber t Jankuhn (eds.), *Untersuchungen zur eisenzeitlichen und frühmittelalterlichen Flur in Mitteleuropa und ihrer Nutzung,* 2 vols. (Göttingen, 1980: Abhandlungen der Akademie, Phil. -Histor. Klasse, Ⅲ, no. 116), Ⅱ, pp. 55 –76; Dieter Hägermann andHelm uth Schneider, *Landbau und Handwerk 750 v. Chr. Bis 1000 n. Chr.* (Berlin, 1991: Propyläen Technikgeschichte), pp. 380 –92; Georges Comet, 'Technology and Agricultural Expansion in the Mid-

dle Ages: The Example of France North of the Loire', in Grenville Astill and John Langdon (eds.), *Medieval Farming and Technology* (Leiden, 1997), pp. 21 – 4; Elmshäuser and Hed wig, *Studien Saint-Germain-des-Prés*, pp. 353 – 5.

18 Hägermann and Schneider, *Landbau*, pp. 390 – 1; Elmshäuser and Hed wig, *Studien Saint-Germain-des-Prés*, p. 354, note 107.

19 Lynn White Jr, *Medieval Technology and Social Change* (Oxford, 1962).

20 Georges Raepsaet, 'The Development of Farming Implements between the Seine and the Rhine from the Secondto the Twelfth Centuries', in Astill and Langdon (eds.), *Medieval Farming*, pp. 41 – 68; Hägermann and Schneider, *Landbau*, pp. 397 – 401.

21 Etienne Champion, *Moulins et meuniers carolingiens dans les polyptyques entre Loire et Rhin* (Paris, 1996); Hägermann and Schneider, *Landbau*, pp. 346 – 73.

22 Marc Bloch, 'Avènement et conquêtes du moulin à eau', *Annales d'Histoire Economique et Sociale* 7 (1935), pp. 538 – 63.

23 Verhulst and Semmler , 'Statuts', pp. 241 – 6.

24 Alain Derville, 'Le marais de Saint-Omer', *Revue du Nord* 62 (1980), pp. 73 – 95, reprintedin Alain Derville, *Douze études d'histoire rurale. Flandre, Artois, Cambrésis au moyen âge* (Lille, 1996), pp. 67 – 88, esp. p. 74.

25 Elmshäuser and Hedwig, *Studien Saint-Germain-des-Prés*, pp. 436 – 65.

26 *Ibid.*; Hägermann and Schneider, *Landbau*, pp. 368 – 70.

27 Hägermann and Schneider, *Landbau*, pp. 402 – 7; *Le vigneron, la viticulture et la vinification en Europe occidentale au moyen âge et à l'époque moderne* (Auch, 1991: Flaran 11); Elmshäuser and Hedwig, *Studien Saint-Germain-des-Prés*, pp. 365 – 99; M. Matheus (ed.),*Weinbau zwischen Maas und Rhein in der Antike und im Mittelalter* (Trierer Historische Forschungen 23, 1997).

28 L. Clemens andM. Matheus, 'Zur Keltertechnik in karolingischer Zeit', in *Liber Amicorum für A. Heit* (1995), pp. 255 – 65.

29 Devroey, 'Services de transport à Prüm'.

30 Franz Irsigler, 'Mehring. Ein Prümer Winzerdorf um 900', in Jean-Marie Duvosquel and Erik Thoen (eds.), *Peasants and Townsmen in Medieval Europe. Studia in Honorem Adriaan Verhulst* (Ghent, 1995), pp. 297 – 324.

5장 수공업 및 산업 생산

1 Emile Lesne, *Histoire de la propriété ecclésiastique en France*, 6 vols. (Lille, 1943), vol. vi, pp. 391-424; Schwind,'Zu karolingischen Klöstern als Wirtschaftsorganismen'.

2 W. Horn and E. Born, *The Plan of St Gall*, 3 vols. (Berkeley,Los Angeles, London, 1979).

3 Richard Hodges, *Light in the Dark Ages. The Rise and Fall of San Vincenzo al Volturno* (London, 1997).

4 Hägermann and Schneider, *Landbau und Handwerk*, pp. 479 – 91.

5 Ganshof, *Polyptyque Saint-Bertin*, pp. 32 – 3.

6 Schwab, *Prümer Urbar*, pp. 201-8.

7 Devroey (ed.), *Polyptyque Lobbes*, pp. 5 – 17.

8 Hägermann and Hedwig (eds.), *Polyptychon Saint-Maur-des-Fossés*, pp. 88, 104.

9 Henri Platelle, *Le temporel de l'abbaye de Saint-Amand des origines `a 1340* (Paris, 1962), p. 80 n. 41 and p. 100.

10 Jean Chapelot and Robert Fossier, *Le village et la maison au moyen âge* (Paris, 1980), pp. 116 –33.

11 Cuisenier and Guadagnin (eds.), *Un village au temps de Charlemagne*, p. 279.

12 Hägermann and Schneider, *Landbau und Handwerk*, pp. 486 – 90.

13 Lebecq, *Marchands et navigateurs frisons*, vo l. I, pp. 131 – 4.

14 *Ibid.*, vol. II, pp. 382 – 3.

15 Rolf Sprandel, *Das Eisengewerbe im Mittelalter* (Stuttgart, 1968); Walter Janssen, 'Gewerbliche Produktion des Mittelalters als Wirtschaftsfaktor im ländlichen Raum', in Herbert Jankuhn, Walter Janssen, Ruth Schmidt-Wiegand and Heinrich Tiefenbach (eds.), *Das Handwerk in vor -und frühgeschichtlicher Zeit*, 2 vols. (Göttingen, 1983: Abhandlungen der Akademie der Wissenschaften,Phil. Histor. Klasse III nos. 122–3),vol. II ,pp. 331 – 47; Hägermann and Schneider, *Landbau und Handwerk*, pp. 419 – 34.

16 Schwab, *Prümer Urbar*, p. 206.

17 Otto P. Clavadetscher, 'Zum churrätischen Reichsguturbar aus der Karolingerzeit', *Zeitschrift für schweizerische Geschichte* 30 (1950), pp. 161 –97.

18 Elmshäuser and Hedwig, *Studien Saint-Germain-des-Prés*, pp. 196 – 201.

19 Dette, *Liber Possessionum*, p. 105.

20 Weidinger,'Unter suchungen zur Grundherrschaft Fulda', pp. 255 – 6.

21 Hägermann and Schneider, *Landbau und Handwerk*, pp. 433 – 4.

22 Georges Duby, *L'économie rurale et la vie des campagnes dans l'Occident médiéval* (Paris, 1962), p. 77; Chapelot and Fossier, *Le village et la maison*, p. 24.

23 Ganshof, *Frankish Institutions*,p. 66 and note 54 (on p. 159).

24 Hägermann and Schneider, *Landbau und Handwerk*, p. 425.

25 Hägermann (ed.), *Polyptychon Saint-Germain-des-Prés*, p. 117.

26 *Ibid.*, pp. 112 – 13.

27 Janssen, 'Ge werbliche Produktion', pp. 348 – 85.

28 Hägermann and Schneider, *Landbau und Handwerk*, pp. 408 – 18.

29 Cornelis Dekker, *Zuid-Beveland. De historische geografie en de instellingen van een Zeeuws eiland in de Middeleeuwen* (Assen, 1971), p. 34.

30 *Ibid.*

31 François-L. Ganshof, 'A propos du tonlieu à l'époque carolingienne', in *La cittá nell'alto medioevo* (Spoleto, 1959: Settimane di studi del Centro italiano di studi sull'alto medioevo, 6), pp. 487 – 9.

32 Boretius (ed.), *Capitularia*, I, no. 148, c. 8.

33 Kuchenbuch, *Bäuerliche Gesellschaft Prüm*, pp. 293 – 8.

34 Weidinger, 'Unter suchungen zur Grundherrschaft Fulda', p. 255.

35 Janssen, 'Ge werbliche Produktion', pp. 320 – 31.

36 François-L. Ganshof, 'Das Fr¨ankische Reich',in Hermann Kellenbenz (ed.), *Handbuch der europäischen Wirtschafts -und Sozialgeschichte*, 6 vols. (Stuttgart, 1980), vol. II , p. 184 and p. 188 note 27.

37 Hodges, *San Vincenzo al Volturno*, pp. 98 – 100 and *passim*.

38 Janssen, 'Ge werbliche Produktion', pp. 323 – 5.

Ⅲ부 상업

6장 조직

1 Verhulst and Semmler, 'Statuts', p. 248.

2 Philip Grierson, 'Commerce in the Dark Ages: a Critique of the Evidence', *Transactions of the Royal Historical Society*, 5th Series 9 (1959), pp. 123–40, reprinted in Philip Grierson, *Dark Age Numismatics* (London, 1979); John Moreland, 'Concepts of the Early Medieval Economy', in Hansen and Wickham (eds.), *The Long Eighth Century*, pp. 1–34, esp. pp. 5–8 ('Grierson and the Gift').

3 Toubert, 'Part du grand domaine', pp. 85–6; Jean-Pierre Devroey, 'Courants et réseaux d'échange dans l'économie franque entre Loire et Rhin', in *Mercati e mercanti nell'alto medioevo* (Spoleto, 1993: Settimane di studio del Centro Italiano di studi sull'alto medioevo 40), pp. 378–9.

4 5장 참조.

5 Peter Johanek, 'Der fränkische Handel der Karolingerzeit im Spiegel der Schriftquellen', in Klaus Düwel, Herbert Jankuhn, Harald Siems, Dieter Timpe (eds.), *Untersuchungen zu Handel und Verkehr der vor -und frühgeschichtlichen Zeit in Mittel -und Nord-Europa*, 6 vols., vol. iv, *Der Handel der Karolinger -und Wikingerzeit* (Göttingen, 1987: Abhandlungen der Akademie der Wissenschaften, Phil.-Hist. Klasse, 3rd series, no. 156), pp. 55–60.

6 *Ibid.*, p. 62; Lebecq, *Marchands frisons*, pp. 28–9.

7 Dopsch, *Wirtschaftentwicklung*, vol. Ⅱ, p. 232 note 4.

8 Lebecq, *Marchands frisons*, pp. 23–34

9 François-L. Ganshof, 'L'étranger dans la monarchie franque', in *Recueils Société Jean Bodin* 10 (1958), pp. 29–30.

10 Hildegard Adam, *Das Zollwesen im fränkischen Reich und seine Bedeutung für das spätkarolingische Wirtschaftsleben* (Stuttgart, 1996), pp. 197–8.

11 Nelson, *Charles the Bald*, p. 30

12 Boretius (ed.), *Capitularia*, vol. i, no. 143 (AD 821), c.1: '*Volumus ... ut nullus teloneum exigat nisi in mercatibus ubi communia commertia emuntur ac venundantur ... Quod si aliquis constituta mercata fugiens, ne teloneum solvere cogatur ...*'; Ganshof, 'Tonlieu', p. 491 and note 14.

13 Georges Tessier (ed.), *Recueil des actes de Charles II le Chauve, roi de France*, 3 vols. (Paris, 1943–55), vol. Ⅱ, no. 304 (AD 867).

14 Adam, *Zollwesen*, p. 197.

15 Lebecq, *Marchands frisons*, pp. 25–6.

16 Tessier (ed.), *Actes*, no. 263 (AD 864).

17 Nelson, *Charles the Bald*, p. 225.

18 Verhulst, *Rise of Cities*, pp. 56–7.

19 Hodges, *Dark Age Economics*, pp. 47–86; Hodges, *Towns and Trade*, pp. 69–92; Clarke and Ambrosiani, *Towns in the Viking Age*, pp. 11–45; Verhulst, 'Roman Cities, *Emporia* and New Towns', pp. 110–15.

20 R. A. Hall, 'The Decline of the Wic?' in Slater (ed.), *Towns in Decline*, pp. 120–36. 최근에 이러한 견해에 대해 의문이 제기되었다.

21 Heiko Steuer, 'Der Handel der Wikingerzeit zwischen Nord-und Westeuropa aufgrund archäologischer Zeugnisse', in Düwel and Jankuhn *et al.* (eds.), *Untersuchungen zu Handel und Verkehr*, iv, *Der Handel der Karolinger- und Wikingerzeit*, pp. 120 – 21.

22 Lebecq, *Marchands frisons*, Ⅱ, pp. 151 – 5.

23 Verhulst and Semmler, 'Statuts d'Adalhard', p. 250 note 233.

24 Devroey, 'Services de transport à Prüm' and 'Services de transport à Saint-Germain-des-Prés', both reprinted in Devroey, *Grand domaine carolingien*.

25 Boretius (ed.), *Capitularia*, no. 57, c. 7.

26 Tessier (ed.), *Actes de Charles le Chauve*, no. 18, AD 842.

27 Boretius (ed.), *Capitularia*, no. 44, c.13.

28 W. Van Es, 'Dorestad Centred', in J. C. Besteman, J. M. Bos and H. A. Heidinga (eds.), *Medieval Archaeology in the Netherlands. Studies Presented to H. H. van Regteren Altena* (Assen and Maastricht, 1990), pp. 151 – 82.

29 Ganshof, 'Tonlieu', p. 491 note 12.

7장 교역의 방향

1 Georges Despy, 'Villes et campagnes aux ixe et xe si`ecles: l'exemple du pays mosan', *Revue du Nord* 50 (1968), pp. 162 – 5.

2 Ganshof, 'Tonlieu', p. 488 and above Chapter 5.

3 François-L. Ganshof, 'Note sur l' "Inquisitio de theloneis Raffelstettensis"', *Le Moyen Âge* 72 (1966), pp. 197 – 224; Adam, *Zollwesen*, pp. 124 – 7.

4 Cinzio Violante, *La societ`a milanese nell'età precommunale*, new edition (Rome, Bari, 1974), pp. 3 – 6.

5 Georg Waitz (ed.), *Translatio et Miracula SS. Marcellini et Petri*, MGH, SS xv-1, p. 250, c. 6: 'mercatores quidam de civitate Mogontiaco, qui frumentum in superioribus Germaniae partibus emere ac per fluvium Moinum ad urbem devehere solebant.'

6 Lebecq, *Marchands frisons*, pp. 28, 226 – 7.

7 Van Es, 'Dorestad Centred', pp. 163 – 72.

8 Lebecq, *Marchands frisons*, pp. 125 – 9.

9 1장 참조.

10 Elmshäuser and Hedwig, *Studien zum Polyptychon von Saint-Germain-des-Prés*, pp. 365 – 99.

11 Lebecq, *Marchands frisons*, pp. 25 – 6.

12 Hans Van Werveke, 'Comment les établissements religieux belges se procuraientils du vin au haut moyen âge?', *Revue belge de philologie et d'histoire* 2 (1923), pp. 643 – 62, reprinted in Van Werveke, *Miscellanea Mediaevalia*, pp. 12 – 29.

13 Steuer, 'Handel aufgrund archäologischer Zeugnisse', pp. 142 – 6.

14 최근에 호지스는 이러한 전통적인 해석과는 다른 견해를 제시했다. *Towns and Trade*, pp. 64 – 6.

15 Steuer, 'Handel aufgrund archäologischer Zeugnisse', pp. 134 – 42.

16 Lebecq, *Marchands frisons*, Ⅱ, pp. 150 – 1.

17 Dietrich Claude, *Der Handel im westlichen Mittelmeer während des Frühmittelalters* (Göttingen,

1985) (*Untersuchungen zu Handel und Verkehr der vor- und frühgeschichtlichen Zeit in Mittel- und Nordeuropa*, vol. 2, Abhandlungen Akademie Götingen, Phil.-Hist. Klasse, 3rd series, no. 144).

18 Simon T. Loseby, 'Marseille and the Pirenne Thesis II: "Ville Morte" ', in Hansen and Wickham (eds.), *The Long Eighth Century*, pp. 167 –93.

19 Francois-L. Ganshof, 'Note sur les ports de Provence', *Revue Historique* 183 (1938), pp. 28 –37.

20 Ganshof, 'Ports de Provence', pp. 32 –3.

21 R. Doehaerd, *Le Haut Moyen Âge Occidental. Economie et sociétés* (Paris, 1971), p. 278. Transl.: *Early Middle Ages in the West. Economy and Society* (New York 1978).

22 Charles Verlinden, *L'esclavage dans l'Europe médievale*, i, *Peninsule ibérique–France* (Bruges, 1955: Rijksuniversiteit Gent. Werken Fac. Letteren en Wijsbegeerte 119), pp. 709 –17.

23 Ganshof, 'Tonlieu', pp. 492 –3 and note 16.

24 P. Duparc, 'Les cluses et la frontière des Alpes', *Bibliothèque de l'Ecole des Chartes* 109 (1951), pp. 5 –31; Gaston G. Dept, 'Le mot *'clusas'* dans les diplômes carolingiens', in *Mélanges d'histoire offerts à Henri Pirenne*, 1 (Brussels, 1926), pp. 89 –98; Johanek, 'Fränkische Handel', p. 16 and note 39.

25 Wickham, *Land and Power*, pp. 108 –16.

26 Violante, *Società milanese*, pp. 6 –10.

27 Dopsch, *Wirtschaftsentwicklung*, Ⅱ, pp. 202 –10; Doehaerd, *Haut Moyen Âge*, pp. 277 –81.

28 Dopsch, *Wirtschaftsentwicklung*, Ⅱ, pp. 201 –2.

29 Verhulst, *Rise of Cities*, p. 58

30 Steuer, 'Handel aufgrund archäologischer Zeugnisse'.

31 Lebecq, *Marchands frisons*.

32 Ulf Näsman, 'Exchange and Politics: the Eighth –arly Ninth Century in Denmark', in Hansen and Wickham (eds.), *Long Eighth Century*, pp. 46 –7.

33 Lebecq, *Marchands frisons*, i, pp. 31 –2; Ⅱ, pp. 131 –3.

34 Steuer, 'Handel aufgrund archäologischer Zeugnisse', pp. 142 –6.

35 호지스는 '검은 돌'에 대해 다른 해석을 제시했다; *Towns and Trade*, pp. 64 –6.

36 Steuer, 'Handel aufgrund archäologischer Zeugnisse', pp. 151 –6.

37 Lebecq, *Marchands frisons*, pp. 131 –4.

38 Maurits Gysseling and Anton Koch (eds.), *Diplomata belgica ante annum millesimum centesimum scripta* (Tongeren, 1950), p. 41.

39 Johanek, 'Fränkische Handel', pp. 15 –18, 37.

Ⅳ부 카롤링 경제의 역동성

8장 화폐와 가격 운동

1 Philip Grierson, 'Money and Coinage under Charlemagne', in Wolfgang Braunfels, Helmut Beumann, Hermann Schnitzler and Bernhard Bischoff (eds.), *Karl der Grosse. Lebenswerk und*

Nachleben, 4 vols. (Düsseldorf, 1965), vol. i, pp. 501 – 36, reprinted in Philip Grierson, *Dark Age Numismatics* (London, 1979), no. XVIII; Philip Grierson and Mark Blackburn, *Medieval European Coinage: with a Catalogue of the Coins in the Fitzwilliam Museum Cambridge*, vol. 1: *The Early Middle Ages (fifth–tenth centuries)* (Cambridge, New York, 1986), pp. 190 – 266.

2 Renée Doehaerd, 'Les réformes monétaires carolingiennes', *Annales. Economies–Sociétés – Civilisations* 7 (1952), pp. 13 – 20, reprinted in Renée Doehaerd, *Oeconomica Mediaevalia* (Brussels, 1984), pp. 149 – 57.

3 Bolin, 'Mohammad, Charlemagne'; Lombard, 'Les bases monétaires'.

4 Simon Coupland, 'Money and Coinage under Louis the Pious', *Francia* 17 (1990), pp. 23 – 54.

5 Simon Coupland, 'The Early Coinage of Charles the Bald', *Numismatic Chronicle* 151 (1991), pp. 121 – 58.

6 Philip Grierson, 'The *Gratia Dei Rex* Coinage of Charles the Bald', in M. T. Gibson and J. L. Nelson (eds.), *Charles the Bald. Court and Kingdom*, second revised edition (London, 1990), pp. 52 – 64; D.M. Metcalf, 'A Sketch of the Currency in the Time of Charles the Bald', in Gibson and Nelson (eds.), *Charles the Bald*, pp. 65 – 97.

7 Simon Coupland, 'The Frankish Tribute Payments to the Vikings and their Consequences', *Francia* 26 (1999), pp. 57 – 75.

8 Alessia Rovelli, 'Some Considerations on the Coinage of Lombard and Carolingian Italy', in Hansen and Wickham (eds.), *Long Eighth Century*, pp. 195 – 223.

9 Dopsch, *Wirtschaftsentwicklung*, II, pp. 264 – 5.

10 *Ibid.*, p. 270, note 5.

11 *Ibid.*, p. 273, note 6.

12 Boretius (ed.), *Capitularia*, i, no. 52, c.21 (ad 780); no. 166, c.2 (ad 811); no. 125, c.19 (ad 805).

13 Heiko Steuer, 'Gewichtsgeldwirtschaften im frühgeschichtlichen Europa', in Düwel, Jankuhn *et al.*, *Untersuchungen*, IV, *Handel Karolingerzeit*, pp. 405 – 527.

14 F. Vercauteren, 'Monnaie et circulation monétaire en Belgique et dans le Nord de la France du VIe au XIe siéclé', in *Moneta e scambi nell'alto medioevo* (Spoleto, 1961, Settimana di studio del centro italiano di studi sull'alto medioevo, 8), pp. 279 – 311; D. M. Metcalf, 'The Prosperity of North–Western Europe in the Eighth and Ninth Centuries', *Economic History Review* 20 (1967), pp. 344 – 57.

15 Grierson, 'Money and Coinage under Charlemagne', p. 536.

16 Metcalf, 'Prosperity', p. 349.

17 Karl F. Morrison, 'Numismatics and Carolingian Trade', *Speculum* 38 (1963), p. 432

18 Doehaerd, *Haut Moyen Âge*, p. 328 note 2; Boretius (ed.), *Capitularia*, i, p. 140, c.5.

19 Dopsch, *Wirtschaftsentwicklung*, ii, p. 247 note 1: '*de pellibus ... eo quod multo carius tempore hiemis quam estatis emantur*'.

20 *Ibid.*, p. 248: '*prout pactio vendentis et ementis grata fuerit; quantocunque meliori precio venditor et emptor inter se dare voluerint res suas, liberam in omnibus habeant licentiam*'.

21 Adriaan Verhulst, 'Karolingische Agrarpolitik: Das *Capitulare de Villis* und die Hungersnöte von 792/93 und 805/06', *Zeitschrift für Agrargeschichte und Agrarsoziologie* 13 (1965), pp. 175 – 89, reprinted in Verhulst, *Rural and Urban Aspects*, vi; Doehaerd, *Haut Moyen Âge*, pp. 58 – 66; Jean–Pierre Devroey, 'Units of Measurement in the Early Medieval Economy: The Example of Carolingian Food Rations', *French History* I (1987), pp. 68 – 92.

22 Johanek, 'Fränkische Handel', p. 31, note 113.

23 *Ibid.*, pp.30 - 1.

9장 경제와 국가

1   Jean-Pierre Devroey, 'Réflexions sur l'économie des premiers temps carolingiens 768 - 877', *Francia* 13 (1986), pp. 475 - 88, reprinted in Devroey, *Grand Domaine*, no. XIV.

2   R. Kötzschke, 'Karl der Grosse als Agrarpolitiker', in *Festschrift Edmund Stengel* (1952), pp. 181 - 94.

3   Carlrichard Brühl (ed.), *Capitulare de Villis* (Stuttgart, 1971: Dokumente zur deutschen Geschichte in Faksimiles, i,1); Boretius (ed.), *Capitularia*, no. 32.

4   Boretius (ed.), *Capitularia*, no. 128; see Chapter 3, pp. 32 - 3, 39 - 40.

5   Verhulst, '*Capitulare de Villis*'.

6   Verhein, 'Quellen zum Reichsgut', pp. 348 - 52.

7   Jean-Pierre Devroey, 'Les premiers polyptyques rémois, VIIIe-IXe siècles', in Verhulst (ed.), *Grand domaine*, pp. 78 - 97, reprinted in Devroey, *Grand domaine*, no. II.

8   Devroey, 'Réflexions', p. 478.

9   Janet L. Nelson, *Charles the Bald*, pp. 30 - 1.

10 Adam, *Zollwesen*, p. 239.

11 *Ibid.*, pp. 223 - 4.

12 K. Zeumer (ed.), *Formulae merovingici et karolini aevi* (Hanover, 1886: MGH, II, v), no. 37; François-L.Ganshof, 'Note sur le "Praeceptum Negotiatorum" de Louis le Pieux', in *Studi in onore di A. Sapori*, I (1957), pp. 101 - 12.

13 C. Verlinden, 'A propos de la place des Juifs dans l'économie de l'Europe occidentale aux ixe et xe siècles', in *Storiografia e storia. Studi in onore di Eugenio Dupré Theseider*, vol. i (Rome, 1974), pp. 21 - 37.

10장 장기적 관점

1   AlfonsDops ch, *Wirtschaftliche und soziale Grundlagen der europäischen Kulturentwicklung aus der Zeit von C"asar bis auf Karl den Grossen*, 2 vols., second edition (Vienna, 1923 - 4), abridged translation: *The Economic and Social Foundations of European Civilisation* (London, 1937).

2   Dopsch, *Wirtschaftsentwicklung*.

3   Henri Pirenne, 'Mahomet et Charlemagne', *Revue belge de philologie et d'histoire* I (1922), pp. 77 - 86; 'Un contraste économique: Mérovingienset Carolingiens', *Revue belge de philologie et d'histoire* 2 (1923), pp. 223 - 35.

4   Henri Pirenne, *Mohammed and Charlemagne*, English translation (London, Irwin, 1939); paperback edition by Barnesand Noble (New York, 1955).

5   Bryce D. Lyon, *The Origins of the Middle Ages. Pirenne's Challenge to Gibbon* (New York, 1972).

6   Hodges, *Towns and Trade*.

7   Simon Coupland, 'The Vikingsin Francia and Anglo-Saxon England to 911', in *The New*

Cambridge Medieval History (Cambridge, 1995), II, pp. 190 – 201.

8   Nelson, *Charles the Bald*, pp. 30 – 40.

9   Hansen and Wickham (eds.), *Long Eighth Century*, pp. 358 – 63; Hodges, *Towns and Trade*, pp. 99 – 101.

참고문헌

1차 사료

Boretius, A. (ed.), *Capitularia regum Francorum*, 2 vols., Hanover, 1883; reprint 1984.

Brühl, Carlrichard (ed.), *Capitulare de Villis*, Stuttgart, 1971 (Dokumente zur deutschen Geschichte in Faksimiles, I, 1).

Dette, Christoph (ed.), *Liber possessionum Wizenburgensis*, Mainz, 1987.

Devroey, Jean-Pierre (ed.), *Le polyptyque et les listes de cens de l'abbaye de Saint-Remi de Reims (IXe–XIe si'ecles)*, Reims, 1984. (ed.), *Le polyptyque et les listes de biens de l'abbaye Saint-Pierre de Lobbes (IXe–XIe siècles)*, Brussels, 1986.

Droste, Claus-Dieter (ed.), *Das Polytichon von Montierender*, Trier, 1988.

Ganshof, Franc̦ois-L. (ed.), *Le Polyptyque de l'abbaye de Saint-Bertin (844-59)*, Paris, 1975.

Guérard, Benjamin, Delisle, Léopold and Marion, A., *Cartulaire de l'abbaye de Saint-Victor de Marseille*, Paris, 1857.

Gysseling, Maurits and Koch, Anton (eds.), *Diplomata belgica ante annum millesimum centesimum scripta*, Tongeren, 1950.

Hägermann, Dieter, Elmshäuser, Konrad and Hedwig, Andreas (eds.), *Das Polyptychon von Saint-Germain-des-Prés*, Cologne, Weimar, Vienna, 1993.

Hägermann, Dieter and Hedwig, Andreas (eds.), *Das Polyptychon und die Notitia de Areis von Saint-Maur-des-Fossés*, Sigmaringen, 1989.

Loyn, H. R. and Percival, John, *The Reign of Charlemagne. Documents on Carolingian Government and Administration*, London, 1975.

Niermeyer, J. F., *Mediae Latiniatis Lexicon Minus*, Leiden, 1976.

Ogg, FredericA (ed.), *A Sourcebook of Mediaeval History*, New York, 1907; reprint 1972, part of *Internet Medieval Sourcebook*, ed. P. Halsall, 1988.

Schwab, Ingo (ed.), *Das Prümer Urbar*, Düsseldorf, 1983.

Schwind, E. von (ed.), *Leges* 5, 2 Hanover, 1926 (MGH. II, v).

Tessier, Georges (ed.), *Recueil des actes de Charles II le Chauve, roi de France*, 3 vols., Paris, 1943–55.

Zeumer, K. (ed.), *Formulae merovingici et karolini aevi*, Hanover, 1886 (MGH. II, v).

2차 문헌

Abbé, Jean-Loup, 'Permanences et mutations des parcellaires médiévaux', in Chouquer, G. (ed.), *Les formes du paysage*, vol. II, *Archéologie des parcellaires*, Paris, 1996, pp. 223–33.

Adam, Hildegard. *Das Zollwesen im fränkischen Reich und seine Bedeutung für das spätkarolingische Wirtschaftsleben*, Stuttgart, 1996.

Adelson, H. L., 'Early Medieval Trade Routes', *American Historical Review* 65 (1960), pp. 271–87.

Agache, R., *La Somme pré-romaine et romaine*, Amiens, 1978 (Mémoires de la Société des Antiquaires de Picardie, in-4 O series, 24).

Alberts, W. J. and Jansen, H. P. H., *Welvaart in Wording. Sociaal-economische geschiedenis van Nederland van de vroegste tijden tot het einde van de Middeleeuwen*, The Hague, 1964.

Ambrosiani, Björn, 'Excavations in the Black Earth Harbour 1969 –71', in Ambrosiani, Björn and Clarke, Helen (eds.), *Early Investigations and Future Plans*, Stockholm, 1992 (Birka Studies 1).

Andreolli, Bruno and Montanari, Massimo, *L'aziende curtense in Italia*, Bologna, 1985.

Astill, Grenville and Langdon, John, *Medieval Farming and Technology. The Impact of Agricultural Change in Northwest Europe*, Leiden, 1997.

Beck, Heinrich, Denecke, Dietrich and Jankuhn, Herbert (eds.), *Untersuchungen zur eisenzeitlichen und frühmittelalterlichen Flur in Mitteleuropa und ihrer Nutzung*, 2 vols., Göttingen, 1979 – 80 (Abhandlungen der Akademie der Wissenschaften, Phil.-Histor. Klasse, 3rd series, 115 – 16).

Bessmerny, J. 'Les structures de la famille paysanne dans les villages de la Francia au ixe siècle', *Le Moyen Age* 90 (1984), pp. 165 –93.

Besteman J. C., Bos J. M. and Heidinga H. A. (eds.), *Medieval Archaeology in the Netherlands. Studies presented to H.H. van Regteren Altena*, Assen and Maastricht, 1990.

Bloch, Marc, 'Avènement et conquêtes du moulin à l'eau', *Annales d'Histoire Economique et Sociale* 7 (1935), pp. 538 – 63.

Bolin, Sture, 'Mohammad, Charlemagne and Ruric', *Scandinavian Economic History Review* 1 (1953), pp. 5 – 39.

Bonnassie, Pierre, 'La croissance agricole du haut moyen âge dans la Gaule du Midi et le Nord-Est de la péninsule ibérique', in *La croissance agricole*, Auch 1990, pp. 13 – 35 (Flaran 10).

La Catalogne autour de l'an mil, second edition, 2 vols., Paris, 1990.

Bourin, Monique, 'Délimitation des parcelles et perception de l'espace en Bas-Languedoc aux xe et xie siècles', in *Campagnes médiévales: l'homme et son espace. Etudes offertes à Robert Fossier*, Paris, 1995.

Braunfels, Wolfgang, Beumann, Helmut, Schnitzler, Hermann and Bischoff, Bernhard (eds.), *Karl der Grosse. Lebenswerk und Nachleben*, 4 vols., Düsseldorf, 1965.

Burguière, André, Klapisch-Zuber, Christiane *et al.* (eds.), *Histoire de la famille*, 2 vols., Paris, 1986.

Castagnetti, A., Luzzatti, M., Pasquali, G. and Vasina, A. (eds.), *Inventari altomedievali di terre, coloni e redditi*, Rome, 1979 (Fonti per la Storia d'Italia 104).

Champion, Etienne, *Moulins et meuniers carolingiens dans les polyptyques entre Loire et Rhin*, Paris, 1996.

Chapelot, Jean and Fossier, Robert, *Le village et la maison au moyen âge*, Paris, 1980.

Chédeville, André and Tonnerre, Noël-Yves, *La Bretagne féodale XIe–XIIIe siècle*, Rennes, 1987.

Chouquer, Gérard (ed.), *Les formes du paysage*, 3 vols., Paris, 1996. 'Parcellaires et longue durée', in Chouquer (ed.), *Les formes du paysage*, vol. II, *Archéologie des parcellaires*, pp. 213 – 18.

Christie, N. and Loseby, S. T. (eds.), *Towns in Transition: Urban Evolution in Late Antiquity and the Early Middle Ages*, Aldershot, 1996.

Clarke, Helen and Ambrosiani, Björn, *Towns in the Viking Age*, second revised edition, London, Leicester University Press, 1995.

Claude, Dietrich, *Der Handel im westlichen Mittelmeer während des Frühmittelalters*, Göttingen, 1985. (Düwel *et al.* (eds.), *Untersuchungen zu Handel und Verkehr der vor- und frühgeschichtlichen Zeit in Mittel- und Nordeuropa*, vol. 2 = Abhandlungen Akademie Göttingen, Phil.-Hist. Klasse, 3rd series, no.

144).

Clavadetscher, Otto P., 'Zum churrätischen Reichsguturbar aus der Karolingerzeit', *Zeitschrift für schweizerische Geschichte* 30 (1950), pp. 161 – 97.

Clemens, L. and Matheus, M., 'Zur Keltertechnik in karolingischer Zeit', in *Liber Amicorum für A. Heit* (1995), pp. 255 – 65.

Comet, Georges, 'Technology and Agricultural Expansion in the Middle Ages: The Example of France North of the Loire', in Astill, Grenville and Langdon, John (eds.), *Medieval Farming and Technology*, Leiden, 1997, pp. 11 – 39.

Corbet, Patrick (ed.), *Les moines du Der 673–1790*, Langres, 2000.

Coupland, Simon, 'Money and Coinage under Louis the Pious', *Francia* 17 (1990), pp. 23 – 54.

'The Early Coinage of Charles the Bald', *Numismatic Chronicle* 151 (1991), pp. 121 – 58.

'The Vikings in Francia and Anglo-Saxon England to 911', in *The New Cambridge Medieval History*, Cambridge, 1995, ii, pp. 190 – 201.

'The Frankish Tribute Payments to the Vikings and their Consequences', *Francia* 26 (1999), pp. 57 – 75. *La croissance agricole du Haut Moyen Age. Chronologie, modalités, géographie*, Auch, 1990 (Flaran 10, 1988).

Cuisenier, Jean and Guadagnin, Rémy (eds.), *Un village au temps de Charlemagne*, Paris, 1988.

Dekker, Cornelis, *Zuid-Beveland. De historische geografie en de instellingen van een Zeeuws eiland in de Middeleeuwen*, Assen, 1971.

Delogu, Paolo, 'Reading Pirenne Again', in Hodges, Richard and Bowden, William (eds.), *The Sixth Century. Production, Distribution and Demand*, Leiden, Brill, 1998, pp. 15 – 40.

Dept, Gaston G., 'Le mot *clusas* dans les diplômes carolingiens', in *Mélanges d'Histoire offerts à Henri Pirenne*, I, Brussels, 1926, pp. 89 – 98.

Derville, Alain, 'Le marais de Saint-Omer', *Revue du Nord* 62 (1980), pp. 73 – 95, reprinted in Derville, Alain, *Douze études d'histoire rurale. Flandre, Artois, Cambrésis au moyen âge*, Lille, 1996, pp. 67 – 88.

Despy, Georges, 'Villes et campagnes aux ixe et xe siècles: l'exemple du pays mosan', *Revue du Nord* 50 (1968), pp. 145 – 68.

Devroey, Jean-Pierre, '*Mansi absi*: indices de crise ou de croissance de l'économie rurale du haut moyen âge', *Le Moyen Age* 82 (1976), pp. 421 – 51, reprinted in Devroey, *Grand domaine*, no. ix.

'A propos d'un article récent: l'utilisation du polyptyque d'Irminon en démographie', *Revue belge de philologie et d'histoire* 55 (1977), pp. 509 – 14: reprinted in Devroey, *Grand domaine* no. iv.

'Les services de transport à l'abbaye de Prüm au ixe siècle', *Revue du Nord* 61 (1979), pp. 543 – 69, reprinted in Devroey, *Grand domaine* no. x.

'Les méthodes d'analyse démographique des polyptyques du haut moyen âge', *Acta Historica Bruxellensia* 4 (1981), pp. 71 – 88, reprinted in Devroey, *Grand domaine*, no. v.

'Un monast`ere dans l'économie d'échanges: les services de transport à l'abbaye de Saint-Germain-des-Prés au ixe siècle', *Annales. Economies–Sociétés–Civilisations* (1984), pp. 570 – 89, reprinted in Devroey, *Grand Domaine* no. xi.

'Les premiers polyptyques rémois, viie – ixe si`ecles', in Verhulst (ed.), *Grand domaine*, pp. 78 – 97, reprinted in Devroey, *Grand domaine*, no. II.

'Réflexions sur l'économie des premiers temps carolingiens (768 – 877)', *Francia* 13 (1986), pp. 475 – 88, reprinted in Devroey, *Grand domaine*, no. xiv.

'Units of Measurement in the Early Medieval Economy: The Example of Carolingian Food Rations', *French History* I (1987), pp. 68 – 92.

'Entre Loire et Rhin: les fluctuations du terroir de l'épeautre au moyen âge', in Devroey and Van Mol (eds.), *L'épeautre*, pp. 89 – 105, reprinted in Devroey, *Grand domaine*, no. VII.

'La céréaliculture dans le monde franc', in *L'ambiente vegetale nell'alto medioevo*, Spoleto, 1990 (Settimane di studio 37), pp. 221 – 53, reprinted in Devroey, *Grand domaine*, no. VI.

'Courants et réseaux d'échange dans l'économie franque entre Loire et Rhin', in *Mercati e Mercanti nell'alto medioevo*, Spoleto, 1993 (Settimane di studio 40).

Etudes sur le grand domaine carolingien, Aldershot, 1993 (Variorum).

Devroey J.-P. and Van Mol, J.-J. (eds.), *L'épeautre (Triticum spelta), histoire et ethnologie*, Treignes, 1989.

Doehaerd, Renée, 'Les réformes monétaires carolingiennes', *Annales. Economies-Sociétés-Civilisations* 7 (1952), pp. 13 – 20, reprinted in Doehaerd, *Oeconomica Mediaevalia*, pp. 149 – 57.

Le Haut Moyen Âge Occidental. Economie et sociétés, Paris, 1971. Transl. *Early Middle Ages in the West. Economy and Society*, New York, 1978.

Oeconomica Mediaevalia, Brussels, 1984.

Dopsch, Alfons, *Die Wirtschaftsentwicklung der Karolingerzeit vornehmlich in Deutschland*, second revised edition, 2 vols., Weimar, 1921 – 2.

Wirtschaftliche und soziale Grundlagen der europäischen Kulturentwicklung aus der Zeit von Cäsar bis auf Karl den Grossen, 2 vols., 2nd edition, Vienna, 1923 – 4. Abridged translation: *The Economic and Social Foundations of European Civilisation*, London, 1937.

Droste, Claus-Dieter, 'Die Grundherrschaft Montiérender im 9. Jahrhundert', in Verhulst (ed.), *Grand domaine*, pp. 101 – 11.

Duby, Georges, *L'économie rurale et la vie des campagnes dans l'Occident médiéval*, Paris, 1962. Transl. *Rural Economy and Country Life in the Medieval West*, Los Angeles, 1968.

'Le probléme des techniques agricoles', in *Agricoltura e mondo rurale in Occidente nell'alto medioevo*, Spoleto, 1966, pp. 267 – 83.

The Early Growth of the European Economy. Warriors and Peasants from the Seventh to the Twelfth Century, Ithaca, 1978 (Cornell University Press).

Duparc, P., 'Les cluses et la frontière des Alpes', *Bibliothèque de l'Ecole des Chartes* 109 (1951), pp. 5 – 31.

Durliat, J., *Les finances publiques de Dioclétien aux Carolingiens (284-889)*, Sigmaringen, 1990 (Beihefte der Francia 21).

Düwel, Klaus, Jankuhn, Herbert, Siems, Harald and Timpe, Dieter (eds.), *Untersuchungen zu Handel und Verkehr der vor- und frühgeschichtlichen Zeit in Mittel- und Nord-Europa*, 6 vols., Göttingen, 1985 – 9 (Abhandlungen der Akademie der Wissenschaften, Philol.-Histor. Klasse, 3rd series, nos. 143, 144, 150, 156, 180, 183).

Elmshäuser, Konrad, 'Untersuchungen zum Staffelseer Urbar', in Rösener (ed.), *Strukturen der Grundherrschaft*, pp. 335 – 69.

Elmshäuser, Konrad and Hedwig, Andreas, *Studien zum Polyptychon von Saint-Germain-des-Prés*, Cologne, Weimar, Vienna, 1993.

Feller, L., Mane, P. and Piponnier, F. (eds.), *Le village médiéval et son environnement. Etudes offertes à Jean-Marie Pesez*, Paris, 1998.

Fenske, L., Rösener, W. and Zotz, Th. (eds.), *Institutionen, Kultur und Gesellschaft im Mittelalter. Festschrift für Josef Fleckenstein, Sigmaringen, 1984.

Fossier, Robert, 'Les tendances de l'économie: stagnation ou croissance?', in *Nascita dell'Europa ed Europa Carolingia*, Spoleto, 1981 (Settimane di Studio del Centro italiano di studi sull'alto medioevo 27), pp. 261 –74.

Fournier, Gabriel, *Le peuplement rural en Basse Auvergne durant le haut moyen âge*, Paris, 1962.

Ganshof, Franc ̧ois-L., 'Note sur les ports de Provence du VIIIe au Xe siècle', *Revue Historique* 183 (1938), pp. 28 –37.

'Note sur le "Praeceptum Negotiatorum" de Louis le Pieux', in *Studi in onore di A. Sapori*, I (1957), pp. 101 –12.

'L'étranger dans la monarchie franque', *Recueils Société Jean Bodin* 10, 2 (1958), pp. 5 –36.

Frankish Institutions under Charlemagne, New York, 1970 (Norton Library).

'A propos du tonlieu à l'époque carolingienne', in *La città nell'alto medioevo*, Spoleto, 1959 (Settimane di studi del Centro italiano di studi sull'alto medioevo, 6), pp. 485 –508.

'Note sur l' "Inquisitio de theloneis Raffelstettensis"', *Le Moyen Âge* 72 (1966), pp. 197 –224.

'Das Fränkische Reich', in Kellenbenz (ed.), *Handbuch der europäischen Wirtschafts- und Sozialgeschichte*, vol. II, pp. 151 –205.

La genèse et les premiers siècles des villes médiévales dans les Pays-Bas méridionaux.

Un problème archéologique et historique, Brussels, 1990 (Crédit Communal, coll. Histoire in-8 O, no. 83).

Gibson, M. T. and Nelson, J. L., *Charles the Bald. Court and Kingdom*, second revised edition, London, 1990.

Goetz, Hans-Werner, 'Herrschaft und Raum in der frühmittelalterlichen Grundherrschaft', *Annalen des Historischen Vereins für den Niederrhein* 190 (1987), pp. 7 –33.

'Social and Military Institutions', in McKitterick (ed.), *The New Cambridge Medieval History*, vol. ii, pp. 451 –80.

Grierson, Philip, 'Carolingian Europe and the Arabs: The Myth of the Mancus', *Revue belge de philologie et d'histoire* 32 (1954), pp. 1059 –74.

'Commerce in the Dark Ages: A Critique of the Evidence', *Transactions of the Royal Historical Society*, 5th Series 9 (1959), pp. 123 –40, reprinted in Grierson Philip, *Dark Age Numismatics*, London, 1979.

'The Monetary Reforms of Abd-Al-Malik', *Journal of Economic and Social History of the Orient*, 3 (1960), pp. 241 –64.

'Money and Coinage under Charlemagne', in Braunfels *et al.* (eds.), *Karl der Grosse*, I, pp. 501 –36, reprinted in Grierson, *Dark Age Numismatics*, no. XVIII.

Dark Age Numismatics, London, 1979.

'The *Gratia Dei Rex* Coinage of Charles the Bald', in Gibson and Nelson (eds.), *Charles the Bald. Court and Kingdom*, pp. 52 –64.

Grierson, Philip and Blackburn, Mark, *Medieval European Coinage: With a Catalogue of the Coins in the Fitzwilliam Museum Cambridge*, 10 vols., I : *The Early Middle Ages (Fifth–Tenth Centuries)*, Cambridge, New York, 1986.

Guerreau, Alain, 'L'évolution du parcellaire en Mâconnais (env. 900 – env. 1060)' in Feller, Mane and Piponnier (eds.), *Le village médiéval et son environnement*, pp. 509 –35.

Hägermann, Dieter, 'Einige Aspekte der Grundherrschaft in den fränkischen formulae und in den leges des Frühmittelalters', in Verhulst (ed.), *Grand domaine*, pp. 51 –77.

Hägermann, Dieter and Schneider, Helmuth, *Landbau und Handwerk 750 v. Chr. Bis 1000 n. Chr.,* Berlin, 1991 (K¨onig, Wolfgang (ed.), *Propyläen Technikgeschichte*).

Hall, R. A., 'The Decline of the Wic?' in Slater (ed.), *Towns in Decline*, pp. 120 – 36.

Hansen, I. L. and Wickham,C. (eds.), *The Long Eighth Century*, Leiden, 2000.

Higounet, Charles, 'Les forêts de l'Europe occidentale du ve au xie siècle', in *Agricoltura e mondo rurale in Occidente nell'alto medioevo*, Spoleto, 1966 (Settimane di studio del Centro italiano di studi sull'alto medioevo 13), pp. 343 – 98.

Hildebrandt, H., 'Systems of Agriculture in Central Europe up to the Tenth and Eleventh Centuries', in Hooke, Della (ed.), *Anglo-Saxon Settlements*, Oxford, 1988, pp. 81 – 101.

Hodges, Richard, *Dark Age Economics. The Origins of Towns and Trade AD 600–1000*, London, 1982.

Light in the Dark Ages. The Rise and Fall of San Vincenzo al Volturno, London, 1997.

Towns and Trade in the Age of Charlemagne, London, 2000.

Hodges, Richard and Hobley, Brian (eds.), *The Rebirth of Towns in the West AD 700–1050*, London, 1988 (CBA Research Report 68).

Hodges, Richard and Whitehouse, David, *Mohammed, Charlemagne and the Origins of Europe*, London, 1983.

Horn, W. and Born, E., *The Plan of St Gall*, 3 vols., University of California Press, Berkeley, Los Angeles, 1979.

Hubert, Jean, 'La renaissance carolingienne et la topographie religieuse des cités épiscopales', in *I problemi della civilt'a carolingia*, Spoleto, 1954 (Settimane di studio del Centro italiano di studi sull'alto medioevo, 1), pp. 219 – 25.

Irsigler, Franz, 'Mehring. Ein Prümer Winzerdorf um 900', in Duvosquel,

Jean-Marie and Thoen, Erik (eds.), *Peasants and Townsmen in Medieval Europe. Studia in Honorem Adriaan Verhulst*, Ghent, 1995, pp. 297 – 324.

Jacobsen, Werner, 'Die Renaissance der frühchristlichen Architektur in der Karolingerzeit', in Stiegemann, Christoph and Wemhoff, Matthias (eds.), *Kunst und Kultur der Karolingerzeit*, Mainz, 1999, pp. 623 – 43.

Jankuhn, Herbert, Schlesinger, Walter and Steuer, Heiko (eds.), *Vor-und Frühformen der europäischen Stadt im Mittelalter*, 2 vols., Göttingen, 1975 (Abhandlungen der Akademie der Wissenschaften, Philol.-Histor. Klasse, 3rd series, nos. 83 and 84).

Jankuhn, Herbert, Schützeichel, Rudolf and Schwind, Fred (eds.), *Das Dorf der Eisenzeit und des frühen Mittelalters*, G¨ottingen, 1977 (Abhandlungen der Akademie der Wissenschaften, Philol.-Histor. Klasse, 3rd series, no. 101).

Jankuhn, Herbert, Janssen, Walter, Schmidt-Wiegand, Ruth and Tiefenbach, Heinrich (eds.), *Das Handwerk in vor-und frühgeschichtlicher Zeit*, 2 vols., Göttingen, 1983 (Abhandlungen der Akademie der Wissenschaften, Philol.-Histor. Klasse, 3rd series, nos. 122 – 3).

Janssen, Walter, 'Gewerbliche Produktion des Mittelalters als Wirtschaftsfaktor im ländlichen Raum', in Jankuhn *et al.* (eds.), *Das Handwerk in vor-und frühgeschichtlicher Zeit*, vol. ii, pp. 331 – 47.

Janssen, Walter and Lohrmann, Dietrich (eds.), *Villa-Curtis-Grangia. Landwirtschaft zwischen Loire und Rhein von der Römerzeit zum Hochmittelalter. 16. Deutsch-französisches Historikerkolloquium, Xanten, 1980*, Munich, 1983.

Johanek, Peter, 'Der fränkische Handel der Karolingerzeit im Spiegel der Schriftquellen', in Düwel, Jankuhn, Siems and Timpe (eds.), *Untersuchungen zu Handel und Verkehr*, vol. iv, *Der Handel der*

Karolingerund Wikingerzeit, Göttingen, 1987 (Abhandlungen der Akademie der Wissenschaften, Phil.-Hist. Klasse, 3rd series, no. 156), pp. 7 – 68.

Kellenbenz, Hermann (ed.), *Handbuch der europäischen Wirtschafts-und Sozialgeschichte*, 6 vols., Stuttgart, 1980.

Kötzschke, R., 'Karl der Grosse als Agrarpolitiker', in *Festschrift Edmund Stengel*, Münster, Cologne, 1952, pp. 181 – 94.

Kuchenbuch, Ludolf, *Bäuerliche Gesellschaft und Klosterherrschaft im 9. Jahrhundert. Studien zur Sozialstruktur der Familia der Abtei Prüm*, Wiesbaden, 1978.

'Probleme der Rentenentwicklung in den klösterlichen Grundherrschaften des frühen Mittelalters', in Lourdeaux and Verhelst (eds.), *Benedictine Culture*, pp. 130 – 72.

Grundherrschaft im früheren Mittelalter, Idstein, 1991.

Lauranson-Rosaz, Ch., *L'Auvergne et ses marges (Vélay, Gévaudan) du VIIIe au XIe siècles*, Le Puy-en-Vélay, 1987.

Lebecq, Stéphane, *Marchands et navigateurs frisons du haut moyen âge*, 2 vols., Lille, 1983.

'The Role of Monasteries in the Systems of Production and Exchange of the FrankishWorld Between the Seventh and the Ninth Centuries', in Hansen and Wickham (eds.), *The Long Eighth Century*, pp. 123 – 39.

Lesne, Emile, *Histoire de la propriété ecclésiastique en France*, 6 vols., Lille, 1943.

Lohrmann, Dietrich, 'La croissance agricole en Allemagne au Haut Moyen Âge', in *La croissance agricole* (= Flaran 10), pp. 103 – 15.

Lombard, Maurice, 'Les bases monétaires d'une suprématie économique. L'or musulman du viie au xie siècle', *Annales. Economies–Sociétés–Civilisations* 2 (1947), pp. 143 – 160.

'Mahomet et Charlemagne. Le problème économique', *Annales. Economies–Sociétés–Civilisations* 3 (1948), pp. 188 – 99.

Loseby, Simon T., 'Marseille and the Pirenne Thesis II: "Ville Morte" ', in Hansen and Wickham (eds.), *The Long Eighth Century*, pp. 167 – 93.

Lourdeaux,W. and Verhelst, D. (eds.), *Benedictine Culture 750–1050*, Leuven, 1983.

Lyon, Bryce, *The Origins of the Middle Ages. Pirenne's Challenge to Gibbon*, New York, 1972.

Matheus, M. (ed.), *Weinbau zwischen Maas und Rhein in der Antike und im Mittelalter*, Trier, 1997 (Trierer Historische Forschungen 23).

McKitterick, Rosamond (ed.), *The New Cambridge Medieval History*, vol. II, *c. 700 – c. 900*, Cambridge, 1995.

Melard, Ludo, 'Millen. Van natuurlandschap tot cultuurlandschap', *Volkskunde* 87 (1986), pp. 262 – 345.

Ménager, Léon-R., 'Considérations sociologiques sur la démographie des grands domaines ecclésiastiques carolingiens', in *Etudes d'histoire du droit canonique dédiées 'a Gabriel Le Bras*, 2 vols., Paris, 1965, vol. II, pp. 1317 – 35.

Mertens, Joseph R., 'Sporen van Romeins kadaster in Limburg?', *Limburg* 37 (1958), pp. 1 – 7, reprinted in *Acta Archaeologica Lovaniensia* 25 (1986).

Metcalf, D. M., 'The Prosperity of North-Western Europe in the Eighth and Ninth Centuries', *Economic History Review* 20 (1967), pp. 344 – 57.

'A Sketch of the Currency in the Time of Charles the Bald', in Gibson and Nelson (eds.), *Charles the Bald*, pp. 65 – 97.

Metz, Wolfgang, *Das Karolingische Reichsgut*, Berlin, 1960.

Montanari, Massimo, *La faim et l'abondance. Histoire de l'alimentation en Europe*, Paris, 1995.

Moreland, John, 'Concepts of the Early Medieval Economy', in Hansen and Wickham (eds.), *The Long Eighth Century*, pp. 1 – 34.

Morimoto, Yoshiki, 'Essai d'une analyse du polyptyque de l'abbaye de St. Bertin (milieu du ixe siècle)', *Annuario Instituto Giapponese di Cultura* 8 (1970 – 1), pp. 31 – 53.

'Etat et perspectives des recherches sur les polyptyques carolingiens', *Annales de l'Est* 5 – 40 (1988), pp. 99 – 149.

'Autour du grand domaine carolingien: aperç u critique des recherches récentes sur l'histoire rurale du Haut Moyen Âge (1987 – 92)', in Verhulst and Morimoto (eds.), *Economie rurale et urbaine*, pp. 25 – 79.

'L'assolement triennal au haut Moyen Age. Une analyse des données des polyptyques carolingiens', in Verhulst and Morimoto (eds.), *Economie rurale et urbaine*, pp. 91 – 125.

Morrison, Karl F., 'Numismatics and Carolingian Trade: A Critique of the Evidence', *Speculum* 38 (1963), pp. 61 – 73.

N¨asman, Ulf, 'Exchange and Politics: The Eighth – arly Ninth Century in Denmark', in Hansen and Wickham (eds.), *Long Eighth Century*, pp. 35 – 68.

Nelson, Janet L., *Charles the Bald*, London, 1992.

Noël, René, 'Pour une archéologie de la nature dans le Nord de la "Francia", in *L'ambiente vegetale nell'alto medioevo*, Spoleto 1990 (Settimane di studio del Centro italiano di studi sull'alto medioevo 37), pp. 763 – 820.

'Moines et nature sauvage: dans l'Ardenne du haut moyen âge', in Duvosquel, Jean-Marie and Dierkens, Alain (eds.), *Villes et campagnes au moyen âge. Mélanges Georges Despy*, Liège, 1991, pp. 563 – 97.

Patze, Hans and Schwind, Fred (eds.), *Ausgewählte Aufsätze von W. Schlesinger 1965–1979*, Sigmaringen, 1987.

Perrin, Charles-Edmond, 'De la condition des terres dites "ancingae"', in *Mélanges Ferdinand Lot*, Paris, 1925, pp. 619 – 40.

Phalip, B., 'La charte dite de Clovis', *Revue de la Haute-Auvergne* 1988, pp. 567 – 607; 1989, pp. 671 – 96.

Pirenne, Henri, 'Mahomet et Charlemagne', *Revue belge de philologie et d'histoire* 1 (1922), pp. 77 – 86.

'Un contraste économique: Mérovingiens et Carolingiens', *Revue belge de philologie et d'histoire* 2 (1923), pp. 223 – 35.

Mohammed and Charlemagne, New York, 1939; paperback edition by Barnes and Noble, New York, 1955.

Platelle, Henri, *Le temporel de l'abbaye de Saint-Amand des origines à 1340*, Paris, 1962.

Querrien, A., 'Parcellaires antiques et médiévaux du Berry', *Journal des Savants* (1994), pp. 235 – 366.

Raepsaet, Georges, 'The Development of Farming Implements between the Seine and the Rhine from the Second to the Twelfth Centuries', in Astill and Langdon (eds.), *Medieval Farming*, pp. 41 – 68.

Renard, Etienne, 'Lectures et relectures d'un polyptyque carolingien (Saint-Bertin 844 – 859)', *Revue d'histoire ecclésiastique* 94 (1999), pp. 392 – 406.

'La gestion des domaines d'abbaye aux VIIIe – Xe siècles', *De la Meuse à l'Ardenne* 29 (1999), pp.

117–50.

'Les *mancipia* carolingiens étaient-ils des esclaves? Les données du polyptyque de Montier-en-Der dans le contexte documentaire du ixe siècle', in Corbet (ed.), *Les moines du Der*, pp. 179–209.

Rivers, Theodore J., 'Seigneurial Obligations and "Lex Baiuvariorum" I, 13', *Traditio. Studies in Ancient and Medieval History, Thought and Religion* 31 (1975), pp. 336–43.

'The Manorial System in the Light of the Lex Baiuvariorum', *Frühmittelalterliche Studien* 25 (1991), pp. 89–95.

Roblin, M., *Le terroir de Paris aux époques gallo-romaine et franque*, second edition, Paris, 1971.

Rösener, Werner, 'Zur Struktur und Entwicklung der Grundherrschaft in Sachsen in karolingischer und ottonischer Zeit', in Verhulst (ed.), *Le grand domaine*, pp. 173–207.

'Strukturformen der adeligen Grundherrschaft in der Karolingerzeit', in Rösener (ed.), *Strukturen der Grundherrschaft*, pp. 158–67.

Rösener Werner (ed.), *Strukturen der Grundherrschaft im frühen Mittelalter*, Göttingen, 1989.

Rovelli, Alessia, 'Some Considerations on the Coinage of Lombard and Carolingian Italy', in Hansen and Wickham (eds.), *Long Eighth Century*, pp. 195–223.

Sato, Shoichi, 'L'*agrarium*: la charge paysanne avant le régime domanial, vie–viiie si`ecles', *Journal of Medieval History* 24 (1998), pp. 103–25.

Schlesinger, Walter, 'Die Hufe im Frankenreich', in Patze and Schwind (eds.), *Aufsätze Schlesinger*, pp. 587–614.

Schwarz, G. M., 'Village Populations According to the Polyptyque of the Abbey of St Bertin', *Journal of Medieval History* II (1985), pp. 31–41.

Schwind, Fred, 'Beobachtungen zur inneren Struktur des Dorfes in karolingischer Zeit', in Jankuhn, Schützeichel and Schwind (eds.), *Dorf der Eisenzeit*, pp. 444–93.

'Zu karolingerzeitlichen Klöstern als Wirtschaftsorganismen und Stätten handwerklicher Produktion', in Fenske, Rösener and Zotz (eds.), *Festschrift Fleckenstein*, pp. 101–3.

Slater, Terry R. (ed.), *Towns in Decline AD 100–1600*, Aldershot, 2000.

Slicher van Bath, Bernard H., 'The Economic and Social Conditions in the Frisian Districts from 900 to 1500', *AAG Bijdragen* 13 (1965), pp. 97–133.

'Le climat et les récoltes en haut moyen âge', in *Agricoltura e mondo rurale in Occidente nell'alto medioevo*, Spoleto, 1966 (Settimane di Studio del Centro italiano sull'alto medioevo 13), pp. 399–425.

Spek, Theo, 'Die bodenkundliche und landschaftliche Lage von Siedlungen, Äckern und Gräberfeldern in Drenthe (nördliche Niederlande)', *Siedlungsforschung* 14 (1996), pp. 95–193 (with an English summary).

Sprandel, Rolf, *Das Eisengewerbe im Mittelalter*, Stuttgart, 1968.

Staab, Franz, 'Aspekte der Grundherrschaftsentwicklung von Lorsch vornehmlich aufgrund der Urbare des Codex Laureshamensis', in Rösener (ed.), *Strukturen der Grundherrschaft*, pp. 305–34.

Steensberg, Axel, 'Agrartechnik der Eisenzeit und des frühen Mittelalters', in Beck, Denecke and Jankuhn (eds.), *Untersuchungen zur eisenzeitlichen und frühmittelalterlichen Flur*, II, pp. 55–76.

Steuer, Heiko, 'Der Handel der Wikingerzeit zwischen Nord- und Westeuropa aufgrund archäologischer Zeugnisse', in Düwel, Jankuhn *et al.* (eds.), *Untersuchungen zu Handel und Verkehr*, iv, *Handel der Karolinger und Wikingerzeit*, pp. 113–97.

'Gewichtsgeldwirtschaften im frühgeschichtlichen Europa', in Düwel, Jankuhn *et al.* (eds.), *Untersu-*

chungen, IV, *Handel Karolingerzeit*, pp. 405 – 527.

Stiegemann, Christoph and Wemhoff, Matthias (eds.), *Kunst und Kultur der Karolingerzeit*, Mainz, 1999.

Tits-Dieuaide, Marie-Jeanne, 'Grands domaines, grandes et petites exploitations en Gaule mérovingienne', in Verhulst (ed.), *Le grand domaine*, pp. 23 – 50.

Toubert, Pierre, 'L'Italie rurale aux VIIIe – IXe siècles. Essai de typologie domaniale', in *I problemi dell'Occidente nel secolo VIII*, Spoleto, 1973 (Settimane di studio del Centro italiano di studi sull'alto medioevo 20), pp. 95 – 132.

'Il sistema curtense: la produzione e lo scambio interno in Italia nei secoli VIII, IX e X', in *Storia d'Italia. Annali 6: Economia naturale, economia monetaria*, Turin, 1983, pp. 5 – 63.

'Le moment carolingien (VIIIe – Xe siècle)', in Burguière, Klapisch-Zuber *et al.* (eds.), *Histoire de la famille*, vol. I , pp. 333 – 59.

'La part du grand domaine dans le décollage économique de l'Occident (VIIIe – Xe siècles)', in *La croissance agricole* (Flaran 10), pp. 53 – 86.

Tulippe, Omer, *L'habitat rural en Seine-et-Oise. Essai de géographie du peuplement*, Paris, Li`ege, 1934.

Van Es, W., 'Dorestad Centred', in Besteman, Bos and Heidinga (eds.), *Medieval Archaeology*, pp. 151 – 82.

Van Werveke, Hans, 'Comment les établissements religieux belges se

procuraient-ils du vin au haut moyen âge?', *Revue belge de philologie*

et d'histoire 2 (1923), pp. 643 – 62, reprinted in Van Werveke, *Miscellanea Mediaevalia*, pp. 12 – 29.

Miscellanea Mediaevalia, Ghent, 1968.

Vercauteren, Fernand, 'Monnaie et circulation monétaire en Belgique et dans le Nord de la France du vie au xie siècle', in *Moneta e scambi nell'alto medioevo*, Spoleto, 1961 (Settimane di studio del centro italiano di studi sull'alto medioevo, 8), pp. 279 – 311.

Verhein, Klaus, 'Studien zu den Quellen zum Reichsgut der Karolingerzeit', *Deutsches Archiv für Erforschung des Mittelalters* 10 (1954), pp. 313 – 94 and 11 (1955), pp. 333 – 92.

Verhulst, Adriaan, 'Karolingische Agrarpolitik: Das *Capitulare de Villis* und die Hungersnöte von 792/93 und 805/06', *Zeitschrift für Agrargeschichte und Agrarsoziologie* 13 (1965), pp. 175 – 89, reprinted in Verhulst, *Rural and Urban Aspects*, no. VI.

Histoire du paysage rural en Flandre, Brussels, 1966.

'Das Besitzverzeichnis der Genter Sankt-Bavo-Abtei von ca. 800 (Clm 6333)', *Frühmittelalterliche Studien* 5 (1971), pp. 193 – 234.

'La gen`ese du régime domanial classique en France au haut moyen âge', in *Agricoltura e mondo rurale in Occidente nell'alto medioevo*, Spoleto, 1966 (Settimane di studio del Centro italiano di studi sull'alto medioevo 13), pp. 135 – 60 reprinted in Verhulst, *Rural and Urban Aspects*, no. I .

'La diversité du régime domanial entre Loire et Rhin à l'époque carolingienne' in Janssen and Lohrmann (eds.), *Villa-Curtis-Grangia*, pp. 133 – 48, reprinted in Verhulst, *Rural and Urban Aspects*, no. III.

'Le paysage rural en Flandre intérieure: son évolution entre le IXe et le XIIIe siècle', *Revue du Nord* 62 (1980), pp. 11 – 30, reprinted in Verhulst, *Rural and Urban Aspects*, no. VIII.

'Etude comparative du régime domanial classique à l'est et à l'ouest du Rhin à l'époque carolingienne', in *La croissance agricole* (Flaran 10), pp. 87 – 101, reprinted in Verhulst, *Rural and Urban Aspects*, no. IV.

236

'Settlement and Field Structures in Continental North-West Europe from the Ninth to the Thirteenth Centuries', *Medieval Settlement Research Group. Annual Report* 13 (1998), pp. 6 – 13.

The Rise of Cities in North-West Europe, Cambridge, 1999.

'Roman Cities, *Emporia* and NewTowns', in Hansen and Wickham (eds.), *Long Eighth Century*, pp. 105 – 20.

Rural and Urban Aspects of Early Medieval Northwest Europe, Aldershot, 1992. (ed.), *Le grand domaine aux époques mérovingienne et carolingienne. Actes du colloque international Gand 1983*, Ghent, 1985.

Verhulst, Adriaan and Morimoto, Yoshiki (eds.), *L'économie rurale et l'économie urbaine au Moyen Âge*, Ghent, Fukuoka, 1994.

Verhulst, Adriaan and Semmler, Josef, 'Les statuts d'Adalhard de Corbie de l'an 822', *Le Moyen Age* 68 (1962), pp. 91 – 123 and 233 – 69.

Verlinden, Charles, *L'esclavage dans l'Europe médiévale*, i, *Péninsule ibérique-France*, Bruges, 1955 (Rijksuniversiteit Gent. Werken Fac. Letteren en Wijsbegeerte 119).

'A propos de la place des Juifs dans l'économie de l'Europe occidentale aux ixe et xe si`ecles', in *Storiografia e Storia, Studi in onore di Eugenio Dupré Theseider*, Rome, 1974, pp. 21 – 37.

Le vigneron, la viticulture et la vinification en Europe occidentale au moyen âge et à l'époque moderne, Auch, 1991 (Flaran 2).

Violante, Cinzio, *La società milanese nell'età precommunale*, new edition, Rome, Bari, 1974.

Waterbolk, H. T., 'Patterns of the Peasant Landscape', in *Proceedings of the Prehistoric Society* 61 (1995), pp. 1 – 36.

Weidinger, Ulrich, 'Untersuchungen zur Grundherrschaft des Klosters Fulda in der Karolingerzeit', in Rösener (ed.), *Strukturen der Grundherrschaft*, pp. 247 – 65.

Untersuchungen zur Wirtschaftsstruktur des Klosters Fulda in der Karolingerzeit, Stuttgart, 1991.

Weinberger, Stephen, 'Peasant Households in Provence: ca 800 – 1100', *Speculum* 48 (1973), pp. 247 – 57.

White, Lynn, Jr, *Medieval Technology and Social Change*, Oxford, 1962.

Wickham, Chris, 'European Forests in the Early Middle Ages: Landscape and Land Clearance', in Wickham, *Land and Power*, pp. 156 – 61.

Land and Power. Studies in Italian and European Social History, 400–1200, London, 1994.

Wood, Ian, 'Before or After Mission. Social Relations across the Middle and Lower Rhine in the Seventh and Eighth Centuries', in Hansen and Wickham (eds.), *The Long Eighth Century*, pp. 149 – 66.

Zerner, Monique, 'La population de Villeneuve-Saint-Georges et Nogentsur-Marne au ixe siècle d'après le polyptyque de Saint-Germain-des-Prés', *Annales de la Faculté des Lettres et des Sciences Humaines de Nice* 37 (1979), pp. 17 – 24.

'Sur la croissance agricole en Provence', in *La croissance agricole* (Flaran 10), pp. 153 – 67.

Zerner-Chardavoine, Monique, 'Enfants et jeunes au ixe siècle. La démographie du polyptyque de Marseille 813 – 814', *Provence Historique* 31 (1988), pp. 355 – 77.

마이클 맥코믹Michael McCormick의 중요한 저서, *Origins of the European Economy: Communications and Commerce AD 300–900*(Cambridge, 2001)는 이 책이 집필된 후 출간되었기 때문에 저자가 참고할 수 없었다.

찾아보기

238

트레미시스 142, 183

THE CAROLINGIAN ECONOMY

카롤링 경제

지은이 아드리안 페르휠스트
옮긴이 강지영
펴낸이 강지영
디자인 스튜디오글리
펴낸곳 (주)회화나무

출판신고번호 제2016-000248호   **신고일자** 2016년 8월 24일
주소 04072 서울시 마포구 합정동 독막로 8길 16 302호
전화 02-334-9266   **팩스** 02-2179-8442   **이메일** hoewhanamoo@gmail.com

1판 1쇄 인쇄 2024년 3월 5일
1판 1쇄 발행 2024년 3월 15일

ISBN 979-11-983-3572-2 (03900)